上海营商环境
蓝皮书 （2021-2022年）

Blue Book of Doing Business
in Shanghai (2021-2022)

主　编　李世平

副主编　余运江　卢爱国

上海人民出版社

序

奋进全面建设社会主义现代化国家新征程，无论是构建高水平社会主义市场经济体制，还是全面落实"疫情要防住、经济要稳住、发展要安全"的要求，都必须把优化营商环境工作摆在更加突出位置。习近平总书记在党的二十大报告中强调要"营造市场化、法治化、国际化一流营商环境"。上海市委书记陈吉宁指出，要充分认识新征程上优化营商环境是落实国家战略任务的重要内容，是提升国际核心竞争力的内在需要，是当前稳预期、强信心的关键举措。要把优化营商环境摆在上海现代化建设的重要位置，更好服务构建新发展格局。

优化营商环境只有进行时，没有完成时。营造市场化、法治化、国际化一流营商环境，需要久久为功、精雕细刻。2018年至2022年，5版优化营商环境行动方案实施750多项举措，各区、各部门也不断探索创新、优化升级落地方案，营商环境法治化保障进一步健全，营商环境国际化进一步显现。回顾上海营商环境行动方案，不同版本的特点如下：1.0版旨在突出营商环境的重点和难点问题。2.0版侧重于坚持系统施策，多维度、立体化、全方位地推动营商环境持续优化，实现营商环境全面提升和全面进步。3.0版主要围绕"1+2+X"来设计，标准更高且覆盖范围更广，从点到面，持续深入，使企业获得感持续增强，并助力我国营商环境国际排名大幅跃升。4.0版是在原有基础上的迭代升级，是继续深化、细化、系统化各领域改革，加强地方事权系统集成，提升企业感受度的结果。5.0 版紧扣市场主体所需所盼，对接国际通行规则，支持地方深化改革，从而形成更多可复制可推广经验和做法，以点带面推动全国营商环境进一步优化。6.0 版聚焦重点区域、重点主体推进营商环境优化提升，其中，浦东定位于"营商环境综合示范区"，临港新片区要打造的是"营商环境制度创新高地"，而张江、虹桥商务区、长三角示范区则分别聚焦科创、国际商贸、长三角一体化，打造特色营商环境。

五年来，政府实施"刀刃向内"的自我革命，"一网通办""一业一证""一照多址""一址多证""一号响应""一窗通""一件事"，这些反映的是以市场主体需求为中心的营商环境变革。截至 2023 年 1 月，"一网通办"总门户累计接入近 3600 个服务事项，累计办 2.97 亿件，网办率达 84%。2018 年至 2022 年，上海累计新设各类市场主体 225.1 万户，比上个五年增长 52.7%。这些都是上海近年来优化营商环境成效的缩影。

2020—2021 年度的《上海营商环境蓝皮书》发布引起了社会各界、国内同行的广泛关注。《上海营商环境蓝皮书》的定期发布是对每年度上海优化营商环境状况的一次巡礼，也对上海打造营商环境新高地具有重要意义。《上海营商环境蓝皮书（2021—2022）》全书对 2021—2022 年度上海营商环境情况作了系统展示，以权威、翔实的资料展现了上海营商环境改革的最新状况。和上一年度营商环境蓝皮书不同之处是，2021—2022 年度蓝皮书更突出前瞻性和实际情况导向。把世界银行新指标体系作为优化营商环境重要参照系，在全面分析研判基础上充分吸收借鉴，从上海发展阶段和需求出发，设计了更加完善科学的营商环境测度指标体系。

全书正文分为四个部分，分别是：上海营商环境总报告篇、区营商环境报告篇、典型案例篇和政策建议篇。其中，总报告部分系统总结、量化了2021—2022年度上海营商环境改革情况；区营商环境报告篇按照上海"五大"新城所在区，对浦东新区、嘉定区、松江区、青浦区、奉贤区的营商环境进行了量化分析；典型案例篇对上海营商环境改革的典型案例进行了整理和汇总，如"一网通办"改革案例、税务改革案例、法治服务改革案例、复工复产改革案例等。

在编者的分工上，主要考虑专家研究领域和专长。第一部分上海营商环境总报告篇由李世平教授、余运江副教授和任会明博士负责撰写；第二部分区营商环境报告篇由余运江副教授和周佳雯副教授负责撰写；第三部分典型案例篇由任会明博士负责撰写；第四部分政策建议篇由余运江副教授负责撰写。

蓝皮书的编写离不开同行和出版社帮助。感谢上海市人大财经委、上海市发改委、上海市工商联、各区人大财经委等政府部门的帮助和支持。感谢人民出版社编辑们付出的辛勤劳动，在此一并致以深深的谢意！当然，书中的不足之处，还请同行和读者不吝赐教。

目　录

第三部分　典型案例篇

第四部分　政策建议篇

第一部分　上海营商环境总报告篇

第一章 上海优化营商环境政策分析研究
（2021—2022）

第一节 营商环境改革的国内外背景

一、国际经贸格局重塑带来新机遇

受新冠肺炎疫情影响，全球经济增长趋缓，世界经济处在动能转换的换挡期。世界主要经济体增速呈多速增长的分化格局，各国力量对比发生变化。从增速看，短期内受疫情影响、中长期受人口老龄化和劳动力供给等因素影响，美欧日等发达经济体的增长速度可能进一步放缓；以中国为代表的新兴经济体整体增速将高于发达经济体。从各国力量对比看，随着新兴经济体的崛起，美国主导世界贸易体系的议价能力在削弱，发展中国家在经济实力极大提升的同时，在世界经贸体系中的话语权也相对提升。具体来看，区域贸易协定将成为国际贸易格局的主导，各国将通过 cptpp、ttip 等区域贸易协定来调整国际贸易新规则，以使之更符合各自的利益。与此同时，数字化革命对传统贸易方式的再造将改写未来全球贸易形态。数字贸易将逐步改变国际贸易的内容，而新冠肺炎疫情更是加快了这一进程，越来越多的贸易方式转变为数字形态，数字技术也改变了传统的贸易方式，国际经贸格局正在面临一场由数字经济参与与逐渐占据主导的重塑革命。

　　根据世界银行发布的《全球营商环境报告 2020》，中国营商环境总体得分 77.9 分（即中国达到了全球最佳水平的 77.9%），比上年上升 4.26 分；排名跃居全球第 31 位，并且中国连续两年跻身全球营商环境改善最大的经济体排名前十。2010—2020 年，中国营商环境世界排名呈上升趋势，从 2010 年的排名 89 位上升至 2020 年的 31 位，虽然 2012—2014 年稍有跌落，但是整体上十年间中国在世界的营商环境排名呈现上升趋势。上海作为被测评、权重占 55% 的城市，在过去一年全面深化"放管服"改革，营商环境持续改善和优化，但总体水平与世界最高标准仍有一定差距。

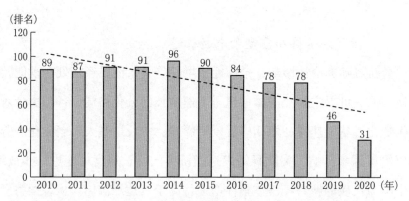

图 1-1-1　2010—2020 年中国营商环境全球排名变动情况

资料来源：历年世界银行《营商环境报告》。

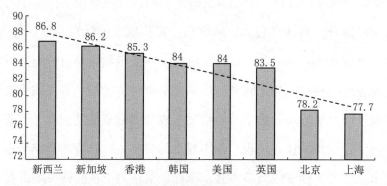

图 1-1-2　上海与国际主要国家或城市比较（2020 年）

资料来源：历年世界银行《营商环境报告》。

根据经济学人智库（EIU）公布的2022年第四季度营商环境排名，中国排名从2021年的第46位下跌至本年的第55位，排名低于印度及印尼，疫情的影响导致中国内需低迷的情形预期将持续至2023年年中。

欧洲工商管理学院（INSEAD）、波图兰研究所和新加坡人力资本领导力研究所联合发布《2022年全球人才竞争力指数》（GTCI）报告中指出，中国2022年在GTCI排名为第36位，而2019年是第45位，2020年是第42位，2021年是第37位，2022年是第36位，总体上呈现上升趋势。其中中国人才的能力（在考察经济体中排名第8位），特别是其世界级的正规教育（第2位）和令人印象深刻的终身学习（第6位）。中国在培养人才（第31位）方面也名列前茅，在这个支柱下，有利的市场环境（第10位）是最明显的因素。在人才就业能力方面，中国是全球领先的国家之一（第3位）。中国也拥有更强大的全球知识技能库（第39位），这主要归功于创新、创业型经济的人才影响力（第25位）。

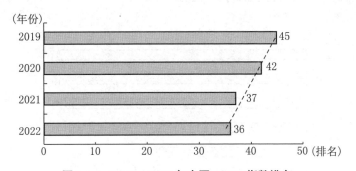

图 1-1-3　2019—2022 年中国 GTCI 指数排名

资料来源：历年《全球人才竞争力指数》。

根据 TMF Group 发布 2022 年全球商业复杂性指数（GBCI）报告及排名，中国排名第14位，相比于2019年，下降了5位，相比于2020年的世界第6位，下降了8位，由于2020年新冠肺炎疫情的暴发，中国 GBCI 指数均呈现下降趋势。

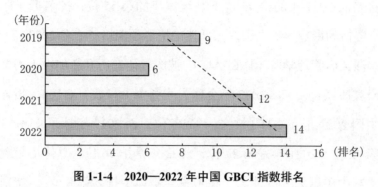

图 1-1-4　2020—2022 年中国 GBCI 指数排名

资料来源：历年《全球商业复杂性指数》。

2022 年由科尔尼咨询公司、芝加哥全球事务委员会和《外交政策》杂志联合发布的《全球城市指数》中，在对全球 230 多座城市进行综合分析之后，评估出了 156 座上榜城市，其中包括 31 座中国城市。其中上海 2021 年排名世界第十，第一次挺进前十名，相较于 2016 年上升了10 位，且自 2016 年呈直线上升趋势。

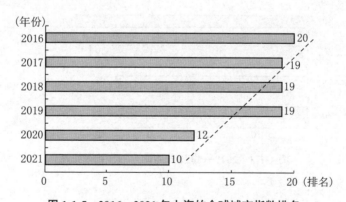

图 1-1-5　2016—2021 年上海的全球城市指数排名

资料来源：历年《全球城市指数》。

中国是全球第二大消费市场，为进一步优化营商环境，在世界经贸格局重塑中站稳脚跟，我国在继续深化和扩大对外开放的同时，也在不断推行一系列稳外资政策，如发布的 2022 年版《中国外商投资指引》，为外商投资提供更多的便利，指导各地用好外资企业投诉工作机制，进一步提升投资保护工作水平。同时，中央根据区域特点和改革重点，鼓励地方政府进行原创性、差异性的制度创新竞赛。2021 年，国务院印发《关于开展营商环境创新试点工作的意见》，部署在北京、上海、重庆、杭州、广州、深圳 6 个城市开展营商环境创新试点。从局部扩散至整体，从而带动全国营商环境的整体优化。上海为建设国际一流的营商环境，进一步激发市场活力，推动高质量发展，2021 年 12 月，上海颁布了《上海市营商环境创新试点实施方案》，尽可能把上海打造成为贸易投资最便利、行政效率最高、政府服务最规范、法治体系最完善的一流营商环境标杆城市，提升上海的城市软实力和核心竞争力。

二、国家对营商环境的战略升级

党中央、国务院高度重视优化营商环境。自 2020 年以来，我国不仅构建起具有中国特色的营商环境评价体系，还颁布了《优化营商环境条例》。党中央、国务院围绕市场主体需求，以深化"放管服"为主要抓手，出台了一系列政策文件，指引我国营商环境优化工作的有序、有力开展。但同时仍存在一些短板和薄弱环节，如营商软环境还是比较欠缺，制度化和法制化有待进一步提升，引资质量有待进一步提高，行政审批环节烦琐，产权保护机制不健全，生产要素配置效率提升缓慢。尤其是在后疫情时代，疫情的反复，导致企业生产难、融资难、创新难，亟须以市场主体需求为导向，采取更多改革办法破解企业投资生产经营中的堵点痛点，打造市场化、法制化和国际化营商环境。

2019 年 10 月，国务院发布《优化营商环境条例》，并从 2020 年 1

月正式实施，《优化营商环境条例》的实施，从制度层面为优化营商环境提供了保障和支撑，也为国家战略在地方的创新实践提供了依据。在此基础上，2021 年，国务院印发《关于开展营商环境创新试点工作的意见》，明确在北京、上海、重庆、杭州、广州、深圳 6 个城市开展营商环境创新试点，通过试点城市的率先探索，及时总结经验做法，将创新成果逐步在更大范围复制推广。2022 年 5 月在庆祝中国国际贸易促进委员会建会 70 周年大会暨全球贸易投资促进峰会上，习近平总书记再次强调 "中国将持续打造市场化法治化国际化营商环境"。一流的营商环境，必须以市场化为基础；国际一流的营商环境，更需要对标高标准国际经贸规则。中国对外开放靠的是整个营商环境的改善，靠的是法治对于营商环境的保障。2022 年 7 月，国家发改委明确 2022 年优化营商环境工作要点：将继续以市场主体需求为导向，着力打造市场化法治化国际化便利化的一流营商环境，培育更加活跃更有创造力的市场主体。2022 年 9 月，国务院办公厅全文发布《关于进一步优化营商环境，降低市场主体制度性交易成本的意见》，从五个方面部署了重点任务：进一步破除隐性门槛，推动降低市场主体准入成本；进一步规范涉企收费，推动减轻市场主体经营负担；进一步优化涉企服务，推动降低市场主体办事成本；进一步加强公正监管，切实保护市场主体合法权益；进一步规范行政权力，切实稳定市场主体政策预期。2022 年 10 月，《国务院办公厅关于复制推广营商环境创新试点改革举措的通知》指出：北京、上海、重庆、杭州、广州、深圳 6 个城市开展营商环境创新试点，相关地方和部门认真落实各项试点改革任务，积极探索创新，着力为市场主体减负担、破堵点、解难题，取得明显成效，形成一批可复制推广的试点经验，为进一步扩大改革效果，推动全国营商环境整体改善，经国务院同意，决定在全国范围内复制推广一批营商环境创新试点改革举措。

三、上海市委市政府提出明确要求

持续优化营商环境既是上海实现经济高质量发展的内在要求，也是有效应对外部环境不确定性、保持全球竞争力的关键举措。上海市委、市政府高度重视优化营商环境建设，从 2017 年的《着力优化营商环境加快构建开放型经济新体制行动方案》到 2021 年的《上海市营商环境创新试点实施方案》，上海优化营商环境行动方案已从 1.0 版升级到了 5.0 版。2021 年 12 月，根据《国务院关于开展营商环境创新试点工作的意见》，上海市政府印发《上海市营商环境创新试点实施方案》，并明确了主要目标：聚焦重点领域和关键环节，持续开展营商环境攻坚突破，形成一批可复制推广的经验做法，推动完善营商环境制度体系，成为全国服务政府的表率、效能政府的表率、法治政府的表率，亲清政商关系迈上新台阶，为全国营商环境建设作出重要示范。用三至五年时间，上海营商环境国际竞争力跃居世界前列，政府治理效能全面提升，在全球范围内集聚和配置各类资源要素能力明显增强，市场活跃度和发展质量显著提高，率先建成市场化、法治化、国际化的一流营商环境。2022 年2 月，上海市市场监督管理局引发了《上海市市场监督管理局营商环境创新试点实施方案》，进一步强调加快构建简约高效、公开透明、宽进严管的准入准营规则，完善市场推出制度，经过三至五年的创新试点，着力打造市场化、法治化、国际化的一流营商环境。2022 年 3 月，上海市政府印发《2022 年上海市深化"放管服"改革工作要点》，进一步强调了"以整体性思维加快转变政府职能，推进城市数字化转型，促进营商环境迈向更好水平，更大激发市场活力和社会创造力，为推动经济社会高质量发展提供强劲动力"的改革工作总体要求。同月，上海市政府印发《上海市全力抗疫情助企业促发展的若干政策措施》，政策措施共计 21 条，为坚持统筹疫情防控和经济社会发展，全力支持相关行业和企业克服困难、恢复发展，持续优化营商环境，努力用最小的代价实现最大的防控效果，努力减少疫情对经济社会发展的影响。2022 年 6 月，在推动落实《上海市营商环境创新试点实施方案》的基础上，进一步深化拓展，再组织实施 10 个优化营商环境重点事项，提升市场主体感受度，激发市场主体信心和活力，其分别是企业登记便捷、税费缴纳灵活、融资服务升级、信用监管提升、公用服务优化、项目审批提效、跨境贸易便利、科创培育赋能、纠纷化解高效、营商服务贴心。

四、后疫情时代优化营商环境面临的新挑战

根据世界银行公布的数据，我国营商环境全球排名从 2013 年的第 96 位跃升至目前的第 31 位，排名大幅提升，营商环境的国际竞争力持续提升。上海在国内营商环境城市排名中位居第二，但受疫情影响，上海的对内对外营商环境面临重大挑战。新冠肺炎疫情和外部环境仍存在诸多不确定性，国内外经济发展压力重重。

2022 年上海经历疫情封城的冲击，上海市企业停工停产、复工延长、经营管理遭遇巨大困难，上海营商环境建设面临较大挑战：一是大面积企业倒闭，企业业绩下滑，客户减少，企业面临现金流中断风险，尤其是小微企业生存情况不佳，为全面保障企业复工要求，需要持续优化营商环境。二是劳动力缺失，疫情封控，劳动力足不出户，企业复工难，给劳动力就业带来了巨大的困难。受疫情管控的影响，大量劳动力离沪，造成劳动力流失严重的危机。需要优化营商环境，通过系列改

革措施，提升全球营商环境的知名度和影响力，提升营商环境的对外吸引力。三是产业链受冲击严重，生产、物流、渠道等方面分别遭遇工厂停工、仓库封闭物流受限、线下零售终端闭店等多重不利情况，线下、线上业务受到不同程度冲击，亟须营商环境来激发内生发展动力，增强企业投资发展的信心。

第二节　上海优化营商环境的主要文件

2022 年，营商环境建设仍然是上海经济建设的重点内容。2022 年疫情对上海各行各业产生较大的影响，为应对后疫情时代经济下滑的压力，尽快促进上海复工复产，上海市各级政府在《优化营商环境条例》《上海市营商环境创新试点实施方案》等政策背景下，制定切合实际的营商环境解决方案，多维度、立体化、全方位地推动营商环境持续优化。自 2017 年以来，上海连续四年召开全市优化营商环境大会，从 1.0 版到 4.0 版不断迭代升级，稳步实施了 584 项相关改革措施。2022 年，上海继续发布优化营商环境 5.0 版方案，提出 172 项改革举措，大力保障市场主体发展活力。

一、上海优化营商环境 1.0 版—4.0 版

上海营商环境 1.0 版中，上海市委、市政府印发了《上海市着力优化营商环境加快构建开放型经济新体制行动方案》，旨在将上海打造成为贸易投资最便利、行政效率最高、服务管理最规范、法治体系最完善的城市。其重点聚焦企业在沪投资兴业遇到的难点、痛点、堵点问题，主要围绕投资和贸易便利化自由化、营造竞争高效的市场运行秩序、营

造更具活力的创新创业环境、提升政府经济治理水平、强化维护市场公平正义的法制保障五个方面提出了 24 项改革任务。

上海营商环境 2.0 版中，上海印发了《上海市进一步优化营商环境实施计划》，该计划旨在对标国际一流营商环境，以优化深化"互联网＋政务服务"为重点，以目标导向与问题导向相结合的制度建设为核心，以更有效的工作机制为保障，着力解决企业的实际问题并更好地满足企业的实际需求，并从对标改革、制度创新、精准服务和工作机制四个方面提出了 25 项改革任务。

上海营商环境 3.0 版中，上海发布《上海市全面深化国际一流营商环境建设实施方案》，该方案围绕明确总体要求、打响"一网通办"政务服务品牌、打造更具国际竞争力的营商环境、加强保护和激发市场主体活力的制度供给、落实组织保障等五个方面提出 36 项改革任务。通过抓住业务流程革命性再造、增强企业对改革的获得感、推进优化营商环境地方立法工作等关键，实施一批突破性和引领性的改革举措，形成可复制可推广的治理经验，力争使上海成为高标准"一网通"表率、高品质营商环境表率和高水平政府治理能力表率。

上海营商环境 4.0 版中，上海发布了《上海市加强改革系统集成持续深化国际一流营商环境建设行动方案》，主要围绕优化政务环境、提升企业全生命周期管理服务、营造公平竞争市场环境、强化安商稳商企业服务、加强实施保障五个方面提出 31 项任务共 207 条举措，针对有待进一步改善的领域，提出了优化营商环境的一系列新目标和深化改革的举措。

二、上海优化营商环境 5.0 版

2021 年 12 月，上海市政府印发《上海市营商环境创新试点实施方案》，即营商环境改革 5.0 版。该方案从市场环境、政务环境、投资环境、涉外营商环境、创新环境、监管环境、企业全生命周期服务、创新引领高地、区域合作、法治环境十方面提出了 172 项改革举措，其中新增了"着力打造创新引领的营商环境高地"和"着力打造协同高效的营商环境合作示范区"两方面任务和体现地方特色的 71 项举措。其主要目标：一是每年形成一批可复制推广的经验做法，为全国营商环境建设作出上海贡献。二是力争用三至五年的时间，上海营商环境国际竞争力跃居世界前列，政府治理效能全面提升，市场活跃度和发展质量显著提高，率先建成市场化、法治化、国际化的一流营商环境。

该方案主要从更大力度保障市场主体发展活力、更深层次对标改革制度创新、更高水平推动营商环境数字化转型、更加突出优化事中事后监管四个方面进行改革。首先，优化营商环境要"以市场主体为中心"，贴近企业和产业发展。《实施方案》强调系统施策，进一步保护激发市场主体的发展活力。比如，深化区域评估，推进"用地清单制"改革；全面深化多测合一和测算合一改革；全面推行联合会审、联合监督检查和综合竣工验收等"一站式服务"；推进涉审中介服务事项改革。其次，对浦东新区、临港新片区、长三角一体化示范区、虹桥国际商务区等战略功能区提出了更高要求，鼓励这些地区大胆试、大胆闯、主动改，发挥示范引领作用，打造营商环境制度高地。再次，推动营商环境数字化转型，推动政府审批和管理服务更加智能化、精准化，进一步提升营商环境便利度，提升企业感受度。最后，坚持宽进与严管相结合，在推进企业经营自主便利的同时，着力加强事中事后监管。深化推进"互联网＋监管"，积极运用大数据、物联网、人工智能等技术为监管赋能。

　　根据全国工商联对各省、各城市的营商环境进行的评估，在省级行政区中，上海营商环境指数排名第四；根据《中国营商环境指数蓝皮书 2022》，各城市营商环境测评结果显示，上海位列城市排名第一。从公共服务、市场环境、政务环境、融资环境、普惠创新等方面亮点突出并表现较强综合竞争力，并通过每年形成一批可复制推广的经验做法，为全国营商环境建设作出上海贡献。力争用三至五年的时间，推动营商环境国际竞争力跃居世界前列，政府治理效能全面提升，市场活跃度和发展质量显著提高，率先建成市场化、法治化、国际化的一流营商环境。

表 1-2-1　　上海优化营商环境 5.0 版的重点改革工作

重点方面	主要改革事项
市场环境方面	着力推进市场准入准营便利、资源要素平等获得、市场出清有序高效，维护公平竞争市场秩序。比如，完善市场主体退出机制，全面实施简易注销；清除招标投标和政府采购领域设置的隐性门槛和壁垒。
投资环境方面	深化投资项目审批制度改革，优化全流程全领域审批管理服务。比如，深化区域评估，推进"用地清单制"改革；全面深化多测合一和测算合一改革；全面推行联合会审、联合监督检查和综合竣工验收等"一站式"服务；推进涉审中介服务事项改革。
涉外营商环境方面	要完善外资外贸和扩大开放的相关制度安排，进一步提升上海对外商投资的吸引力。比如，提升国际贸易"单一窗口"功能，简化研发用途设备和样品进出口手续，探索建立国际职业资格证书认可清单制度等。
创新环境方面	要聚焦创新产业链融合，加强知识产权保护，营造良好人才创新生态环境，支持企业创新发展。比如，完善科研人员职务发明成果权益分享机制，健全知识产权质押融资风险分担机制和质物处理机制等。
政务服务方面	聚焦企业开办变更、获得水电气、税费缴纳、不动产登记等高频事项，进一步优化办事流程。比如，拓展企业开办无纸全程电子化登记适用范围；开通具备"全类型、全事项、全流程"在线办理能力的企业变更登记全程网办系统，线上线下办理同步同标；水电气等市政接入行政审批实施并联办理，"一站式"全程便捷服务，实现不出家门"掌"上办；将企业间不动产转移登记当场核税、立等可取改革扩展至居民间转移登记。

（续表）

重点方面	主要改革事项
企业服务方面	通过技术和数据赋能，进一步优化企业服务体系。比如，进一步优化市区两级企业服务云平台功能；聚焦惠企政策、普惠金融、专项资金、用工就业、服务贸易等领域，整合优化应用场景，推出更多的点单式申请、非接触办理；提升"企业专属网页"功能，逐步扩大政策精准推送、政策"免申即享"覆盖面；建设标准统一、内容完备的"一网通办"知识库，持续提高在线智能客服"小申"服务水平。依托数字化转型，政务服务和企业服务同向发力，让企业"高效办成一件事"成为一种常态。
运用大数据等赋能监管	深化推进"互联网＋监管"，积极运用大数据、物联网、人工智能等技术为监管赋能。比如，聚焦市场监管、食品、建设、交通、应急等重点领域，构建风险预警模型，建立风险监测评估、预警跟踪、防范联动跟踪机制；建设统一综合执法系统，实现对执法行为的全程动态监管。

三、五个升级版本的差异比较

上海自 2017 年年底以来，连续实施优化营商环境 1.0 版、2.0 版、3.0 版、4.0 版和 5.0 版方案，剖析不同版本之间的差异，将有助于全面把握上海营商环境改革的发展趋势与规律，了解营商环境改革取得的成效及不足，了解不同阶段的目标任务和重点难点，为制定切合本地实际的营商环境政策提供依据和参考。其中，1.0 版旨在突出营商环境的重点和难点问题。2.0 版侧重于坚持系统施策，多维度、立体化、全方位地推动营商环境持续优化，实现营商环境全面提升和全面进步。3.0 版主要围绕"1+2+X"来设计，标准更高且覆盖范围更广，从点到面，持续深入，使企业获得感持续增强，并助力我国营商环境国际排名大幅跃升。4.0 版是在原有基础上的迭代升级，是继续深化、细化、系统化各领域改革，加强地方事权系统集成，提升企业感受度的结果。5.0 版紧扣市场主体所需所盼，对接国际通行规则，支持地方深化改革，从而形成更多可复制可推广的经验和做法，以点带面推动全国营商环境进一步优化。

与前四版相比，5.0 版的亮点在于始终将企业感受度作为首要标准，坚持问题导向完善制度建设，坚持由点及面不断深化，不断拓展改革事项的覆盖面。比如，方案明确进一步完善常态化制度化政企沟通机制，聚焦企业关注事项，不断拓展改革深度、广度；"一业一证"改革在浦东新区试点经验的基础上拓展至全市范围，并进一步探索市场准营承诺即入制等。此外，5.0 版进一步鼓励探索创新先行先试，5.0 版首先是贯彻落实国家营商环境创新试点，在此基础上深化拓展创新突破，为全国营商环境优化贡献上海智慧和上海方案。支持鼓励各领域创新突破、跨区域联动创新以及监管和服务创新。比如，以长三角生态绿色一体化发展示范区和创新试点六城市互联互动为切入点，在更大范围、更广领域、更高层次协同推进优化营商环境改革。依托"一网通办"等平台和数字化科技手段，通过大数据、物联网探索创新重塑服务理念和监管方式。

表 1-2-2　上海优化营商环境 1.0—5.0 版的重点改革内容

版　本	重点改革内容
1.0	深化推进全方位高水平的投资和贸易便利化自由化
	营造竞争高效的市场运行秩序
	营造更具活力的创新创业环境
	进一步提升政府经济治理水平
	强化维护市场公平正义的法治保障
	搞好组织实施
2.0	持续深化对标改革
	深入推进制度创新
	着力加强精准服务
	健全完善工作机制

（续表）

版　本	重点改革内容
3.0	全面打响"一网通办"政务服务品牌
	打造更具国际竞争力的营商环境
	加强保护和激发市场主体活力的制度供给
	落实组织保障
4.0	持续优化便捷高效的政务环境
	全面提升企业全生命周期管理服务
	着力营造公平竞争的市场环境
	围绕安商稳商，全方位强化企业服务
	加强实施保障
5.0	市场主体退出全面简易注销
	企业变更登记开通全程网办
	运用大数据等赋能监管

第三节　上海优化营商环境的配套行动计划

一、投资贸易环境相关文件

当前我国投资贸易环境仍存在一些短板和突出问题，如产品进口结构不合理，市场需求总体偏弱，产业贸易竞争力不足，贸易摩擦形式较为严峻等。上海围绕提升市场主体感受度、进一步优化引进外资的结构和质量、优化投资布局、优化跨境贸易环境等方面出台了一系列政策措施。第一，上海市政府从全局出发，出台一系列政策措施，为进一步优化营商环境，助力经济恢复，帮助市场解困。上海市政府制定了《上海市 2022 年优化营商环境重点事项》，在推动落实《上海市营商环境创新试点实施方案》的基础上，进一步深化拓展，再组织实施十个优化营商环境重点事项，提升市场主体感受度，激发市场主体信心和活力。具体为企业登记便捷、税费缴纳灵活、融资服务升级、信用监管提升、公用服务优化、项目审批提效、跨境贸易便利、科创培育赋能、纠纷化解高效、营商服务贴心等十个重点事项。2021 年 12 月底，为进一步深化跨境贸易便利化改革，优化跨境贸易营商环境，持续提升进出口企业获得感，上海市商务委、上海海关、市交通委、市市场监管局、市发展改革委等多家单位联合制定了《上海口岸 2022 年深化跨境贸易营商环境改革若干措施》，主要包括深化改革创新，进一步优化通关全链条全流程；清理规范收费，进一步降低进出口环节费用；综合施策，进一步提升口岸服务能力；高效利企便民，进一步改善跨境贸易整体服务环境等四个方面。为促进跨境电子商务产业规模化、集群化、规范化发展，推动上海对外贸易创新发展。上海市政府印发了《关于本市加快发展外贸新业态新模式的实施意见》，通过加快提升贸易创新发展能级，培育贸易竞争新优势；加快推进贸易创新数字赋能，培育贸易发展新动能；加快推进贸易创新环境建设，提升贸易发展软实力；加快完善贸易创新保障体系，筑牢贸易发展基础等措施，着力打造国内大循环的中心节点和国内国际双循环的战略链接，实现外贸创新发展。2020 年 9 月，上海市颁布《上海市外商投资条例》，该条例的颁布和实施为营造稳定、透明、公平的市场环境，提升对外开放水平提供了便利。

第二，从局部视角出发，通过局部扩散效应助力上海营商环境建设。上海市政府制定《虹桥国际开放枢纽中央商务区"十四五"规划》，通过聚焦提升产业能级，建设一流的国家化中央商务区；放大进博效应，打造开放共享的国际贸易中心新平台；增强辐射功能，打造联通国际国内的综合交通新门户；推进改革创新，构建高效率全球高端资源要素配置新通道；扩大双向开放，构建引领区域协同发展的新引擎等任务，扩大虹桥国际的对外开放水平以及对上海乃至长三角的辐射效应。在上海市政府印发的《中国（上海）自由贸易试验区临港新片区发展"十四五"规划》中，也进一步明确临港新片区要构建高水平国际投资贸易自由化便利化政策制度体系、打造最具国际竞争力的洋山特殊综合保税区，全力推动全方位高水平开放。为了进一步推进本市更高水平对外开放，促进和稳定外商投资，保护外商投资合法权益，加快形成全面开放新格局。上海市商务委制定了《上海市跨境电子商务示范园区认定和管理办法》，根据园区功能不同，划定特殊监管区和产业功能区，通过集聚一定数量的跨境电子商务企业和相关运营服务单位，从而为跨境电商企业发展提供公共服务，形成良好的产业生态体系和示范引领效应的区域。上海市交通委等六部门发布《关于进一步加强集装箱港外堆场规范管理的若干意见》，通过规范企业经营，落实主体责任；规范交通管理，监督安全生产；加强价格管理，规范收费行为；建立联动机制，开展联合执法；强化综合治理，落实属地责任等措施，进一步加强集装箱港外堆场规范管理，进一步提升投资贸易环境。

二、政府服务环境相关文件

政府服务是良好营商环境的关键，是营造公平竞争环境、创造更有吸引力投资环境的关键因素。2021 年至 2022 年，上海围绕"全覆盖、动态化、精细化"，推出了一系列大力度的营商环境改革举措，大幅提高了市场主体的办事效率。这些配套措施主要围绕"一网通办""一网统管"建设、行政许可清单管理制度、行政审批告知承诺、行政审批中介管理以及优化企业开办等方面展开。

2022 年是"一网通办"改革的用户体验年。2022 年 1 月，上海市政府颁布《2022 年上海市全面深化"一网通办"改革工作要点》，主要包括坚持业务流程再造，做强技术支撑，提升智能化、精准化、个性化服务水平；坚持场景应用驱动，围绕个人全生命周期和企业全经营周期，拓展公共服务领域；坚持线上线下深度融合，优化服务模式，打造温暖高效的服务体验；坚持智慧化应用创新，夯实基础支撑能力，助力基层一线减负增能，落实保障等方面。2022 年 9 月，上海市政府颁布《2022 年上海市"一网通办"第三方调查评估工作方案》，主要针对"网上政务服务能力评估、线上线下融合度、数据治理应用"三个方面，共67 项评估指标进行评估，以进一步全面提升服务体验、线上线下深度融合、全面深化数据治理应用。

除此之外，上海市各区、各部门以及各单位在提高"一网通办"工作效率、营造良好营商环境方面作出了一系列努力。2022 年 6 月，上海市商务委颁布《2022 年市商务委"一网通办"改革工作要点》，主要包括"不断优化业务流程，提升政务服务水平、坚持场景应用驱动，拓展公共服务领域、坚持线上线下深度融合，优化服务模式、坚持智慧化应用创新，夯实基础支撑能力、落实保障措施，全面提升工作水平"等方面内容，推动上海商务领域更大范围、更宽领域、更深层次的营商环境。

奉贤区创新推出"线上审批是常态、线下审批是例外"的"四个一"云审批工程，并相继探索创设了"云出照""云调规""云招标""云开盘""云执法""云征询""云许可"等一系列新制度和新方式，解锁了疫情之下的审批和服务数据密码，开启数字治理新样式。

闵行区税务部门在主动融入"一网通办"平台，不断扩大网上办税事项覆盖范围基础上，数据赋能、问办结合、精诚共治，实现"智"优体验，"指"享服务，不断提升纳税人缴费人的满意度和获得感。

浦东新区聚焦"放宽市场准入的核心要素，打出登记制度创新'组合拳'；聚焦简化登记流程的便利举措，奏响服务便捷高效'主基调'；聚焦事中事后监管领域，坚持以'管'促'放'"，以达到不断提升营商环境市场准入便利化，激发各类市场主体活力。

虹口区通过"一网通办"帮办制度，致力于打造"15分钟政务服务圈"，推动"随申办"虹口区旗舰店升级迭代，有序扩大信用信息开放共享，优化全流程一体化办事服务，优化14438招商工作机制，着力打造优质普惠的企业全生命周期服务。

上海市各区政府针对优化营商环境方面，发布了一系列保障措施。2021年9月，浦东新区发布《上海市浦东新区深化"一业一证"改革规定》，通过推动政府审批服务向以市场主体需求为中心转变，优化营商环境；加强深化"一业一证"改革的组织领导，建立健全深化改革的统筹推进工作机制等改革措施，深化"一业一证"改革规定，营造良好的营商环境。2022年徐汇区发布《上海市徐汇区营商环境创新试点行动方案》，通过精简优化审批服务、加强全流程效能监管、提升线上服务智能化水平、便利线下业务办理、强化"好差评"结果运用等措施，打造便捷高效的业务环境。虹口区发布《虹口区营商环境创新试点实施方案》结合区域实际情况，以问题为导向，注重一体推进，聚焦政务环境、法治环境、企业服务、工程推进四个领域推出112项举措，推进营商环境建设。黄浦区颁布《黄浦区加快经济恢复和重振行动方案》，从十个方面提出36项具体举措，围绕经济社会秩序全面恢复的政策目标，对市场主体关心的复工复产、降本减负、稳岗用工、金融支持、产业纾困等方面分类施策，精准帮扶企业，努力推动经济活动有序恢复、不断激发市场活力、积极重振经济发展。这些措施主要包括普惠性的纾困扶持措施；推动黄浦"3+3"高端服务业产业体系全面恢复重振的针对性扶持措施；多措并举稳定市场预期，通过稳外贸、扩投资、促消费、优服务等手段提振市场信心，恢复经济社会秩序；保障政策落地落实措施，借力"大走访、大排查"，完善综合协调、问题处置、跟踪督办工作机制，进一步为企业排忧解难，切实提高政策实效。静安区发布《2022 年静安区全面推进营商环境建设的工作计划》，通过打造公平竞争的市场环境、便携高效的政务环境、自主便利的投资环境、开放包容的涉外投资环境、更具活力的创新环境、公平审慎的监管环境、优质普惠的企业全生命周期服务、科学规范的法治环境以及具有静安特色的宜商环境十方面 33 条 170 项工作举措，推动静安营商环境建设。长宁区颁布《长宁区推进营商环境创新试点实施方案》，主要涉及解锁企业运营新方式，专业合作伙伴形成资源"交汇口"，"容缺、容错，扶新、扶特"加大改革创新力度，努力将长宁建设最完善的一流营商环境标杆城区。松江区发布《关于进一步优化营商环境发展壮大市场主体的若干措施》，聚焦市场主体准入改革，提升服务便利度；聚焦政务效能升级，提升服务精准度；聚焦审慎包容监管，提升服务满意度；聚焦数字化转型，提升服务加速度四个方面，着力构建服务型政府。杨浦区制定了《对标最高标准、最好水平，持续推进杨浦营商环境改革创新的行动计划》，通过畅通企业开办退出渠道，提升投资和建设便利度，强化知识产权保护运作，持续优化涉外营商环境，充分释放惠企政策红利等措施，全方位激发市场主体活力，持续推进营商环境改革创新。普陀区制定了"普陀区营商环境方案 5.0 版"，梳理发布《普陀区"助企纾困"系列政策汇总》，积极做好政策宣传、企业咨询答复、政策相关 12345

来电回复等工作，建立政策实施情况跟踪机制，每两周跟踪一次政策落实情况和落实成效，为助企政策的全面贯彻落实和后续优化调整摸清情况、打好基础。嘉定区制定了《嘉定区2022年优化营商环境重点事项》，从企业登记便捷、融资服务升级、项目审批提效、跨境贸易便利、科创培育赋能、纠纷化解高效、营商服务贴心等十个方面提升市场主体感受度，激发市场主体活力。青浦区制定了《青浦区2022年优化营商环境工作要点》，围绕政务环境、企业服务、监管执法、法治保障、区域发展五个方面，共提出了18大项95小项工作举措，推动青浦区整体营商环境迈向新台阶。宝山区发布《宝山区2022年优化营商环境创新试点行动方案》，针对打造市场环境、政务环境、投资环境、涉外营商环境、创新环境、监管环境、企业全生命周期服务、产业发展高地、营商环境合作示范区、法治环境等，提出共十个方面38条92项工作安排。闵行区发布《闵行区落实市营商环境创新试点打造营商环境新高地行动方案》，从政务环境、市场环境、投资环境、法治环境和创新开放营商高地五大方面提出了19项改革任务、113条改革举措，持续系统推动营商环境建设全面深化。奉贤区《关于聘任2022年度奉贤区营商环境"贤城体验官"和授牌奉贤区营商环境观察点的决定》，通过以优化营商环境为契机，助力经济高质量发展。多层面推动，持续精简优化审批。多角度把关，全面加强事中事后监管；多形式体验，加快提升服务效能；多维度发力，强化多主体协同联动。以"一网通办"为抓手，提升政务服务水平；注重需求导向，强化服务理念；注重问题导向，优化技术流程；注重目标导向，聚焦数据赋能。以更高标准为引领，推动创新改革走深走实。加强学习，补齐短板；创新方法，完善政策；履职尽责，强化监督考核。金山区发布《金山区聚焦"三个服务"全面推进一流营商环境建设行动方案》，围绕着力推动基本服务提档升级、着力推动集成服务提质增效、着力推动战略服务提标扩面三个方面，制定了接近 100 项具体措施。崇明区发布了《崇明区营商环境创新试点实施方案》，主要针对公平竞争的市场环境、高效便捷的政务环境、着力打造自主便利的投资环境、开放包容的涉外营商环境、更具活力的创新环境、公平审慎的监管环境、优质普惠的企业全生命周期服务、协同高效的营商环境合作示范区、科学规范的法治环境十个方面进行改革，进一步提升崇明营商环境的影响力和吸引力。

表 1-3-1　2022 年上海市各区针对营商环境相关政策

区　名	政　策
浦东新区	《上海市浦东新区深化"一业一证"改革规定》
徐汇区	《上海市徐汇区营商环境创新试点行动方案》
虹口区	《虹口区营商环境创新试点实施方案》
黄浦区	《黄浦区加快经济恢复和重振行动方案》
静安区	《2022 年静安区全面推进营商环境建设的工作计划》
长宁区	《长宁区推进营商环境创新试点实施方案》
松江区	《关于进一步优化营商环境发展壮大市场主体的若干措施》
杨浦区	《对标最高标准、最好水平，持续推进杨浦营商环境改革创新的行动计划》
普陀区	《普陀区"助企纾困"系列政策汇总》
嘉定区	《嘉定区 2022 年优化营商环境重点事项》
青浦区	《青浦区 2022 年优化营商环境工作要点》
宝山区	《宝山区 2022 年优化营商环境创新试点行动方案》
闵行区	《闵行区落实市营商环境创新试点打造营商环境新高地行动方案》
奉贤区	《关于聘任 2022 年度奉贤区营商环境"贤城体验官"和授牌奉贤区营商环境观察点的决定》
金山区	《金山区聚焦"三个服务" 全面推进一流营商环境建设行动方案》
崇明区	《崇明区营商环境创新试点实施方案》

三、市场法制环境相关文件

营商环境的核心与根本是法治环境，良好的营商环境需要有良好的法治手段、制度规则来保证，优化营商环境必须辅之以精细的制度安排。为营造一流的营商环境，上海市政府陆续推出一系列法制文件，在构建稳定、长远的营商环境中提供了法治保障。2021 年 12 月，上海印发《法治政府建设实施纲要（2021—2025 年）》，明确提出加快转变政府职能，推动有效市场和有为政府更好结合，及时将优化营商环境方面可复制可推广的经验做法上升为制度规范。依法平等保护各种所有制企业产权、自主经营权和其他合法权益，切实防止滥用行政权力排除、限制竞争行为。严格落实公平竞争审查制度，及时清理废除妨碍统一市场和公平竞争的各种规定和做法，推动形成统一开放、竞争有序、制度完备、治理完善的高标准市场体系。2022 年 8 月，上海市一体推进"放管服"改革，打造市场化法治化国际化一流营商环境，通过"四全"措施，打造高质量的营商环境，即全链条精简优化审批手续，进一步降低制度性交易成本；全过程促进公平公正监管，不断提高事前事中事后监管整体效能；全周期提升政务服务能级，切实增强企业和群众满意度获得感；全方位打造一流营商环境，着力稳定各类市场主体预期和信心。同期，上海市政府印发《关于全面推行轻微违法行为依法不予行政处罚的指导意见》(以下简称《指导意见》)，在前期探索实践基础上，将全面推行轻微违法行为依法不予行政处罚，提出"精细划分违法行为，明确轻微违法不予行政处罚具体标准，形成清单，供一线执法人员具体实施"的解决方案，推出了国内首份省级轻微违法不予行政处罚清单，此《指导意见》对深化法治化营商环境建设具有重要意义。上海高级人民法院颁布了《上海市高级人民法院关于贯彻落实〈上海市着力优化营商环境加快构建开放型经济新体制行动方案〉的实施方案》，推出"在线调解"调处纠纷、引入技术调查官构建"四位一体"技术事实查明体系、聘请外籍调解员化解商事纠纷等多种创新手段保障上海营商环境建设。

浦东新区发布《上海市浦东新区市场主体登记确认制若干规定》，通过聚焦放宽市场准入的核心要素，打出登记制度创新"组合拳"，聚焦简化登记流程的便利举措，奏响服务便捷高效"主基调"，聚焦事中事后监管领域，坚持以"管"促"放"等措施，保障营商环境的建设。虹口区着力打造科学规范的法治环境，推行办理不动产登记涉及的政务信息共享和核验，督促落实不予实施行政强制措施清单，实现全市统一综合执法系统落地，充分发挥"律师涉外专门委员会"的作用，优化金融审判专业机制，推进金融商事纠纷多元化解决，一系列法制条例和措施的实施，在推进治理体系和治理能力现代化方面提供了良好的法制环境。静安区打造法治化营商环境"升级版"，区检察院与该区工商联共同举办了"推进安商惠企，助力复工复产"民营企业家"云座谈"，深化与工商联的协作联动、保障市场主体合法权益、助推企业规范合规经营，合力推动区域法治化营商环境建设。

四、人才创新环境相关文件

人才是创新创业的主体，也是营商环境的主体，没有人才的支撑，无法打造一流的营商环境。围绕吸引人才以及人才引进，上海出台了多项人才支持政策，通过人才政策加持，为打造一流的营商环境提供了支撑。

2022年，上海市颁布《上海市社会工作人才队伍建设"十四五"规划》，通过优化人才布局，加强人才培养，进一步加强社会工作学科专业体系建设，大力发展社会工作应用型本科教育，完善高校社会工作人才培养模式，建立实务经验丰富的社会工作人才到高校授课制度，进而优化人服务与管理，为打造一流的营商环境提供人才支持。6月，上海市政府颁布《关于加快推进南北转型发展的实施意见》，明确了具体的人才落户及居住证积分政策，在其配套的《支持政策》中，尤其在人才集聚方面，提出加大产业技能人才支持力度和对紧缺急需人才和优秀青年人才的引进力度，人才落户和居住证积分政策参照支持五个新城人才发展的实施细则执行。上海五大新城明确推出"应届生落户政策、人才引进、居转户、海归落户、居住证积分"等五项落户政策来促进人才集聚，优化营商环境。上海临港为营造良好的营商环境，加大了国内人才的引进力度，通过颁布"居住证积分专项加分、缩短居转户年限、应届生落户上海加分、办理人才直接引进落户审批、重点机构紧缺急需人才、紧缺急需技能人才、高等级技能人才、特殊人才等直接或推荐落户"措施，为人才集聚提供了环境便利。

表1-3-2　2019—2022年上海市关于人才建设的相关政策

时　　间	政　　策
2022年2月23日	《关于开展2022年春季促进就业专项行动的通知》
2022年1月4日	《关于维护新就业形态劳动者劳动保障权益的实施意见》
2021年11月1日	《关于深化企业员工就业参保登记改革工作的通知》
2021年10月20日	《关于进一步做好灵活就业人员就业创业工作有关事项的通知》
2021年9月22日	《关于支持多渠道灵活就业的实施意见》
2021年7月2日	《上海市就业和社会保障"十四五"规划》
2021年4月30日	《上海市人力资源和社会保障局2021优化营商环境十二条举措》

（续表）

时　　间	政　　策
2020 年 6 月 30 日	《关于延长本市阶段性减免企业社会保险费政策实施期限等问题的通知》
2020 年 5 月 29 日	《关于进一步做好稳就业促发展工作的实施意见》
2020 年 3 月 14 日	《关于做好 2020 年上海高校毕业生就业工作若干意见的通知》
2020 年 3 月 4 日	《关于切实做好本市被征地人员就业和社会保障办理工作的通知》
2019 年 1 月 7 日	《关于做好本市当前和今后一个时期促进就业工作的实施意见》

建设高水平人才高地，是上海建设一流营商环境的重要渠道，而户籍制度成为目前限制人才集聚的一把重要枷锁，上海近年一直通过户籍改革制度，放宽人才落户，以吸引更多高水平人才。2020 年 9 月，上海学生就业创业服务网发布《2020 年非上海生源应届普通高校毕业生进沪就业申请本市户籍评分办法》，将"符合基本申报条件可直接落户"政策从之前的北京大学和清华大学扩大至在沪"世界一流大学建设高校"，即上海交通大学、复旦大学、同济大学和华东师范大学 4 所高校应届毕业生可直接落户。2021 年 3 月，上海市印发《关于本市"十四五"加快推进新城规划建设工作的实施意见》（以下简称《实施意见》）。作为上海市推动城市组团式发展，形成多中心、多层级、多节点的网络型城市群结构的重要战略空间，位于远郊的嘉定区、青浦区、松江区、奉贤区和南汇"五大新城"，开始着眼于调整人才落户政策：一方面，对在新城重点产业的用人单位和教育、卫生等事业单位工作满一定年限并承诺落户后继续在新城工作 2 年以上的人才，"居转户"年限由 7 年缩短为 5年；另一方面，对新城范围内教育、卫生等公益事业单位录用的非上海生源应届普通高校毕业生和上海市居住证持证人在新城工作并居住的予以专项加分。2021 年 11 月，上海市再次聚焦"五大新城"，进一步降低

了落户门槛：不只是上海市高校的应届研究生毕业生，来自全国乃至全球的毕业生只要符合条件都可以申请，有利于让优秀的年轻人成为上海市的优质资源。

2020 年 9 月

2020 年 9 月 23 日，上海学生就业创业服务网发布《2020 年非上海生源应届普通高校毕业生进沪就业申请本市户籍评分办法》，将"符合基本申报条件可直接落户"政策从之前的北京大学和清华大学扩大至在沪"世界一流大学建设高校"，即上海交通大学、复旦大学、同济大学和华东师范大学 4 所高校应届毕业生可直接落户。

2021 年 11 月

上海市再次聚焦"五大新城"，进一步降低了落户门槛：不只是上海市高校的应届研究生毕业生，来自全国乃至全球的毕业生只要符合条件都可以申请，有利于让优秀的年轻人成为上海市的优质资源。

2021 年 3 月

上海市印发《关于本市"十四五"加快推进新城规划建设工作的实施意见》。位于远郊的嘉定、青浦、松江、奉贤和南汇"五大新城"，开始着眼于调整人才落户政策：一方面，对在新城重点产业的用人单位和教育、卫生等事业单位工作满一定年限并承诺落户后继续在新城工作 2 年以上的人才，"居转户"年限由 7 年缩短为 5 年；另一方面，对新城范围内教育、卫生等公益事业单位录用的非上海生源应届普通高校毕业生和上海市居住证持证人在新城工作并居住的予以专项加分。

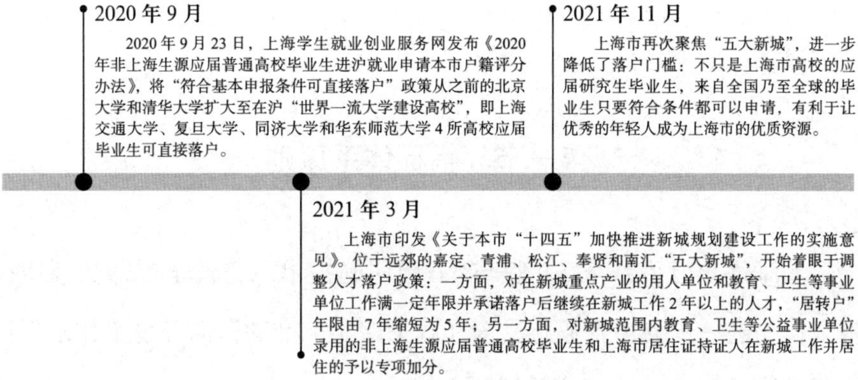

图 1-3-1　上海市户籍改革制度

表 1-3-3　2022 上海"五大新城"落户政策

居转户落户政策	缩短新城"居转户"年限，对在新城重点产业的用人单位和教育、卫生等事业单位工作满一定年限并承诺落户后继续在新城工作 2 年以上的人才，经新城所在区推荐后，"居转户"年限由 7 年缩短为 5 年。
应届生落户政策	上海"双一流"建设高校的应届本科毕业生，在五大新城、南北地区重点转型地区用人单位工作的，毕业不需积满 72 分就能直接落户！
留学生海归落户政策	对海外高水平大学获得科学、技术、工程和数学等紧缺急需专业学士及以上学位的留学人员，在新城工作 6 个月即可申报落户，海外学士落户其他区域最起码要工作 12 个月才有机会申报。
居住证积分加分政策	1. 对新城范围内教育、卫生等公益事业单位录用的非上海生源应届普通高校毕业生，直接落户打分加 3 分。 2. 对上海市居住证持证人在新城工作并居住的，予以专项加分，即每满 1 年积 2 分，满 5 年后开始计入总分，最高分值为 20 分。

第二章　上海营商环境评价体系构建研究

第一节　指标体系原则

上海优化营商环境 5.0 版与 4.0 版明确提出"完善全市营商环境评价工作，进一步突出企业感受度和政策落实，推动营商环境工作水平稳步提升"，"以企业满意度为重点，进一步完善营商环境指标体系"。现有的世界银行评价指标存在评估内容覆盖面较窄、不能很好地反映企业的直接诉求、侧重反映工业企业营商环境要求、对于执法层面关注度不够等不足，难以为上海构建有效的营商环境评估提供科学有效标准。本书认为营商环境是市场主体从事经营活动的综合环境和条件，营商环境改善的好坏，企业的感受是最重要的评价标准。为此，营商环境评价必须囊括企业对于营商环境的满意度评价，应着重体现如下三个原则。

一、以问题为导向聚焦企业在营商环境上的需求

企业最关切的市场竞争不公平、政策不连续、政府失信、执法不公正、企业生产经营不便利、市场主体合法权益得不到保障、违规涉企收费等痛点和堵点，有重点、有针对性地确定营商环境评价指标，切实反映企业的诉求。

二、以推动改革为原则找痛点、补短板、疏堵点

营商环境评价的核心价值不仅在于排名结果，更在于通过分析各地分项指标的得分和分布情况，以评促建，引导形成优化营商环境的良性竞争，将营商环境改革推向纵深，为地方政府补短板、精准施策提供政策决策参考。

三、客观指标与主观指标相结合相互佐证

受到调查样本选择和被调查者主观意愿影响，是问卷调查方式本身必然存在的问题，只有通过创新评价方法，将客观指标与主观指标相结合，通过客观指标或企业回访等方式，进行问卷调查准确性、真实性的校验，才能保证评价结果的公正准确。

根据上述三个原则，为提升营商环境指标体系的科学性、实用性，确保调查样本选取、指标权重设定都要凸显客观性、可操作性，本项营商环境评价指标体系编制工作按照"国际可比、对标世行、中国特色"的思路，聚焦企业营商环境上的需求，围绕着"全面性、系统性、科学性"将客观指标与主观指标相结合，充分考虑上海营商环境的独特内涵和企业个性化诉求，构建以企业满意度为重点的营商环境评价指标体系。

一是全面性。一方面，营商环境评价不仅要反映企业微观层面，也要反映宏观层面的营商环境改革以来的情况，例如信息便利程度、基础设施的优越性、要素的可获得性等。因此，应当主要从"中观"视角选取衡量营商环境条例实施情况的指标，同时兼顾"宏观"和"微观"因素。另一方面，对于营商环境改革的评估不仅要聚焦"看得见"的问题，更要关注"隐形障碍"。在现实的商业活动中，市场"玻璃门""弹簧门"

依然存在，企业进入市场之后能否拥有公平的竞争机会，能否通过其竞争力获得商机，能否通过市场透明度建设来实现合理预期，发生纠纷后能否及时有效得到解决等这些隐形障碍成为评价营商环境的重要因素。

二是系统性。营商环境是由多种影响因素构成的有机整体和多层次的动态系统，在具体评价指标的选择上，将主观指标细分为投资贸易满意度类、政府服务满意度类、市场法制满意度类等三大类，调查是用五级量表进行细化；将客观指标所需时间、审批流程数量等数据直接记录，对于有国家标准和全市标准的（比如审批时间不能超过 5 个工作日），直接和标准对比，对于没有国家标准的，汇总所有调查数据进一步细分好。

三是科学性。营商环境评价是一项持续常规的工作，对于评估流程来说，评估主体的设计、评估对象的确定、评估标准的界定、评估指标的量化、评估方法的选择、评估结果的回应各个环节都应体现科学性。对于细分指标的选择、指标权重计算方法的确定、数据的选取、整理、计算等都要建立在科学合理的基础上，以保证指标概念科学、明确、直观，将条例内容进行逐层分解，直到最后各个具体指标，以此构成营商环境评价指标体系，准确地反映有效反映基于企业满意度的营商环境现状。

第二节　指标体系基本框架

营商环境指标体系框架设计以上海建设国际一流营商环境的要求为逻辑起点，营商环境落实情况的评价指标体系应当紧贴企业层面，紧扣企业感受度。本研究将立足企业运营全生命周期面临的投资贸易、政府服务、市场法治三个环境维度，通过主客观两个层面构建营商环境改革效果的综合评价指标体系，详见表 2-2-1。

表 2-2-1 上海营商环境评价指标体系构架

一级指标	指标类型	二级指标	题 号
营商环境综合指数	投资贸易环境建设指标 S_1		
	客观指标	开办企业所需办理手续数量与所费时间 S_{11}	3.2-04、05
		办理施工许可手续办理程序数量与办理时间 S_{12}	3.3-01、02
		办理接入电网、获得用水手续时间 S_{13}	3.4-01、06
		环保成本占企业总成本比例 S_{14}	3.4-05
		办理财产转移登记程序数量及办理时间 S_{15}	3.5-01、02
		办理财产转移登记费用占财产价值比率 S_{16}	3.5-03
		办结不动产抵押登记所需时间 S_{17}	3.8-05
	主观指标	上海市投资贸易环境企业主观评分 S_{18}	2.2
		上海市开办企业便利度的评价 S_{19}	2.6
		上海市信贷融资便利度的评价 S_{110}	2.9
		上海市办理施工许可便利度的评价 S_{111}	2.11
		上海市获取电水气热通信便利度的评价 S_{112}	2.1
		上海市开展跨境贸易便利度的评价 S_{113}	2.12
		上海市统筹疫情防控和企业生产经营的评价 S_{114}	2.14
		国际贸易单一窗口的功能设置和操作使用评价 S_{115}	3.6-06
		数字化赋能对于提高融资便利度效果评价 S_{116}	3.8-09
	政府服务环境建设指标 S_2		
	客观指标	企业年缴税频次、纳税所需时间 S_{21}	3.7-01、02
		企业缴纳的法定税费占企业税前利润的比例 S_{22}	3.7-03
		企业税收优惠政策享受情况 S_{23}	3.7-04
		疫情背景下企业惠企政策享受情况 S_{24}	3.1-04
		企业对上海市纾困助企政策熟悉情况 S_{25}	3.1-03
	主观指标	上海市政府服务环境的评价 S_{26}	2.3
		上海市人才创新环境的评价 S_{27}	2.5
		上海市行政审批流程便利度的评价 S_{28}	2.7
		对在上海市纳税便利度的评价 S_{29}	2.8
		上海市助企纾困措施与惠企政策的评价 S_{210}	2.15
		对本区税收宣传及培训辅导工作的评价 S_{211}	3.7-07

（续表）

	一级指标	指标类型	二级指标	题　号
营商环境综合指数	政府服务环境建设指标 S$_2$	主观指标	上海市"一网通办"数字政务平台的评价 S$_{212}$	3.13-04
			政府部门办事效率和服务态度的满意度 S$_{213}$	3.13-07
			政府部门办事流程规范性评价 S$_{214}$	3.13-08
			政府部门信息公开评价 S$_{215}$	3.13-09
	市场法制环境建设指标 S$_3$	客观指标	企业对通过"一网通办"等渠道办理信用修复手续的了解程度 S$_{31}$	3.10-03
			企业从提起诉讼到实际付款期间的时间 S$_{32}$	3.11-03
			企业在司法程序解决争端所需成本占索赔额比例 S$_{33}$	3.11-04
			企业的涉法渠道畅通程度 S$_{34}$	3.11-02
			企业权益受到侵害时法律保护效力 S$_{35}$	3.11-08
		主观指标	上海市市场法制环境的评价 S$_{36}$	2.4
			上海市对企业知识产权保护的评价 S$_{37}$	2.13
			上海市知识产权多元化纠纷解决机制的评价 S$_{38}$	3.9-06
			企业诉讼事务在线办理的评价 S$_{39}$	3.11-04
			破产案件立案的方便性评价 S$_{310}$	3.12-01
			破产裁定后的信用修复工作满意度评价 S$_{311}$	3.12-03

第三节　问卷发放情况

本次问卷调查以注册地及主要生产经营地为上海市的企业负责人为调查对象，线上调研自 2022 年 9 月 8 日开始，10 月 16 日结束，共回收问卷 1261 份，有效问卷 1261 份，问卷有效率 100%。

问卷回收后课题组通过（Reliability）、效度（Validity）分析检验问卷的可靠性与有效性。信度即可靠性，是指使用相同指标或测量工具重复测量相同事物时，得到相同结果的一致性程度。目前最常用的是 Alpha 信度系数，一般情况下我们主要考虑量表的内在信度——项目之间是否具有较高的内在一致性。本研究通过 SPSS19.0 分析计算得到 Alpha 信度系数在各个维度下都大于 0.7，总量表的信度系数达到 0.892，说明本问卷量表信度较好，适用于问卷调查；效度即有效性，是衡量综合评价体系是否能够准确反映评价目的和要求。这里采取结构效度分析测量结果体现出来的某种结构与测值之间的对应程度，本书通过 SPSS19.0 分析计算得到问卷 KMO 值为 0.873，大于 0.7 的标准值，说明本问卷结构效度良好。调查样本特征如下：

一、样本企业性质与规模分布

从样本企业性质类别来看，本次调查企业以民营企业为主，占总调查样本的 74.78%，外资企业、国有企业分别占 10.47% 和 10.15%。从企业规模分布来看以小型企业为主，占样本总量的 40.52%，其次是微型企业占比 33.15%，中型企业、大型企业分别占比 19.83% 与 6.5%（见图2-3-1）。整体来看，本次调查企业性质规模分布大致与上海市企业类别构成特征相符，说明本次问卷调查基本做到了合理抽样。

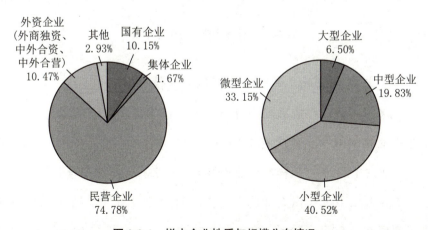

图 2-3-1 样本企业性质与规模分布情况

二、样本企业行业分布情况

此次调查中，受调查的制造业企业有286家，占比22.68%，其次信息传输、软件和信息技术服务业企业178家，批发和零售业企业166家，分别占比14.12%和13.16%（见图2-3-2）。其中，从企业产业特征来看，知识技术密集型企业518家，占所有调查样本的41.08%，劳动密集型企业、资源密集型企业与资本密集型企业分别占32.04%、20.46%和6.42%。

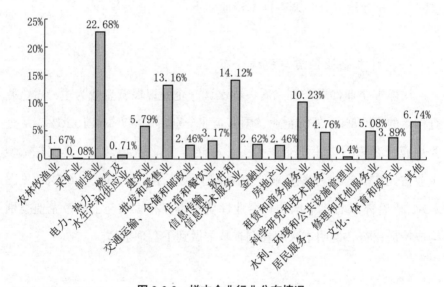

图 2-3-2　样本企业行业分布情况

三、样本企业成立时间与年产值分布情况

本次样本企业在成立时间分布上主要集中在成立15年以上，占总企业样本的31.01%，其次成立1—5年的企业占28.23%，成立6—10年间的企业占18.32%。从样本企业年产值分布来看，本次调查对象以年产值在500万以下的小微企业为主，占所有企业调查样本的41.88%，其次年产值在5000万到10亿的企业占29.58%，年产值在1000万到5000

万、500 万到 1000 万的企业分别占 14.12%、8.64%（见图 2-3-3）。

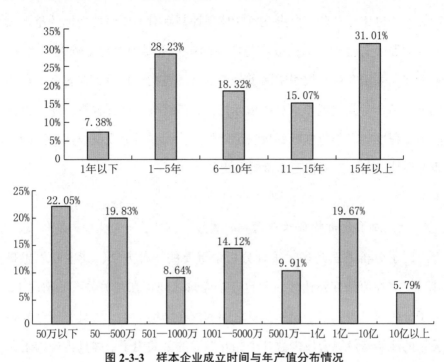

图 2-3-3　样本企业成立时间与年产值分布情况

第四节　营商环境评价方法

上海市营商环境评价是一项涉及多层系统、多项指标的复杂工作，权重的确定是此类研究工作的重点。目前，多指标综合评价方法主要分为主观赋权法和客观赋权法。主观赋权法大多由专业领域的专家进行打分确定赋权，如专家评价法、层次分析法、模糊综合评判法。客观赋权法则是依据指标间的相关关系或各指标间的变异程度，通过统计方法来确定权重，如因子分析，主成分分析、灰色聚类分析等。主观赋权法主要依靠专业领域专家从个人角度对各指标打分，主观性不可避免，可能造成人为误差；客观赋权法则可比较好地避免此类偏差。但是，由于客观赋权法要依赖足够的样本数据和实际的问题域，通用性和参与性差，计算方法也比较复杂，会出现不能体现评判者对不同属性指标的重视程度的问题，有时候定的权重会与属性的实际重要程度相差较大。因此，本书首先采用客观赋权法中因子分析法计算各指标权重，在客观赋权约束下，结合专业领域专家对各指标打分，最终确定指标权重。通过该方法最大程度实现避免主观赋权法可能的人为误差及客观赋权法得到的权重与属性的实际重要程度相差较大情况。

一、因子分析模型及概念

因子分析方法是多元统计分析中重要的一种方法，其主要思想是"降维"。在原始变量比较多而且各个变量之间存在相关关系的情况下，因子分析通过研究多个原始变量之间的内在结构关系，将具有错综复杂关系的原始变量综合成少数几个相互独立的公共因子，并且再现因子和原始变量之间的相互关系。这些因子能够反映原始变量所代表的主要信息，并能够解释原始变量之间的相互依存关系。因此，因子分析法就是以最少的数据信息丢失将众多的原始变量转换成为较少的互不相关的因子，从而简化数据分析过程。

因子分析法作为一种把一些具有错综复杂关系的变量归结为少数几个无关的新的综合因子的多变量统计分析方法。其基本思想是根据相关性大小对变量进行分组，使得同组内的变量之间相关性较高，不同组的变量之间相关性较低。每组变量代表一个基本结构，因子分析中将之称为公共因子。

假设观测系统（即评价总体），有 k 个评价指标，n 个观测单位，因子分析的数学模型就是把 n 个观测单位分别表示为 $p < k$ 个公共因子和

一个独特因子的线性加权和，即

$$x_i = \alpha_{i1} F_1 + \alpha_{i2} F_2 + \cdots + \alpha_{1p} F_p + \varepsilon_i \quad i = 1, 2, \cdots, n$$

其中，F_1，F_2，$\cdots$，F_p 为公共因子，它是各个指标中共同出现的因子，因子之间通常是彼此独立的；ε_i 是各对应变量 x_i 所特有的因子，称为特殊因子，通常假定 $\varepsilon_i \sim N(0, \delta_i^2)$；系数 α_{ij} 是第 i 个变量在第 j 个公共因子上的系数，称为因子负荷量，它揭示了第 i 个变量在第 j 个公共因子上的相对重要性。通过因子模型建立综合评价函数的步骤如下：

（1）根据原始变量矩阵估计因子载荷矩阵。因子载荷矩阵的估计方法有很多，主成分法是其中最为普遍的方法：设原始变量 $X = (X_1, X_2, \cdots, X_k)$ 的协方差阵为 $\sum$，$\lambda_1 \geq \lambda_2 \geq \cdots \geq \lambda_k > 0$ 为 $\sum$ 的特征根。λ_i 代表第 i 个主成分的方差，总方差 $\sum_{i=1}^{k} \sigma_i^2 = \sum_{i=1}^{k} \lambda_i$ 并且 e_1，e_2，$\cdots$，e_k 为对应的标准正交化特征向量。利用线性代数矩阵的思想可以将 $\sum$ 分解如下：

$$\sum = \lambda_1 e_1^2 + \lambda_2 e_2^2 + \cdots + \lambda_k e_k^2 = (\sqrt{\lambda_1}e_1, \sqrt{\lambda_2}e_2, \cdots, \sqrt{\lambda_k}e_k) \begin{pmatrix} \sqrt{\lambda_1}e_1 \\ \sqrt{\lambda_2}e_2 \\ \cdots \\ \sqrt{\lambda_k}e_k \end{pmatrix}$$

上式的分解是公共因子与变量个数一样多的因子模型的协方差阵结构。采用因子分析方法总是希望公共因子的个数小于变量的个数即 $m < k$；当最后 $k - m$ 个特征根较小时，通常略去最后 $k - m$ 项 $\sum = \lambda_{m+1} \cdot e_{m+1}^2 + \lambda_{m+2} e_{m+2}^2 + \cdots + \lambda_k e_k^2$ 对 $\sum$ 的贡献，从而得到：

$$\sum \approx (\sqrt{\lambda_1}e_1, \sqrt{\lambda_2}e_2, \cdots, \sqrt{\lambda_m}e_m) \begin{pmatrix} \sqrt{\lambda_1}e_1 \\ \sqrt{\lambda_2}e_2 \\ \cdots \\ \sqrt{\lambda_2}e_m \end{pmatrix}$$

其中，$\sqrt{\lambda_j}\, e_j$ 是第 j 个公共因子的因子载荷矩阵。

（2）将公共因子表示为变量的线性组合，得到评价对象在各个公共因子的得分。由于因子得分函数中方程的个数 m 小于变量个数 p；因此不能精确计算出因子得分，通过最小二乘法或极大似然法可以对因子得分进行估计：

$$\hat{F}_{ij} = \beta_{i0} + \beta_{i1} \chi_1 + \cdots + \beta_{ik} \chi_k$$

（3）以各公共因子的方差贡献率占公共因子总方差贡献率的比重作为权重进行加权汇总，建立因子综合得分函数：

$$Y_j = \gamma_1 \hat{F}_{1j} + \gamma_2 \hat{F}_{2j} + \cdots + \gamma_i \hat{F}_{ij} + \cdots + \gamma_p \hat{F}_{pj} \quad i = 1, 2, \cdots, p$$

其中，Y_j 是第 j 个评价对象的综合得分；$\hat{F}_{ij}$ 表示第 j 个评价对象在第 i 个公共因子的得分；Y_j；γ_i 为第 i 个公共因子方差贡献率占公共因子总方差贡献率的比重，即：

$$\gamma_i = \frac{\lambda_i}{\sum_{i=1}^{m} \lambda_i}$$

二、因子分析步骤

（1）对原始指标的数据进行无量纲化处理。在数据指标分析的实际应用中，由于不同变量自身的量纲不同，数量级存在较大差异，在进行综合评价时，不同变量所占的作用其比重也会有所不同。

为了统一比较的标准，保证结果的可靠性，在分析数据之前，需要对原始变量进行定量的处理，即将原始数据转化为无量纲、无数量级差异的标准化数值，消除不同指标之间因属性不同而带来的影响，从而使结果更具有可比性。

我们采用极大化法进行标准化，取该指标的最大值 X_{max}，然后用该变量的每一个观察值除以最大值，即：

$$X' = \frac{X}{X_{max}} \quad X \geq 0$$

（2）根据相关系数矩阵对原始指标进行相关性判定，进行 KMO 和 Bartlett 的球形度检验，以判断是否适用因子分析。

（3）提取主因子，根据方差贡献率 $\geq 85\%$ 的原则确定因子个数，并对初始因子载荷矩阵进行旋转，得到旋转之后的因子载荷矩阵，比较每个原始变量在各个主因子上的载荷。

（4）先采用主成分载荷矩阵中的各主成分对原指标的载荷数除以各主成分相对应的特征根的开方，可得到不同主成分中每个指标所对应的系数。然后用不同主成分中每个指标所对应的系数乘上该主成分所对应的方差贡献率，再除以所提取所有主成分的方差贡献率之和，对得到的值相加，即可得到综合得分模型。综合得分模型中每个指标所对应的系数即每个原始指标的权重。

（5）指标权重的确定。通过归一化处理得到最终二级指标权重，并计算得到一级指标权重，对比通过专家评价法得到的各级权重，进一步调整并确定各级指标权重，最终得到营商环境条例实施效果的评价指标权重。

第三章　上海营商环境量化分析研究

第一节　综合评价结果

一、因子分析

根据第二章的指标体系设计与综合评价方法，本章首先对问卷回收数据进行清洗与标准化，并对反映营商环境的 42 个指标进行相关分析，显示各变量之间存在较强的相关关系。其次，运用因子分析方法计算得到因子特征值和因子累计解释方差，结果中特征值大于等于 1 的因子有 3 个，根据确定因子数的特征值准则，确定这 3 个因子为公因子，其累计解释方差达到 82.47%，即 3 个公因子综合了 42 个指标 82.47% 的信息，因此本章确定的由 3 个因子综合解释的结论是可信的，3 个因子对 42 个指标的负载见表 3-1-1。

表 3-1-1　各指标主成分方差最大旋转结果

指　标	因　子		
	1	2	3
开办企业所需办理手续数量与所费时间 S_{11}	0.559	0.048	−0.145
办理施工许可手续办理程序数量与办理时间 S_{12}	0.62	0.011	−0.121
办理接入电网、获得用水手续时间 S_{13}	0.611	0.015	−0.076
环保成本占企业总成本比例 S_{14}	0.696	0.053	−0.101
办理财产转移登记程序数量及办理时间 S_{15}	0.75	0.032	0.044

（续表）

指　　标	因　子		
	1	2	3
办理财产转移登记费用占财产价值比率 S_{16}	0.345	0.042	0.18
办结不动产抵押登记所需时间 S_{17}	0.248	0.042	0.13
上海市投资贸易环境企业主观评分 S_{18}	0.61	0.049	−0.094
上海市开办企业便利度的评价 S_{19}	0.648	0.047	−0.05
上海市信贷融资便利度的评价 S_{110}	0.598	0.101	0.114
上海市办理施工许可便利度的评价 S_{111}	0.35	0.137	0.197
上海市获取电水气热通信便利度的评价 S_{112}	0.702	0.109	−0.304
上海市开展跨境贸易便利度的评价 S_{113}	0.589	0.136	0.161
上海市统筹疫情防控和企业生产经营的评价 S_{114}	0.545	−0.47	−0.314
国际贸易单一窗口的功能设置和操作使用评价 S_{115}	0.396	−0.401	0.069
数字化赋能对于提高融资便利度效果评价 S_{116}	0.649	0.137	0.043
企业年缴税频次、纳税所需时间 S_{21}	0.072	0.626	−0.313
企业缴纳的法定税费占企业税前利润的比例 S_{22}	0.184	0.496	0.032
企业税收优惠政策享受情况 S_{23}	−0.032	0.527	−0.176
疫情背景下企业惠企政策享受情况 S_{24}	0.094	0.615	0.06
企业对上海市纾困助企政策了解情况 S_{25}	0.099	0.489	0.103
上海市政府服务环境的评价 S_{26}	0.097	0.354	0.074
上海市人才创新环境的评价 S_{27}	0.147	0.269	0.109
上海市行政审批流程便利度的评价 S_{28}	0.104	0.396	0.006
对在上海市纳税便利度的评价 S_{29}	0.03	0.412	0.032
上海市助企纾困措施与惠企政策的评价 S_{210}	0.078	0.475	0.113
对本区税收宣传及培训辅导工作的评价 S_{211}	0.124	0.288	0.049
上海市"一网通办"数字政务平台的评价 S_{212}	0.016	0.36	0.023
政府部门办事效率和服务态度的满意度 S_{213}	0.103	0.448	0.076
政府部门办事流程规范性评价 S_{214}	0.073	0.803	0.113
政府部门信息公开评价 S_{215}	−0.163	0.874	0.104

（续表）

指　标	因　子		
	1	2	3
企业对通过"一网通办"等渠道办理信用修复手续的了解程度 S_{31}	−0.03	0.11	0.703
企业从提起诉讼到实际付款期间的时间 S_{32}	−0.094	0.092	−0.909
企业在司法程序解决争端所需成本占索赔额比例 S_{33}	0.09	0.074	−0.706
企业的涉法渠道畅通程度 S_{34}	0.092	0.109	0.658
企业权益受到侵害时法律保护效力 S_{35}	0.026	0.006	0.523
上海市市场法制环境的评价 S_{36}	0.114	0.032	0.849
上海市对企业知识产权保护的评价 S_{37}	0.197	0.113	0.326
上海市知识产权多元化纠纷解决机制的评价 S_{38}	−0.304	0.049	0.702
企业诉讼事务在线办理的评价 S_{39}	0.161	0.023	0.589
破产案件立案的方便性评价 S_{310}	0.012	0.074	0.545
破产裁定后的信用修复工作满意度评价 S_{311}	0.069	0.109	0.396

通常认为，因子负载的绝对值大于 0.3 是显著的，因子负载绝对值越大，表示该因子与评测指标的相关程度越大。根据 2.4 节的加权计算公式，在运用线性回归方法将 42 个评测指标数据转化为个标准化因子值的基础上，以每个因子的方差贡献率为权重系数，最终得到营商环境的综合因子得分。

二、模型综合因子得分

通过上述因子分析综合评价方法，最终得到营商环境的综合因子平均得分为 82.01。其中投资贸易环境建设效果平均得分为 83.12，政府服务环境建设效果平均得分为 86.06，市场法治环境建设效果平均得分为 76.83（图 3-1-1）。

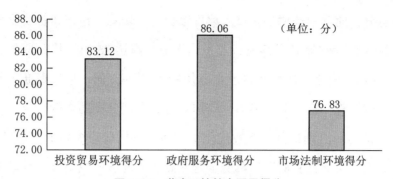

图 3-1-1 营商环境综合因子得分

其中，国有企业、外资企业关于上海市营商环境评价的综合得分分别为 83.27 与 82.93，显著高于集体企业（81.35）与民营企业（81.56）评分。从不同规模企业评价综合得分来看，大中型企业关于营商环境评价综合得分相较于小微型企业更高，其中大型企业评价综合得分达82.21，高于其他规模类别企业，小微集体企业对上海营商环境的获得感与认同感有待提高。

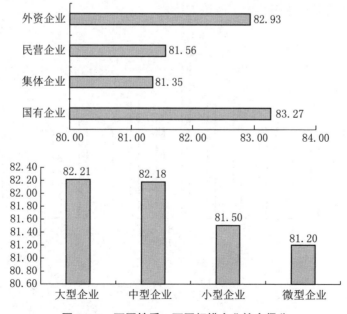

图 3-1-2 不同性质、不同规模企业综合得分

从分行业营商环境落实效果评价综合得分来看，住宿和餐饮业企业评价综合得分明显高于其他行业平均水平，高达 88.74，其次是金融业得分 84.15，文化、体育和娱乐业得分 84.14。一方面，近年来上海市基于"一网统管"提升监管能力，增加对行业合理分类的申诉途径，完善了政府部门间协调机制，有效优化了住宿与餐饮等服务行业营商环境；另一方面，法治化营商环境赋能金融业高质量发展成效明显，金融业关于金融法治环境、金融监管环境的主观评测结果较为满意。突出"放管服"要求，加强制度供给，发挥市场在资源配置中的作用。持续依照"放管服"要求，聚焦"优化许可流程"，进一步简化办证手续，加强对经营许可的统一指导，实现全市基本统一。产生了一批先行突破、行之有效、广受好评的餐饮行业实践案例。如在长宁、虹口等区探索食品经营许可"一证多址"改革试点；以包容审慎为原则，制定出台《上海市焙炒咖啡开放式生产许可审查细则》，突破了固有的生产许可模式，对体验式营销混合业态给予了政策支持。

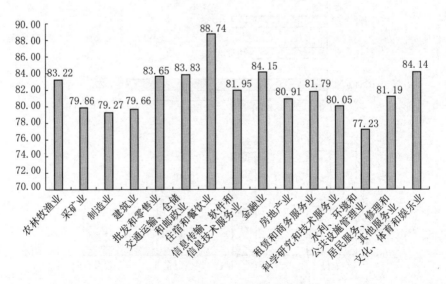

图 3-1-3　不同行业企业综合得分

从区域营商环境综合得分分布来看，浦东新区位列首位，综合得分为90.32，其次为黄浦区85.41与松江区84.60。近年来，浦东新区围绕浦东新区引领区建设、上海自贸区及临港新片区建设等国家战略实施，在法治营商环境建设中体现了浦东新区差异化改革试点的特色。

今年以来，浦东新区多次运用中央立法授权制定多项营商环境法治化管理措施，为进一步推动企业增强合规意识，进一步便利企业上市、融资等经营活动，浦东新区印发《浦东新区企业信用信息报告代替行政合规证明实施方案（试行）》；为进一步推动企业加强自纠自查，以"合规指引"督促"企业自省"，颁布《浦东新区涉案企业合规第三方监督评估若干规定》；并为加强商事争端等领域与国际通行规则接轨，出台了《浦东新区促进商事调解若干规定》，及时突破改革瓶颈，确保改革于法有据、行稳致远，助力营造法治化营商环境，更好地服务保障引领区建设高质量发展，在全国法治化营商环境建设中具有示范先导意义。

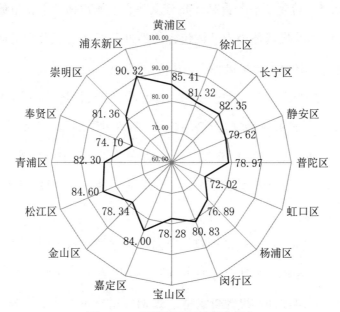

图 3-1-4　区域营商环境综合得分

第二节 投资贸易环境评价得分

投资和贸易是企业开展经营活动的重要环节，投资贸易便利度和开放度是营商环境的重要内容。本次投资贸易环境评价由纾困利企、企业准入、办理施工许可、公共服务设施连接、登记财产、国际贸易、金融服务等方面主客观评价指标构成。今年以来，上海进一步鼓励探索营商环境创新先行先试，更加注重提升市场主体感受度，推出《上海市营商环境创新试点实施方案》即"上海营商环境 5.0 版"，并在此基础上积极助力市场主体纾困解难、复工复产、恢复活力，组织实施《上海市 2022 年优化营商环境重点事项》，旨在进一步提升贸易投资便利度，激发市场主体信心和活力，夯实上海城市软实力和核心竞争力。根据综合评价结果，上海市 2022 年投资贸易环境平均得分为 82.01，相较于去年该项得分（80.05）得到了显著提高，充分反映出上海市在公平竞争的市场环境、自主便利的投资环境、开放包容的涉外营商环境以及更具活力的创新环境建设上取得了长足进步。

其中，根据样本企业反馈结果，样本企业分别享受到了减税免税政策（28.76%）、房租减免政策（24.84%）、防疫补贴政策（9.80%）、减免 / 缓缴社保政策（13.73%）、减免 / 缓缴费用政策（8.50%）、财政补贴政策（4.58%）、优化服务政策（5.88%）以及金融支持政策（1.31%），在上海开办企业、办理施工许可手续、办理接入电网、获得用水、办理财产转移登记、办结不动产抵押登记所需办理手续数量、所费时间与成本均有所下降，相较于其他全球城市具有一定优势，近 95% 的样本企业对上述行政审批事项便利度评价满意，59.31% 的样本企业认为今年以来上海市各银行全面推进减费让利惠企具有效果，值得注意的是，35.29% 的样本企业认为上海市跨界贸易费用比其他城市高。

具体来看，民营企业关于上海市投资贸易环境评价的得分为 83.15，显著高于国有企业（82.97）、集体企业（82.97）与外资企业（82.96）评分。从不同规模企业评价综合得分来看，微型企业相较于其他规模企业投资贸易环境评价得分较高，达 84.76，反映出微型企业对上海市在深层次推进投资贸易营商环境探索创新上的获得感与认同感更高。

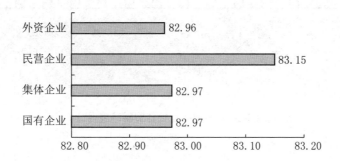

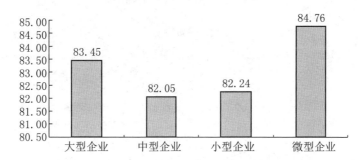

图 3-2-1　不同性质、不同规模企业投资贸易环境评价

从分行业投资贸易环境落实效果评价得分来看，住宿和餐饮业、批发和零售业企业评价得分明显高于其他行业平均水平，分别高达 87.17 与 86.15，其次是居民服务、修理和其他服务业得分 85.81、金融业得分 85.10。从投资贸易环境得分分布来看，浦东新区位列首位，得分为

91.12，其次为黄浦区86.44与长宁区84.78。

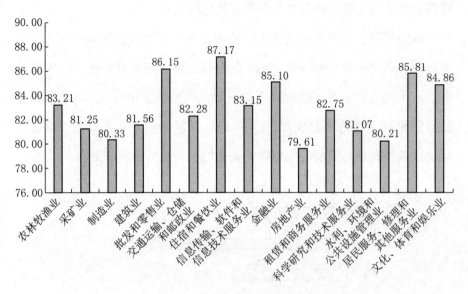

图 3-2-2　不同行业投资贸易环境得分

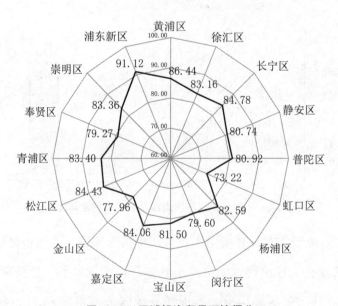

图 3-2-3　区域投资贸易环境得分

第三节　政府服务环境评价得分

政府服务环境是营商环境的重要基础，是影响营商效率和竞争力的关键因素。本次政府服务环境评价由纳税、行政审批、"一网通办"、政府办事效率与政务服务等方面主客观评价指标构成。近年来，上海从1.0 版到5.0 版连续四年出台优化营商环境工作的安排，致力于全面提升政府治理效能，将上海打造成行政效率最高、政府服务最规范的营商环境标杆城市，稳步实施了 584 项相关改革措施，取得了重要进展和明显成效。今年以来，上海依次发布《上海营商环境创新试点实施方案公布》《上海市 2022 年优化营商环境重点事项》，进一步以打造便捷高效的政务环境与优质普惠的企业全生命周期服务为重点任务，精简优化审批服务，全方位推进精准高效政务服务，优化企业高频事项服务，强化企业网格化专业服务。根据综合评价结果，上海市 2022 年政府服务环境平均得分为 86.06，处于三项分项一级指标中最高。

其中，77.56% 的样本企业纳税所需时间在 50 小时以内，51.39% 的样本企业缴纳法定税费占企业税前利润比例的 10% 及以下，83.98% 的样本企业在企业办税服务厅处理办理涉税事项时畅通顺利；近 95% 的样本企业对上海市"一窗通"网上服务平台提供的互联网在线申办、在线签署、在线领照以及企业登记等政务服务感到满意，超 90% 的样本企业对上海"一网通办"平台政务服务事项的办结时效、覆盖度、办理流程标准、渠道入口、操作界面感到满意；78.99% 的样本企业认为"政府主动发现、高效回应企业诉求的企业服务工作机制"有效果，77.32% 的样本企业对"送政策进楼宇、进园区、进企业"等营商服务感受度明显。

根据政府服务环境评价得分结果，从企业性质来看，集体企业关于上海市政府服务环境评价的得分为 87.72，其次为国有企业（86.49）、民营企业（85.61）与外资企业（86.14）评分。从不同规模企业评价综合得分来看，小微型企业相较于大中型企业政府服务环境评价更高，其中小型企业评价综合得分达 85.98，其获得感与认同感高于其他规模类别企业，反映出上海中小微企业对政府服务环境改善感受明显。

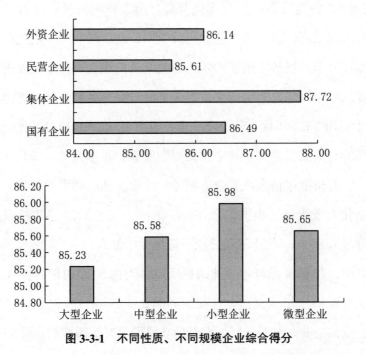

图 3-3-1　不同性质、不同规模企业综合得分

从分行业政府服务环境落实效果评价得分来看，住宿和餐饮业得分明显高于其他行业平均水平，高达 90.66，其次是交通运输、仓储和邮政业得分 87.32、批发和零售业得分 87.21。从政府服务环境综合得分分布来看，浦东新区位列首位，得分为 93.66，其次为青浦区 88.57 与黄浦区 88.13。

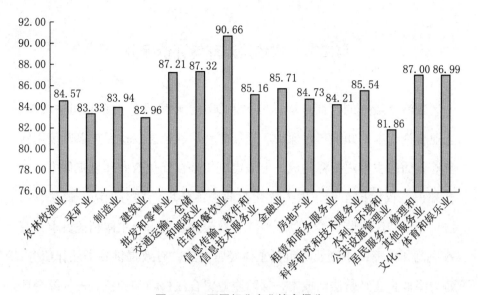

图 3-3-2 不同行业企业综合得分

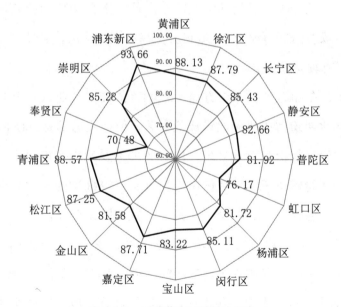

图 3-3-3 区域营商环境综合得分

第四节　市场法治环境评价得分

法治是最好的营商环境。本次市场法治环境评价由企业司法成本、企业合规成本、知识产权保护、途径便利性、合法权益保护以及信用修复等方面的主客观指标构成。上海市近年来在优化营商环境工作中，结合知识产权保护工作，大力优化营商法治环境，发力立法、执法、司法、守法和法治监督等系列环节，有效表达各类市场主体利益诉求，有效规范和保障中小企业等市场主体经营发展，有效提供各类法律服务，着力降低企业经营法治成本，保障企业家合法权利和利益。根据综合评价结果，上海市 2022 年市场法治环境建设效果平均得分为 76.83，虽然依旧处于三项分项一级指标中最低分，但相较于 2021 年营商环境满意度调查市场法治环境评价 74.50 得分更高，说明法治营商环境建设卓有成效且仍有较大进步空间。

其中，在知识产权保护方面，65.44% 的样本企业认为上海市知识产权多元化纠纷解决机制建设成效显著，值得注意的是，15.87% 的知识产权纠纷未能得到有效处理，19.53% 的涉及知识产权纠纷的企业从未了解该纠纷解决机制；在信用修复方面，29.66% 的从未知晓企业上海市"一网通办""信用中国（上海）"或"国家企业信用信息公示系统（上海）"任一渠道的办理信用修复手续；在涉法服务方面总体评价较高，86.77% 在三年内提出诉讼的样本企业表示上海市涉法渠道通畅，63.04% 的企业认为上海小额诉讼优化成效显著，79.38% 的企业认为当企业财产权、经营权等权益受到侵害时，能全部得到有效的法律保护，79.38% 的企业对政府依法行政评价较高；在办理破产便利性方面，上海市近 2 年内办理过破产结算的 69.42% 样本企业认为破产案件立案方便，50.36% 的样本破产企业认为退出市场非常方便。

　　根据市场法治环境评价得分结果，从企业性质来看，国有企业、外资企业关于市场法治环境建设的得分分别为 80.35 与 79.69，显著高于集体企业（73.36）与民营企业（75.91）评分。从不同规模企业评价得分来看，大中型企业关于市场法治环境评价综合得分相较于小微型企业更高，其中中型企业评价综合得分达 78.89，高于其他规模类别企业，小微集体企业对上海市场法治环境的获得感与认同感有待提高，与综合得分的结果相一致。

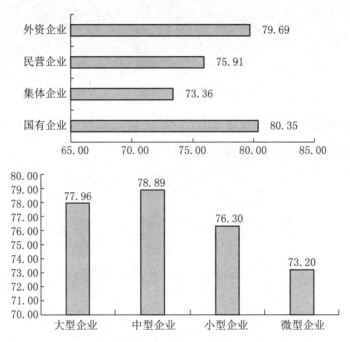

图 3-4-1　不同性质、不同规模企业市场法治环境评价

　　从分行业市场法治环境落实效果评价得分来看，住宿和餐饮业得分明显高于其他行业平均水平，高达 88.39，其次是交通运输业得分81.91、农林牧渔业得分 81.87，反映出行业企业关于营商环境法治建设的感受度差异度较大，比如住宿与餐饮业、金融业等感受度相较于其他行业更为强烈。

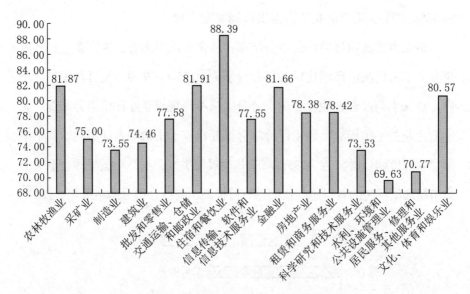

图 3-4-2 不同行业市场法治环境评价

从市场法治环境得分分布来看，浦东新区位列首位，得分为 86.17，其次为松江区 82.13 与黄浦区 81.66。

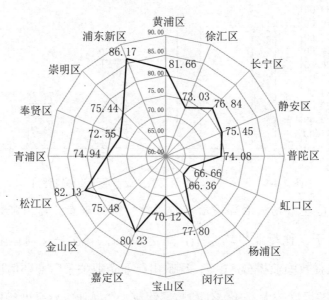

图 3-4-3 区域市场法治环境得分

第四章　上海市营商环境优化研究总报告

近年来，上海市委、市政府认真贯彻落实党中央、国务院关于上海等特大城市要率先加大营商环境改革力度的重要指示和具体部署，聚焦企业关切，瞄准最高标准、最高水平，持续推进国际一流营商环境建设，明确提出将加快把上海建设成为贸易投资最便利、审批事项最少、行政效率最高、服务管理最规范、法治体系最完善的城市之一。上海市已连续五年出台营商环境优化方案，接续接力实施上海市优化营商环境1.0版、2.0版、3.0版、4.0版、5.0版改革，共计756项改革措施，上海不仅全部完成各阶段目标任务，还助力我国在世行营商环境排名中达到世界前沿水平，在政务服务、市场监管、企业服务、权益保护、政企沟通等方面取得重要进展，持续推进各领域营商环境便利度全面进入国际先进行列，加快形成充满活力、富有效率、更加开放的市场化、法治化、国际化营商环境，企业的获得感和满意度进一步提升。本章将根据问卷调查结果从投资贸易环境、政府服务环境与市场法治环境三方面分析上海市营商环境企业感受度现状。

本次调查实施过程中，上海市共有1262家企业参与本次问卷调查，其中民营企业占74.78%，样本企业行业以制造业（22.68%）、信息传输、软件和信息技术服务业（14.12%）、批发和零售业（13.16%）与租赁和商务服务业（10.23%）为主，企业成立时间在15年以上的占

31.01%，1 到 5 年、6 到 10 年分别占 28.23% 与 18.32%，将近半数企业（41.08%）为知识技术密集型企业，主要处于稳定发展期（39.97%）、成长期（27.36%）和创业期（21.17%），企业年产值多数为 50 万以下（22.05%）、50 万—500 万（19.83%）、1 亿—10 亿（19.67%），以员工人数在 10 人以下（30.29%）、10—50 人（28.23%）、101—500 人（20.78%）的小型企业（40.52%）与微型企业（33.15%）为主。

第一节　投资贸易环境

投资和贸易是企业开展经营活动的重要环节，投资贸易便利度和开放度是营商环境的重要内容。近年来，上海市在深化改革开放的过程中，主动对标世界银行《营商环境报告》的评价方法及指标，对照全球最佳实践，实施了以精简企业办事全流程所需的时间、费用，提升营商效率为重点的系列改革，取得了明显成效，有效提升了投资贸易便利化程度，大力优化了投资贸易环境。特别是 2020 年以来，上海公布多项政策缓解企业在疫情中受到的冲击，持续做好各项企业服务，帮助企业走出疫情影响，在"后疫情时代"提供给企业良好的投资贸易环境，实现稳预期、提信心、促发展。

一、疫情后纾困利企方面

2022 年 3 月至 5 月，上海市先后推出《全力抗疫情助企业促发展的若干政策措施》及《上海市加快经济恢复和重振行动方案》，内容包括对符合条件的企业防疫和消杀支出给予补贴支持、从阶段性缓缴"五险一金"和税款、扩大房屋租金减免范围、多渠道为企业减费让利、加大退税减税力度、发放援企稳岗补贴等，在"缓免减退补"方面多管齐下为企业减负。

本次调查中"疫情后纾困利企"的题项包括本轮疫情对企业生产经营的影响、疫情导致企业目前面临的主要困难、企业对上海市纾困助企政策的熟悉程度、疫情背景下企业享受到惠企政策的类别、企业经营者希望政府采取以针对疫情影响的相关措施五项指标。疫情对企业生产经营的影响越小，企业对上海市纾困助企政策越熟悉、享受到的惠企政策类别越多，表明政府对疫情后纾困利企工作的有效性越高，更有利于地区在疫情后拥有良好的营商环境。

调查结果显示，从本轮疫情对企业生产经营的影响上看，4.68%的样本企业认为本轮疫情对企业生产经营影响严重，导致企业经营面临严重困难，可能倒闭；9.04%的样本企业认为疫情对企业生产经营影响很大，导致企业经营暂时停顿；37.83%的样本企业认为疫情对企业生产经营影响较大，导致企业经营出现部分困难，经营勉强维持；37.67%的样本企业认为疫情对企业生产经营影响较小，企业经营出现一些困难，但经营总体保持稳定；10.79%的样本企业认为疫情对企业生产经营没有明显影响。同时，从图4-1-1中可以看出，本轮疫情对小型微型企业生产经营产生的影响相较大型中型企业影响更大。根据世界银行2022年年度发展经济会议中主讲嘉宾马塞拉·斯拉瓦（Marcela Eslava）的观点，新兴经济体拥有众多小微企业、非正式性较强，更容易遭受疫情的冲击，这一观点与本调查结果相佐，即疫情对小微企业的影响更大。

从疫情导致企业目前面临的主要困难来看，样本企业因疫情面临的主要困难是市场订单减少，占样本总数的68.91%，还存在生产经营成本高企（45.84%）、应收账款回款难（35.45%）、无法正常生产经营

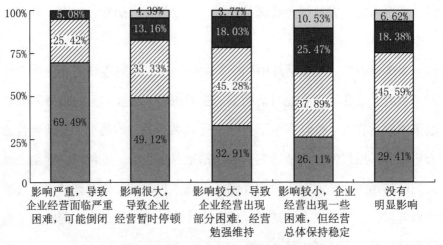

图 4-1-1 本轮疫情对企业生产经营的影响

（13.96%）、融资难度加大（11.66%）、因无法按时履行交易合同需支付违约金（4.44%）的困难，另有个别企业出现人力成本增加、项目推进滞缓、物流受阻等难题。因此，在疫情导致企业目前面临的主要困难方面，上海市营商环境亟待进一步改进。

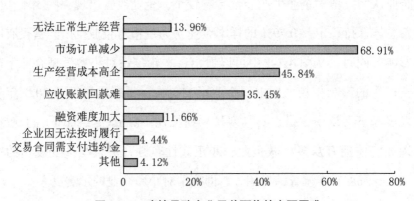

图 4-1-2 疫情导致企业目前面临的主要困难

从企业对上海市纾困助企政策的熟悉程度来看，认为企业对上海市纾困助企政策"非常熟悉"的，占样本总数的21.41%；认为"比较

熟悉"的，占样本总数的 56.62%；认为"不熟悉"的，占样本总数的
19.98%；而勾选"没有了解的渠道"的，占样本总数的 1.98%。因此，
在企业对上海市纾困助企政策的熟悉程度方面，多数企业在一定程度上
了解上海市的纾困助企政策，但此类政策仍需进一步普及。

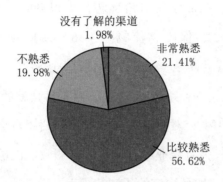

图 4-1-3　企业对上海市纾困助企政策的熟悉程度

从疫情背景下企业享受到惠企政策的类别来看，样本企业分别享
受到了减税免税政策（25.85%）、房租减免政策（20.14%）、防疫补贴
政策（8.09%）、减免/缓缴社保政策（17.29%）、减免/缓缴费用政策
（7.14%）、财政补贴政策（7.38%）、优化服务政策（7.30%）以及金融支
持政策（2.70%），另有样本企业提到在疫情背景下还享受到了政府提供

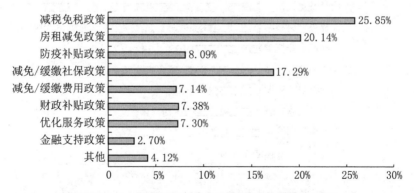

图 4-1-4　疫情背景下企业享受到惠企政策的类别

的困难行业稳岗补贴，但也有小部分企业表示未享受到任何纾困助企政策。因此，在疫情背景下企业享受到惠企政策的类别方面，政府需要拓宽相关政策的覆盖面，创新纾困助企政策的类别。

从企业经营者希望政府采取针对疫情影响的相关政策来看，样本企业希望政府能采取加强疫情精准防控（49.48%），加强对企业疫情防控指导（25.30%），保障物流畅通（36.56%），阶段性减免社保费（53.93%），提供稳岗补贴（45.12%），帮助企业招工（16.02%），减免或提供房租、水电费等补贴（53.61%），对现有贷款展期（12.85%），提供贷款贴息（19.51%），对受疫情影响无法如期履行交易合同给予帮助（12.53%）的措施，另有企业经营者提到希望政府能够采取对受疫情影响而导致的员工要求赔偿事宜给予法律援助及政策支持、对于企业与跨区银行合作给予同等力度补贴等措施。因此，在企业经营者希望政府采取针对疫情影响的相关政策方面，政府需要不断完善创新纾困助企政策，特别是在精准防疫和减免税费方面。

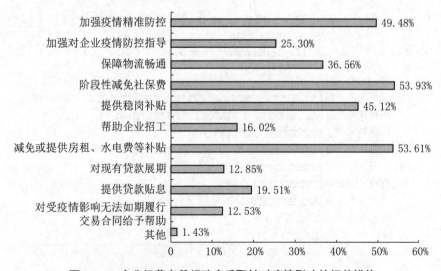

图 4-1-5　企业经营者希望政府采取针对疫情影响的相关措施

二、企业准入方面

本次调查中"企业准入"的题项包括企业对上海市"一窗通"开办企业网上申报平台的知晓程度，办理开办企业手续的方式，选择线下办理的原因，开办企业所需办理的手续数量与所花费的时间，开办过程中所有事项在政务中心集中办理的可获得性，办理企业开办手续的收费情况，企业开办过程中免费复印、邮寄、帮办代办等服务的可获得性，企业开办全流程的便利程度，对上海市企业开办流程及服务的满意度评价十项指标。办事手续越少、办理事项越集中、时间越短、次数越少、代办服务越多则表示政府越高效，开办企业越便捷，表明地区已经拥有良好的营商环境，对企业的吸引力越大。

调查结果显示，从企业对上海市"一窗通"开办企业网上申报平台的知晓程度上看，89.06%的样本企业知晓该平台，仅有10.94%的样本企业不知晓。

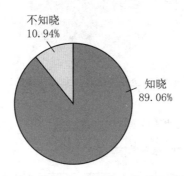

图 4-1-6 企业知晓上海市"一窗通"开办企业网上申报平台情况

上海"一窗通"于 2018 年 3 月 31 日正式推行，是由原上海市工商局牵头搭建的上海市统一开办企业网上申报平台。"一窗通"包含两个部分的功能，一是实现开办企业工商营业执照、公安刻制公章、税务涉税事项的在线申报，二是提供银行开户预约、社保用工办理等服务。上海实行"一窗通"是一次"放管服"的重要改革，也是为改善营商环境筑基。根据调查，55.75%的样本企业选择线下办理，42.66%的样本企业选择线上办理，另有小部分企业表示开办企业通过"第三方机构代办""线上线下结合办理""无法线上办理"或"从未办理"。其中，选择线下办理的企业表示，选择线下办理的原因为线下办理可以获取工作人员帮助（57.65%）、线下办理感觉更为可靠（28.40%）、线上操作较为复杂难懂（9.59%）、不清楚线上办理政策（23.18%），还有小部分企业表示，开办企业时年份较早，当时尚未有线上办理通道。这充分说明上海市"一窗通"在近年来新开办的企业中取得了显著成就，但仍需进一步推广普及。

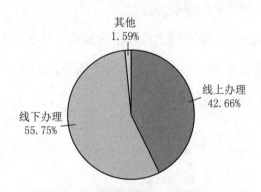

图 4-1-7　企业办理开办企业手续的方式

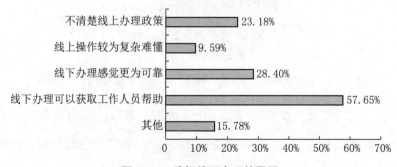

图 4-1-8　选择线下办理的原因

调查结果显示，从开办企业手续个数上看，53.37%的样本企业开办仅需办理 3 个以内的手续，32.04%的样本企业开办需要办理 4—6 个手续，9.12%的企业开办需要办理 7—9 个手续，3.17%的企业开办需要办理 10—12 个手续，而 2.30%的企业开办需要办理 13 个以上的手续。根据世界银行《2020 营商环境报告》，排名前三的新加坡、香港和迪拜所需手续个数均为 2 个，悉尼、巴黎、纽约、洛杉矶、东京与阿姆斯特丹等城市办理手续均在 8 个以内。在开办企业手续上，上海市已经取得了很大的进步，与其他城市大致保持在同一水平。

从开办企业时间来看，样本企业开办企业花费时间集中在"5 天以内"，占样本总数的 34.73%，26.41%的样本企业在 6—10 天开办，19.11%的样本企业在 11—15 天开办，8.25%的样本企业在 16—20 天开办，3.57%的样本企业在 21—25 天开办，仅 7.93%的样本企业在 26 天以上开办。排名第一的新加坡和香港开办企业所需时间仅为 1.5 天，迪拜、悉尼、伦敦、阿姆斯特丹等城市都能在 5 天内开办完毕，最末的东京为 11.5 天。因此，在开办企业所需时间方面看，上海市营商环境亟待进一步改进。

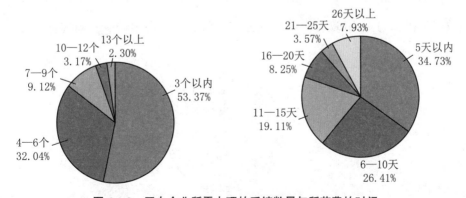

图 4-1-9　开办企业所需办理的手续数量与所花费的时间

从开办过程中所有事项在政务中心集中办理的可获得性来看，83.73% 的样本企业在开办过程中所有事项可以在政务中心集中办理，无需"多地跑""折返跑"，有 16.73% 的样本企业在开办过程中不能将所有事项在政务中心集中办理完成。这表明上海市在企业准入方面基本做到"一窗式"受理。

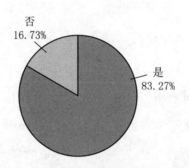

图 4-1-10　开办过程中所有事项在政务中心集中办理的可获得性

从办理企业开办手续的收费情况来看，18.24% 的样本企业在办理中缴纳了手续费，81.76% 的样本企业无需缴纳手续费。从企业开办过程中免费复印、邮寄、帮办代办等服务的可获得性来看，79.54% 的样本企业享受到了这些服务，20.46% 的样本企业未获得。这表明办理企业开办手续时基本无需收费，且能获得一定程度的免费复印、邮寄、帮办代办服务。因此，上海市政府应继续发挥"一窗通"一表申请、一窗领取、零

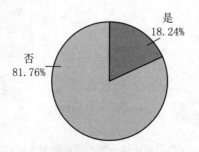

图 4-1-11　办理企业开办手续的收费情况

费用的优势，同时简化线下办理的流程。

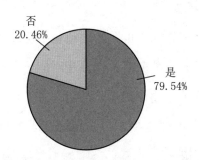

否
20.46%

是
79.54%

图 4-1-12　企业开办过程中免费复印、邮寄、帮办代办等服务的可获得性

调查表明，56.86% 的样本企业认为开办全流程便利，28.95% 的样本企业认为较便利，10.94% 的样本企业认为便利程度一般，2.70% 的样本企业认为开办全流程烦琐，0.56% 的样本企业认为开办全流程的便利程度不好说。从企业对上海市企业开办流程及服务的满意程度来看，65.66% 的样本企业对企业开办流程及服务满意，27.99% 的样本企业表示较满意，5.55% 的样本企业认为开办流程及服务一般，0.32% 的样本企业表示对开办流程及服务不满意，0.48% 的样本企业认为开办流程及服务的满意程度不好说。因此，在企业开办流程的便利性及满意度上看，上海市营商环境亟待进一步改进。

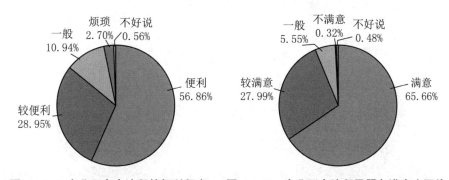

图 4-1-13　企业开办全流程的便利程度　　**图 4-1-14　企业开办流程及服务满意度评价**

三、办理施工许可方面

本次调查中"办理施工许可"的题项包括房屋建筑开工前所有手续办理程序、房屋建筑开工前所有手续办理时间、企业办理土地许可、环境影响评价、规划许可、建设许可、消防许可、行业资格准入的便捷度评价八项指标。办事手续越少，时间越短，成本越低则表示政府越高效，开办企业进展越快。

调查数据显示，上海市 55.87% 的样本企业在房屋建筑开工前仅需办理 5 个以内的手续，27.15% 的样本企业需办理 6—10 个手续，10.18% 的样本企业需办理 11—15 个手续，3.13% 的样本企业需办理 16—20 个手续，仅 3.66% 的样本企业需办理 21 个以上的手续。根据世界银行报告，在此项领先的伦敦、巴黎和新加坡需办理近 10 个手续。可以发现，在办理施工许可方面，上海市取得了长足的进步，已处于世界城市领先水平。

在办理施工时间方面 69.58% 的样本企业可以在 50 天内办理完成房屋建筑开工前所有手续，仅 30.42% 的企业办理完结在 50 天以上，上海市相较于排名前三的新加坡（41 天）、迪拜（50.5 天）、洛杉矶（68 天）已无甚差距。

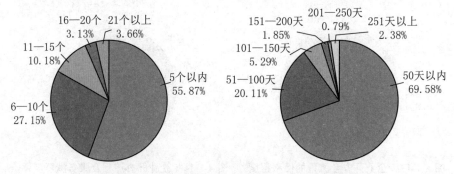

图 4-1-15　企业办理房屋建筑施工手续个数与时间

同时，过半数样本企业认为以下手续办理较为便利，土地许可（54.18%）、环境影响评价（54.43%）、规划施工许可（52.14%）、建筑施工许可（53.08%）、消防许可（52.79%）、行业资格准入（53.30%），说明上海市关于优化施工许可营商环境建设取得了明显的改革成效。

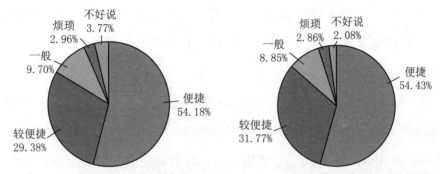

图 4-1-16 企业办理土地许可便捷度评价   图 4-1-17 企业办理环境影响评价便捷度评价

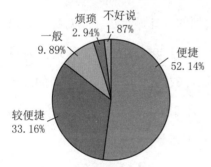
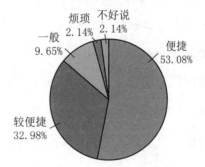

图 4-1-18 企业办理规划施工许可的
便捷度评价

图 4-1-19 企业办理建筑施工许可的
便捷度评价

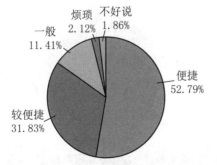
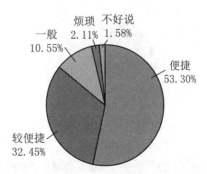

图 4-1-20 企业办理消防许可便捷度评价   图 4-1-21 企业办理行业资格准入便捷度评价

四、公共服务设施连接方面

本次调查中有关电力方面的题项包括所在企业办理接入电网手续的时间、对供电单位办事效率和服务态度的评价及"四早"免申即办服务的评价。接入时间越短、效率和态度评价越高表示电力获得越便捷，整体运营成本越低，表明上海市在企业获取和使用电力方面具有优势。

调查结果显示，上海市 84.69% 的样本企业能够 30 天内完成办理接入电网手续，仅 15.31% 的样本企业需要 30 天以上时间。从获取电力的时间看，排名前三的迪拜、香港、新加坡分别为 10 天、24 天和 30 天，排名倒数三名的东京、阿姆斯特丹、洛杉矶为 105 天、110 天和 134 天。可见上海在获得电力时间上与排名前列的全球城市进一步对标，相对其他国家全球城市具有相当优势。同时，67.49% 的样本企业认为对供电部门较为满意，进一步说明上海市近年来在优化电力接入方面的改革举措，以提高客户电力接入"获得感"为目标，取得了切实的改革成效，为用电企业创造了优越的用电环境。

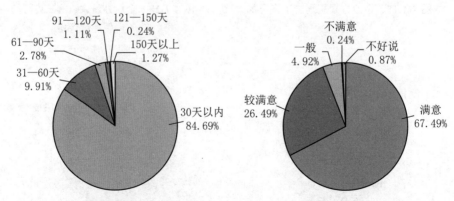

图 4-1-22　企业办理接入电网手续的时间、对供电单位办事效率和服务态度的评价

在上海市人民政府办公厅印发的《上海市 2022 年优化营商环境重点事项》通知中，明确指出将实施"免申即办"主动办电改革，创新主动对接早、线上联办早、配套建设早、接电投产早的"四早"服务，构建土地储备期超前开展电网规划、工程建设项目立项期提前建设配套工程、正式用电前契约制接电的"三阶段"全周期办电模式，全面提升"获得电力"客户满意度和获得感。在本次对该服务反馈的调查中，62.17% 的样本企业对该项政策表示满意，24.43% 的样本企业选择了较满意一项，仅 13.41% 的企业选择了一般、不满意或是不了解的选项（见图 4-1-23）。该数据表明企业对该项服务总体反应良好，"四早"免申即办主动服务全面提升了企业在获得电力方面的满意度和获得感，为企业发展保驾护航。

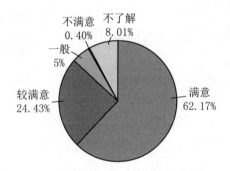

图 4-1-23 对目前上海市为企业提供"四早"免申即办主动服务的评价

本次调查中有关环保方面的题项包括所在企业运营中的环保抽查频次和环保成本所占企业总成本的比例。调查数据显示，26.57% 的样本企业选择了每月 1 次及以上，23.87% 的样本企业选择了每季 1—2 次，29.98% 的样本企业选择了每年 1—3 次，剩余 19.59% 的样本企业选择了 2 年以上 1 次。由数据可知，大多数企业每年至少都有被环保抽查到一次，环保抽查不仅有利于环保，同时也有着修复环境、保护和改善环境，防治公害，保障公众健康，促进经济社会可持续发展，维护市场竞争等重大意义。同时，73.43% 的样本企业表示企业环保成本占企业总成本 5% 以下，19.59% 企业表示环保成本占到了总成本的 6%—10%，仅少数企业表示环保成本占到了 10% 以上的比例（见图 4-1-24）。总体来看，绝大多数企业环保成本所占比例都在 5% 以下，维持在一个相对较低的水平，企业在环境问题上关注度还有提升空间，我国企业应加大对环境问题的重视力度，提升环境责任和环境道德理念。

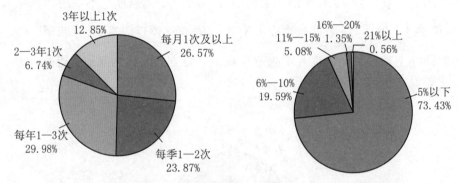

图 4-1-24 企业运营中的环保抽查频次、环保成本所占企业总成本的比例

本次调查中有关用水方面的题项包括所在企业获得用水的时间及对供水单位办事效率和服务态度的评价。调查数据显示，65.66% 的样本企业表示在 3 天之内便可获得用水，16.97% 的企业也选择了 3—7 天便可获得用水的选项，仅少部分企业表示需要一周以上时间才能够获得用水。同时，68.12% 的样本企业对供水单位办事效率和服务态度表示满意，25.85% 的样本企业对供水单位办事效率和服务态度表示较满意，仅约 6% 样本企业表示一般、不满意或是不好说（见图 4-1-25）。获得用水是企业最关心的问题之一，上述数据说明企业获得用水时间较短，对供水单位的服务也总体上比较满意，表明上海市水务部门认真贯彻落实相

关文件要求，服务保障企业从简、从快、从优获得生产经营用水，进一步营造良好的供水营商环境，帮助企业降压减负。

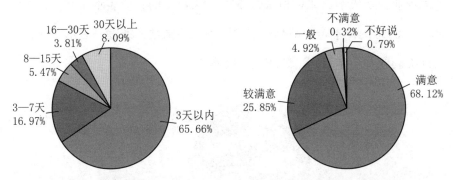

图 4-1-25　企业获得用水的时间及对供水单位办事效率和服务态度的评价

在《上海市 2022 年优化营商环境重点事项》中，对供排水、电力、燃气、互联网市政接入联合报装，企业无需多头跑。将水电气网等市政公用服务接入申请环节与建筑工程施工许可办理环节整合，实现"一表申请、一口受理、一站服务、一窗咨询"。本次的调查数据显示，66.22% 的样本企业都对这项服务优化表示满意，26.09% 的样本企业也表示较为满意，说明上海市供排水、电力、燃气、互联网市政接入联合报装的服务取得了明显的优化成效。

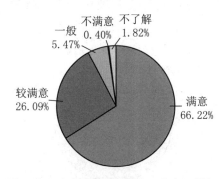

图 4-1-26　对上海市供排水、电力、燃气、互联网市政接入联合报装的服务优化满意度

在关于商业租赁的成本方面，题目设置为上海商业租赁成本与北京和深圳两个城市之间的比较。调查数据显示，25.93%的被调查人员表示上海商业租赁成本比北京和深圳都高，14.43%的企业表示比北京、深圳低，59.64%的样本企业都对此项问题表示不清楚的态度，表示多数企业对此类问题并不是特别了解或关注度不高。

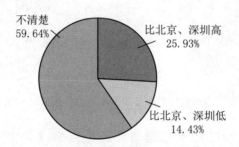

图 4-1-27　获得商业租赁（物业租金等商务成本）的成本与北京、深圳的对比

五、登记财产方面

本次调查中"财产登记"的题项包括办理财产转移登记所需程序、所需时间及所需费用三项指标。办事程序越少，时间越短表示政府效率越高。根据调查结果，68.99%的样本企业办理财产转移登记仅需 5 个以内的程序，21.67%的企业需要办理 6—10 个程序，其余 9.33%的企

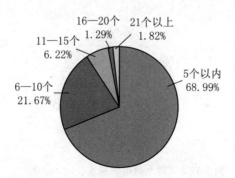

图 4-1-28　企业办理财产转移登记所需程序

业需要办理 10 个以上的程序。财产登记项目排名第一名的城市为迪拜，其所需手续为 2 个，东京、伦敦、新加坡和巴黎所需手续分别为 6 个、6 个、6 个、8 个，可见上海市在登记财产手续方面具备一定优势。

66.63% 的样本企业能够在 10 天以内办理完成财产转移登记，18.73% 的样本企业需要 11—20 天，近 14.64% 的样本企业需要 20 天以上的办理时间。从登记财产天数来看，上海市与排名前两名的迪拜（1.5天）和阿姆斯特丹（2.5天）有一定的差距，但是相比伦敦（21.5天）、香港（27.5天）、巴黎（42天），具有一定的优势。

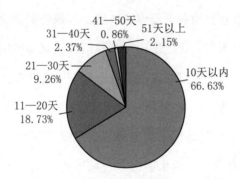

图 4-1-29 企业办理财产转移登记所需时间

46.31% 的样本企业表述办理财产转移所需费用占财产 0—1%，47.12% 的样本企业表述办理财产转移所需费用占财产 1%—10%，其余 6.57% 的样本企业表述办理财产转移所需费用占财产高于 10%。

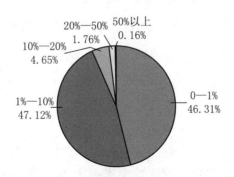

图 4-1-30 企业办理财产转移登记所需费用（占财产价值比 %）

六、国际贸易方面

近年来世界格局不断变化发展，国际市场的贸易风险增加，特别是新冠疫情等不确定因素的影响一直存在，但是即使在这种不乐观的情况下，我国跨境贸易水平依然保持着稳步增长的态势，发展速度加快，在国际市场中的地位不断提升。2022 年 10 月，上海印发《本市推动外贸保稳提质的实施意见》，统筹疫情防控和经济社会发展，稳定外贸产业链供应链，保障外贸企业稳定经营，加大国际贸易金融服务支持力度，推进外贸进出口结构优化，支持外贸新业态新模式发展，加强外贸企业服务保障。在本次调研中，分别对所在企业已采用便利化措施、贸易费用、跨境贸易通关效率、常使用港口及该港口的改善情况、对中国（上海）国际贸易单一窗口的评价及存在问题、对跨境贸易服务的改善意见几个方面做出调查。

根据调查结果，就便利化措施而言，选择比例相对较高的前三项措施分别是电子报关委托、两步申报、提前申报。关于未采用上述便利化措施的原因，半数的样本企业表示对便利化措施不太清楚，也有约三成样本企业表示业务委托给代理公司做，由其决定是否采用。为促进我国跨境贸易发展，国家为企业制定了多项便利条件，使得跨境贸易便利化水平不断提升，国家对跨境贸易的大力支持十分利于我国跨国贸易稳步发展，企业应用足用好便利化措施，加大对于便利化措施的关注程度，这需要在跨境贸易发展过程中持续优化和提升。

就跨界贸易产生的费用而言，51.39% 的样本企业都对费用高低表示不清楚，35.29% 的样本企业选择比其他城市高此项，13.31% 的样本企业选择比其他城市低此项。实际上，对比亚洲东京、釜山、新加坡、香港、高雄等其他主要口岸（数据来源于 2018 年世界银行报告），上

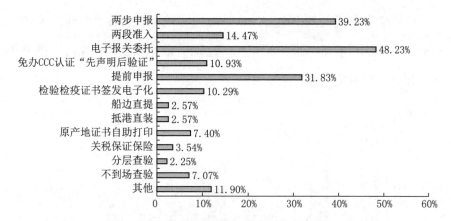

图 4-1-31　企业在跨境贸易中已采用的便利化措施

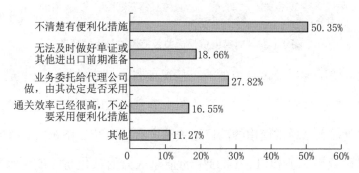

图 4-1-32　无采用上述措施的原因

海跨境贸易费用明显更低。进口边境合规方面比亚洲其他主要口岸低16.7%—46.2%，出口边境合规方面低26.0%—59.2%。另外，在国内短途运输费用方面，上海与亚洲其他主要口岸相比同样处于最低水平。

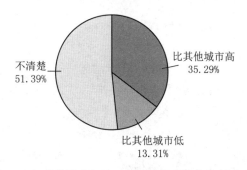

图 4-1-33　与其他城市相比，上海跨境贸易产生的费用水平

就跨境贸易通关效率而言，认为对通关效率影响最大的前三个环节分别是单证资料准备、报关和查验。这说明完善单证资料准备、报关和查验环节将对通关效率提升显著。

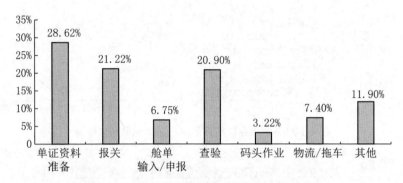

图 4-1-34　对跨境贸易通关效率影响最大的环节

就常使用港口及该港口的改善情况而言，调查数据显示，最常使用港口前三排名分别是外高桥、洋山深水港、吴淞码头。并且，47.33% 的样本企业都表示最常使用的港口通关速度有所提升，15.67% 的企业认为码头操作效率有所提升，14.33% 的企业认为信息化与无纸化水平有所提升。即使在疫情的不利影响下，有关数据显示上海在 2022 年的 1 至 9 月依然实现集装箱吞吐量的正增长，通关环境也得到不断地提高完善，展现出国际贸易中心枢纽的强劲势能。

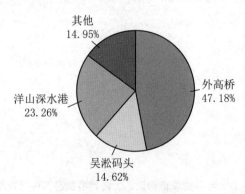

图 4-1-35　企业最常使用港口

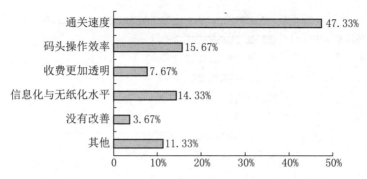

图 4-1-36 港口在近 2 年（2020—2022）有所改善的方面

　　在对中国（上海）国际贸易单一窗口的评价及存在问题方面，数据显示，有 56.81% 的样本企业都对其功能设置和操作使用表示较为满意。关于存在的问题，所占比重排名前三的问题分别是网站卡顿不稳、需要多次重复提交材料、重复填报内容较多，也有约三成企业表示以上问题均无。2014 年启动建设的上海国际贸易"单一窗口"，是上海口岸通过数字化转型全面赋能优化营商环境软实力的标志。目前，上海国际贸易单一窗口建设已进入到 4.0 版，形成"监管＋服务"的 16 大功能板块，66 项地方应用，对接 22 个部门，服务企业超过 54 万家，每年支撑全国近 1/3 贸易量和 4000 万标箱集装箱吞吐量的数据处理，成为全球数据处理规模最大的地方单一窗口。以上数据说明上海国际贸易"单一窗口"不断创新升级，发展完善，受到企业的普遍欢迎。

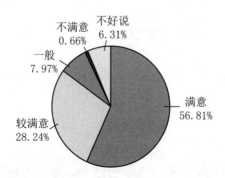

图 4-1-37 对中国（上海）国际贸易单一窗口的功能设置和操作使用的评价

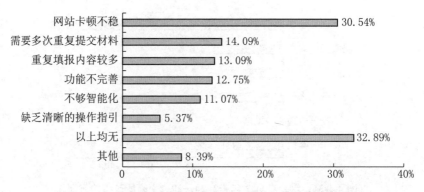

图 4-1-38　认为中国（上海）国际贸易单一窗口存在的问题

在对跨境贸易服务的改善意见上，根据数据显示，认为需要改善的前三个方面分别是简化流程、加快通关查验效率，保障物流，提高出口退税效率。可见，虽跨境贸易服务在近年来总体环境有所改善，但在物流、查验与退税效率方面仍有提升空间。

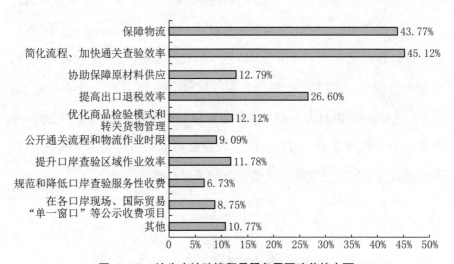

图 4-1-39　认为本地跨境贸易服务需要改善的方面

七、金融服务方面

本次调查中"金融服务"的题项包括疫情对企业经营资金的影响情

况、企业享受助企纾困金融支持政策情况、融资成本变化、银行减费让利惠企效果评价、不动产抵押登记所需时间、企业担保方式、企业信贷存在的问题、企业融资过程中存在的问题、数字化赋能普惠金融效果评价等指标。疫情对各企业经营资金都有不同程度的影响；助企纾困金融支持政策在不同方面缓解了企业资金相关问题；融资成本越高，企业的投资及发展越难以得到保障；不动产抵押登记时间越短、融资担保成本越低；企业在面临信贷和融资时存在一定问题；数字化赋能普惠金融的实施对大部分企业而言较有效果，能有效缓解银政企信息不对称、提高中小微企业融资便利度和可获得性。

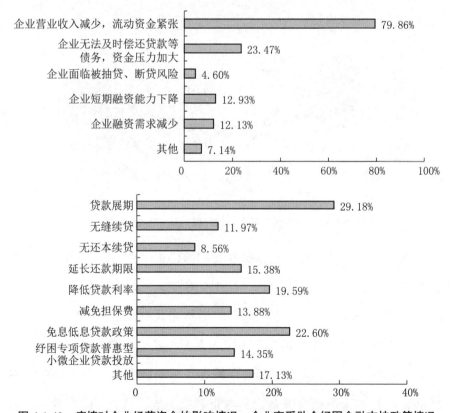

图4-1-40 疫情对企业经营资金的影响情况、企业享受助企纾困金融支持政策情况

　　根据调查结果，在疫情对企业经营资金的影响情况方面，79.86%的样本企业认为营业收入减少、流动资金紧张，23.47%的样本企业无法及时偿还贷款等债务、资金压力加大，企业面临"短期融资能力下降""融资需求减少""被抽贷、断贷风险"等影响的在总样本企业中占比均在20%以下；从企业享受助企纾困金融支持政策情况来看，29.18%的样本企业享受到了贷款展期，享受到免息低息贷款政策的样本企业占22.60%，享受到"降低贷款利率""延长还款期限""纾困专项贷款普惠型小微企业贷款投放""减免担保费""无缝续贷"的企业占据总样本企业的10%—20%，还有8.56%的样本企业享受到了无还本续贷。

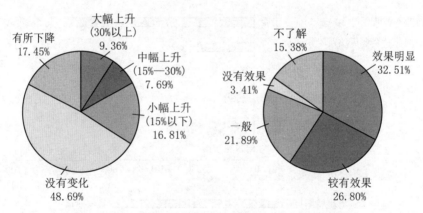

图 4-1-41　融资成本变化、银行减费让利惠企效果评价

　　2022年企业融资成本基本没有变化的样本企业占48.69%，17.45%的样本企业融资成本有所下降，16.81%的样本企业融资成本小幅上升，融资成本"大幅上升""中幅上升"的样本企业占比均在10%以下；同时有32.51%的样本企业认为今年以来上海市各银行全面推进减费让利惠企效果明显，认为减费让利惠企较有效果的样本企业占26.80%，有21.89%的样本企业认为减费让利惠企效果一般，认为"没有效果"和

"不了解"上海市各银行全面推进减费让利惠企的样本企业各占 3.41%
和 15.38%，说明上海市各银行有待提高全面推进减费让利惠企的宣传普
及程度，改进相关政策，提高利企效果。

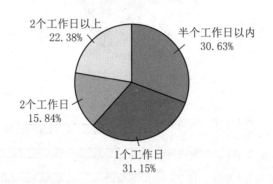

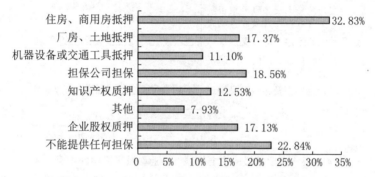

图 4-1-42　不动产抵押登记所需时间、企业担保方式

相关调查数据显示，31.15% 的样本企业办结不动产抵押登记需
要 1 个工作日时间，所需时间在"半个工作日以内"的占样本企业的
30.63%，时间在"2 个工作日"及以上的样本企业占比均在 20% 左右；
其中，32.83% 的样本企业能够提供住房、商用房抵押，不能提供任何担
保的样本企业占 22.84%，有担保公司担保，可提供厂房、土地、企业股
权用于担保的样本企业比例均占总样本的 20% 左右，还有 10% 左右的样
本企业可以提供机器设备或交通工具抵押或知识产权质押。

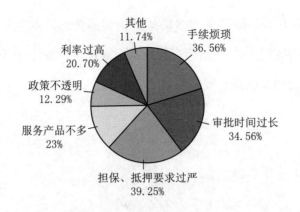

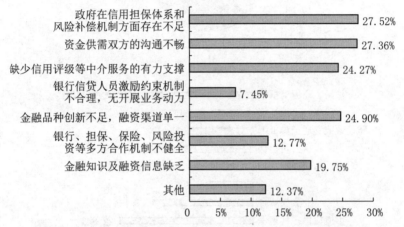

图 4-1-43 企业信贷的主要问题、企业融资过程中的主要问题

在企业所面临的信贷和融资相关问题方面，39.25%的样本企业认为信贷过程中担保、抵押要求过严，36.56%的样本企业认为信贷手续烦琐，34.56%的样本企业认为信贷审批时间过长，认为信贷中存在"服务产品不多""利率过高""政策不透明"等问题的样本企业分别占总样本企业的23%、20.70%、12.29%。说明信贷相关流程及手续有待进一步精简，相关服务产品有待丰富。同时，融资过程中遇到"政府在信用担保体系和风险补偿机制方面存在不足""资金供需双方的沟通不畅"相关问题的样本企业超出27%，认为融资过程中面临"金融品种创新不足，融资渠道单一""缺少信用评级等中介服务的有力支撑"问题的样本企业均占 24% 以上，认为融资过程中面临"金融知识及融资信息缺乏""银行、担保、保险、风险投资等多方合作机制不健全""银行信贷人员激励约束机制不合理，无开展业务动力"等问题的样本企业均占 20% 以下。说明上海市多元融资体系建设有待进一步完善和强化，拓宽企业融资渠道，实现利企惠企。

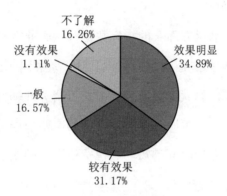

图 4-1-44　企业对数字化赋能普惠金融的效果评价

从数字化赋能普惠金融成效方面来看，34.89% 的样本企业认为数字化赋能普惠金融对缓解银政企信息不对称、提高中小微企业融资便利度和可获得性效果明显，31.17% 的样本企业认为数字化赋能普惠金融较有效果，认为其"一般""没有效果"的样本企业各占 16.57% 和 1.11%，还有 16.26% 的样本企业不了解数字化赋能普惠金融。说明上海市有待进一步普及落实数字化赋能普惠金融，推动金融服务转型升级。

第二节　政府服务环境

政府服务环境是营商环境的重要基础，是影响营商效率和竞争力的关键因素。近年来，上海市政府服务环境优化已取得明显成效，尤其是聚焦减时间、减环节、减费用，推出了一系列大力度的营商环境改革专项行动，大幅提高了市场主体的营商便利度，在全球营商环境评价中取得显著进步。但对照国际先进水平，上海政府服务环境还存在一定差距，需要不断深化系统性改革，促进环境持续优化。

一、纳税方面

问卷对关于"纳税方面"的指标数据包括企业缴税次数、公司纳税所需时间、法定税费占企业税前利润比例、企业享受税收优惠政策情况、税收优惠政策信息获取渠道、线上税（费）种综合申报满意度、税务服务企业满意度、办税服务厅服务评价的原始数据进行评价分析，每年缴税次数越少、办理时间越短、总税费越低，则表示政府越高效、开办企业盈利越多。

调查结果显示，77.56% 的样本企业纳税所需时间在 50 小时以内，14.35% 的样本企业需要 51—100 小时，仅有 8.08% 的企业纳税所需时间在 100 小时以上。在缴纳税款时间方面，排名第一的迪拜仅为 12 小时，上海市相对来说与排名靠前的全球城市尚有差距。样本企业纳税次数分布较为平均，中位数在 10 次左右，相较于香港的 3 次与新加坡的 5 次，排名最后的东京的 30 次，上海在缴纳税款次数方面具有一定的优势。在法定税费缴纳方面，样本企业情况差异较大，51.39% 的样本企业缴纳法定税费占企业税前利润比例的 10% 以下，而另有 4.04% 的企业这一比例达到了 50% 以上，这一项目排名前三的迪拜、新加坡、香港企业平均法定税费占企业税前利润的比例分别为 15.9%、20.6% 和 22.9%。

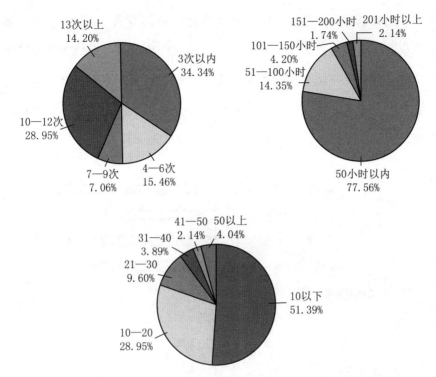

图 4-2-1 企业缴税次数、公司纳税所需时间、法定税费占企业税前利润的比例

从企业享受税收优惠政策情况和税收优惠政策信息获取渠道方面来看，享受到"增值税留抵税额退税政策"的样本企业最多，占到总样本企业的51.07%，享受到"小微企业所得税优惠政策""阶段性免征增值税""企业研发费用加计扣除政策"的企业分别占总样本企业的34.73%、26.88%、26.33%，但只有1.90%的企业享受到"支持和促进重点群体就业的税收政策"。同时，有55.36%的样本企业因不符合条件而未享受相关税收优惠政策，28%的样本企业因为不了解政策未申请相关优惠政策，还有6.40%的样本企业由于手续烦杂而放弃税收优惠政策。样本企业希望以官方性的税务网站、电子税务局和大众普用的微信公众号、手机短信等为主体渠道，辅以其他常见的渠道方式（如手机App、办税服务厅、12366热线、宣传手册、新闻媒体、微博等），实现多平台、多途径获取税收优惠政策。上海市在实施税收优惠政策方面待加强精准辅导，落实落细税收优惠。清单式归集各类税费政策，运用征纳互动平台等线上线下途径，扎实做好政策宣传辅导；根据纳税企业类别和个性化需求，通过"一对一"政策推送和"点对点"辅导提醒。

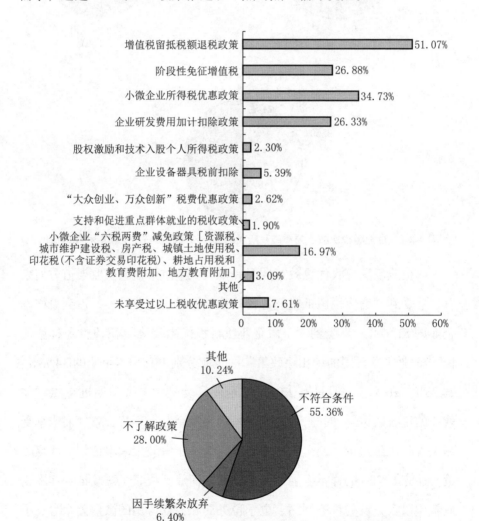

图 4-2-2 企业享受税收优惠政策情况、企业未享受税收优惠政策原因

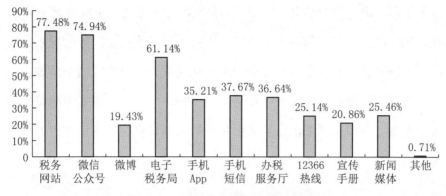

图 4-2-3　税收优惠政策信息获取渠道

根据调查结果，65.58%的样本企业对上海市推行的线上税（费）种综合申报表示满意，另有1.03%的样本企业表示"不好说"。大多数样本企业（64.23%）对税务部门办事效率和服务态度较为满意。上海市在积极打造社会主义现代化建设引领区进程中，利用好升级扩围的税收优惠政策，积极推进税制改革创新，通过企业所得税减免、进口环节税收减免、增值税优惠等鼓励技术创新，推进高水平开放，服务构建新发展格局。

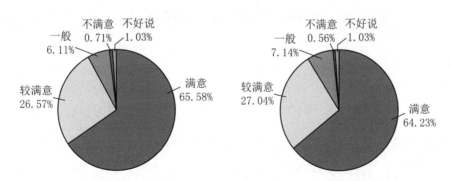

图 4-2-4　线上税（费）种综合申报满意度、税务服务企业满意度

在企业对办税服务厅服务评价方面，绝大部分（83.98%）样本企业在企业办税服务厅处理办理涉税事项时畅通顺利，但仍有16.02%的样本企业在办理过程中受阻，其中"办税服务厅无导税人员""未履行一次性告知制度，让您在同一涉税事项上来回跑了两次以上"等情况困扰样本企业较多。说明上海市有待进一步优化流程，提升办税缴费质效，深化"放管服"改革，优化政务服务，"一件事一次办""数据多跑路，群众少跑路"等便民服务措施切实为企业群众减轻负担，推动服务型政府的完善。

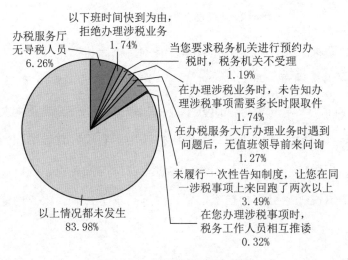

图 4-2-5　办税服务厅服务评价

二、政府服务

通过"一窗通"网上服务平台，上海市市场监管局为投资者提供互联网在线申办、在线签署、在线领照、企业登记等政务服务，做到全程网办"不打烊"，保障上海开办企业"不断档"。根据调查结果，有25.22% 的样本企业对上海市"一窗通"网上服务平台提供的互联网在线申办、在线签署、在线领照以及企业登记等政务服务较满意，68.04% 的样本企业对此感到满意，仅有极少部分对此感到不满意（0.4%）、以及不了解（1.19%）。数据说明"一窗通"服务已经较为成熟，能够满足大部分人的需求。

"中介服务超市"降低审批成本，提升服务效率，充分开放市场，改善了供求关系，在一定程度上落实政府购买服务机制，减轻了企业的负担。对于上海市建设项目"中介服务超市"运营使用现状，有85%以上的样本企业感到满意，仅有0.4%的样本企业感到不满意，5.63%的样本企业对此不了解。可见"中介服务超市"已经取得一定成效。

建设工程电子招投标与传统的招投标相比，优势明显，是未来招投标行业的发展方向，工程项目等招投标项目全流程电子化的流程标准化、方便快捷。根据调查结果，对目前工程项目等招投标项目全流程电子化，有85%以上的样本企业感到满意，代表电子招投标系统的人员接受度比较高。

近年来，本市坚持将推进"高效办成一件事"作为"一网通办"改革的一项制度性安排，列入每年的市委市政府重点工作。根据调查结果，对于上海"一网通办"平台政务服务事项的办结时效，有93%以上的样本企业感到满意，仅有0.4%的样本企业不满意，0.87%的样本企业不了解。满意度越高，说明办结时效越高。

对于上海"一网通办"平台的政务服务事项的覆盖度，有93%以上的样本企业感到满意。满意度越高，说明上海"一网通办"平台的政务服务事项的覆盖度越高，办件量大、涉及面广。

对于上海"一网通办"平台的政务服务事项的办理流程标准，绝大多数都感到满意（93.66%）。满意度越高，代表办理流程越符合标准。根据调查结果，上海"一网通办"平台的渠道入口、操作界面的满意度高达92%以上，绝大多数人对此感到满意。数据说明"一网通办"平台的渠道入口、操作界面简单清晰易操作，便民利民。

上海"一网通办"平台办理政务服务事项的总体满意度高达93%以上，仅有0.16%的样本企业对此感到不满意，总体趋势良好。平台功能集成度高，群众办理体验较好，提供优质高效的政务服务，不断提升人民群众办事的便捷性和满意度。

表 4-2-1 企业对"一网通办"数据政务平台满意度评价

题目 / 选项	满意（%）	较满意（%）	一般（%）	不满意（%）	不了解（%）
对上海市"一窗通"网上服务平台提供的互联网在线申办、在线签署、在线领照以及企业登记等政务服务的满意度	68.04	25.22	5.15	0.4	1.19
对上海市建设项目"中介服务超市"运营使用现状的满意度	63.2	23.87	7.06	0.24	5.63
对目前工程项目等招投标项目全流程电子化的评价	62.97	24.03	7.61	0.24	5.15
对上海"一网通办"平台政务服务事项的办结时效满意度	67.96	25.93	4.84	0.4	0.87
对上海"一网通办"平台的政务服务事项的覆盖度满意度	67.8	25.85	5.23	0.24	0.87
对上海"一网通办"平台的政务服务事项的办理流程标准满意度	67.01	26.65	5	0.4	0.95
对上海"一网通办"平台的渠道入口、操作界面满意度	66.46	26.01	6.03	0.71	0.79
上海"一网通办"平台办理政务服务事项的总体满意度	67.17	26.65	5.31	0.16	0.71

对于近年来"送政策进楼宇、进园区、进企业"等营商服务的感受度，77.32%的样本企业认为有效果，仅有0.87%的样本企业觉得没有效果，而9.52%的样本企业对此不了解。可以看出，大部分认为"送政策进楼宇、进园区、进企业"等营商服务较有效果，可加强政策宣贯，

推广典型经验和创新做法，进一步打造营商环境服务品牌。

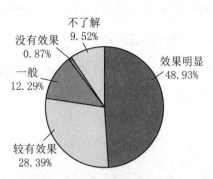

图 4-2-6　企业对"送政策进楼宇、进园区、进企业"等营商服务的感受度

根据调查结果，有 50.20% 的样本企业认为"政府主动发现、高效回应企业诉求的企业服务工作机制"效果明显，28.79% 的样本企业认为较有效果，12.21% 的样本企业认为效果一般，0.71% 的样本企业认为没有效果，剩下 8.09% 的样本企业对此不了解。需要更好地发挥该工作机制、扩大工作范围，来使更多人了解这项服务并从中受益，提高企业和群众的获得感。数据说明政府大致已形成集收集梳理、督办反馈和宣传引导于一体的工作机制，及时回应人民群众意见建议和诉求关切，汇聚民间智慧，有效解决了公共突发事件下"时效性"和"抓落实"两大关键问题，实现了"一条龙服务"和"一竿子到底"。

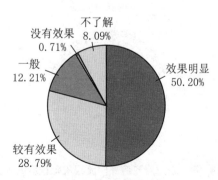

图 4-2-7　"政府主动发现、高效回应企业诉求的企业服务工作机制"的效果

近年来，上海市为深入贯彻党的十九大关于建设人民满意的服务型政府的要求，坚持以人民为中心的发展思想，适应政府管理和服务现代化发展需要，刀刃向内自我革命、提升放管服能力，提升群众和企业获得感。根据调查结果，有 59.79% 的样本企业对政府部门办事效率和服务态度满意，29.82% 的样本企业较为满意。

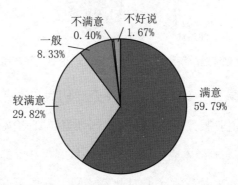

图 4-2-8　企业对政府部门办事效率和服务态度评价

上海市近年来政务公开标准化规范化建设，全面推进决策公开、执行公开、管理公开、服务公开、结果公开全覆盖，让公开成为自觉、透明成为常态。有 59.16% 的样本企业认为政府部门办事流程规范，32.28% 的样本企业认为较为规范，仅有 0.24% 的样本企业认为不规范。

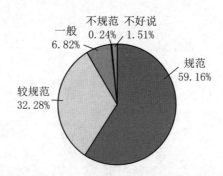

图 4-2-9　企业对政府部门流程规范程度的评价

根据调查结果，有61.14%的样本企业认为政府部门信息公开程度高，28.23%的样本企业认为较高，8.25%的样本企业认为一般，仅有0.63%的样本企业认为不高。说明全面推进"一网通办"加快建设智慧政府取得了切实的改革成效。

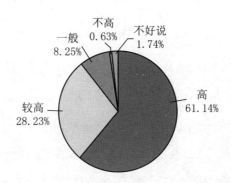

图4-2-10　企业对政府部门信息公开程度的感受度

综上所述，政府部门可以进一步优化业务流程、打通业务系统、强化数据共享，提升政府服务总体水平。

第三节　市场法治环境

一、知识产权服务

企业对自己的知识产权运用方式有许可使用、质押融资、交易转让、专利池（专利联盟）构建、申报知识产权保险、自行实施等，其中，许可使用占比最高（41%），其次是自行实施（17.37%）和申报知识产权保险（14.27%），质押融资占8.41%，交易转让占9.83%，专利池构建占4.68%，剩下39.89%的样本企业没有涉及知识产权的业务。可见，知识产权转移转化成效有待提高，知识产权服务供给不够充分。

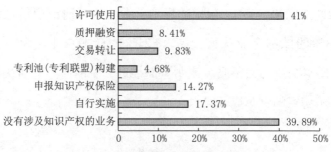

图 4-3-1　企业对知识产权的运用方式

根据调查结果，有 8.31% 的样本企业今年发生过知识产权纠纷，其中，专利纠纷占比最高（41.27%），商标纠纷其次（31.75%），著作权纠纷占 7.94%，商业秘密纠纷占 4.76%。发生知识产权纠纷之后，有 52.38% 选择自行协商和解，22.22% 选择诉讼，12.70% 选择行业协会或调解机构调解，6.35% 选择仲裁，6.35% 选择向政府部门提出行政举报，最主要的维权方式是自行协商和解。有 44.44% 的样本企业有效处理了知识产权纠纷并获得赔偿，有 39.68% 避免了损失，剩下 15.87% 未能得到有效处理。

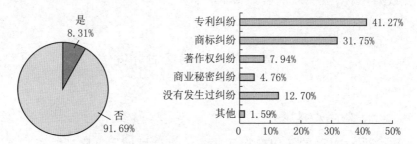

图 4-3-2　企业发生知识产权纠纷的比例　　图 4-3-3　企业发生过的知识产权纠纷类型

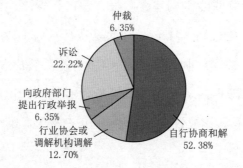

图 4-3-4　企业对于知识产权纠纷的处理方式

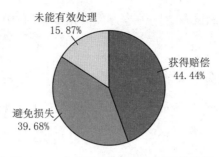

图 4-3-5　企业发生知识产权纠纷的结果

对于没有进行维权，原因有多种，其中，高昂的风险防控和维权费用占比 49.21%，其次是证据收集困难（36.51%）和维权时间过长（31.75%）。相关部门应加强对知识产权纠纷的应对能力，保护知识产权就是创新。

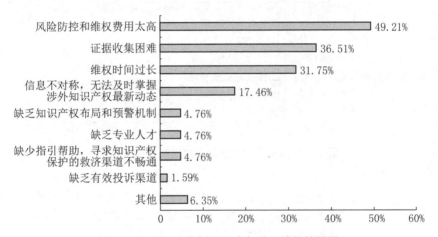

图 4-3-6　企业没有对知识产权进行维权的原因

根据调查结果，有 66.36% 的样本企业需要在生产经营中获得知识产权咨询服务与指导，33.91% 需要获得公共检索平台使用方面的指导，42.35% 需要获得申请知识产权方面的指导，22.69% 需要获得国内知识产权维权援助方面的指导，11.74% 需要获得海外知识产权维权援助方面的指导，17.41% 需要获得知识产权融资服务方面的指导，18.87% 需要获得知识产权管理制度及合同范本方面的指导，24.01% 需要获得知识产权培训活动。

在相关信息服务的需求方面，有 55.67% 需要获得生产经营中的法律法规调整情况，66.36% 需要获得最新政策信息，41.03% 需要获得相关资质认定方面的信息，30.47% 需要获得知识产权审查授权情况，此外，部分样本企业在生产经营中渴望获得知识产权纠纷（19.13%）、行政处罚公示（11.87%）、知识产权交易（14.91%）、管理和公共服务部门联系方式查询（14.91%）、市场化服务机构查询（13.32%）等信息服务。

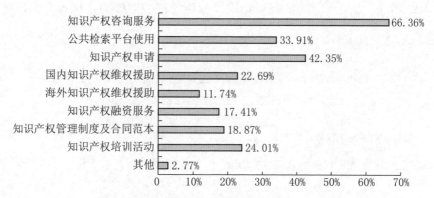

图 4-3-7　企业在生产经营中知识产权相关指导

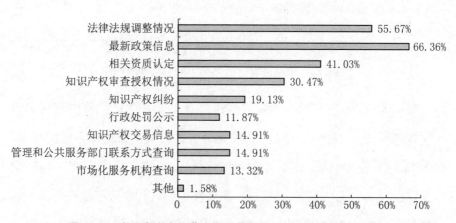

图 4-3-8　企业在生产经营中期望获得的知识产权相关信息服务

　　根据调查结果，仅有 16.36% 的样本企业使用过上海市知识产权多元化纠纷解决机制解决问题，多数样本企业没有使用过（64.12%），还有 19.53% 的样本企业对此不了解。在使用过的企业中，65.44% 的样本企业表示满意，认为成效显著，31.66% 的样本企业认为纠纷解决效率和力度有待提高，还有 2.90% 的样本企业对此不满意，认为对解决知识产权纠纷效果甚微。综上所述，上海市知识产权多元化纠纷解决机制应得到进一步完善，以此来辅助保护知识产权。

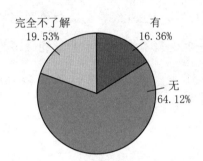

图 4-3-9   企业使用上海市知识产权多元化纠纷解决机制情况

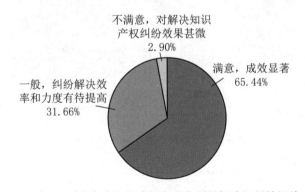

图 4-3-10   对上海市知识产权多元化纠纷解决机制的评价

二、信用修复

本次调查中"信用修复"的题项包括因轻微的不规范经营行为被纳

入失信范围，对企业经营造成严重影响的遭遇调查，企业生产活动中受到最多的处罚以及企业对通过上海市"一网通办""信用中国（上海）"或"国家企业信用信息公示系统（上海）"任一渠道办理信用修复手续的了解程度三项指标。知道通过上述三个渠道办理修复手续的企业越多则表示政府越高效，信用修复越便捷，经营便利性越高方面对企业的吸引力也越大。

调查结果显示，仅有 0.4% 的样本企业曾遭遇过因轻微的不规范经营行为被纳入失信范围而对企业经营造成严重影响。从企业生产活动中受到最多的处罚这一问题来看，样本企业受到最多的行政处罚是交通违法（70.07%），排名第二、第三位的依次是税收违法（6.57%），电子商务失信（5.60%）。

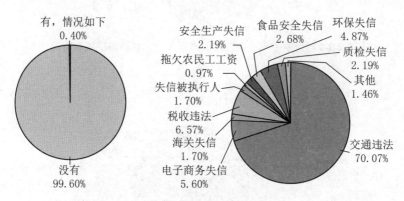

图 4-3-11 企业因被纳入失信范围造成影响调查以及受到最多的行政处罚

根据企业对通过上海市"一网通办""信用中国（上海）"或"国家企业信用信息公示系统（上海）"任一渠道办理信用修复手续的了解程度来看，有 70.34% 的样本企业知道通过用上述任一渠道可以办理企业修复手续，但有 42.51% 的样本企业只是知道，但未进行过修复。由此可见，上海市政府应加大信用可修复理念，增加宣传力度，持续优化公共信用修复"一件事"办理便捷度，进一步缩减办事材料和办结时限。依法依规推动相关部门及时解除失信限制措施，推动市场化信用服务机构同步更新信用修复结果。

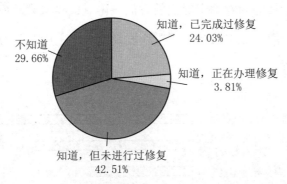

图 4-3-12 企业对办理信用修复手续主要渠道的了解情况

就企业信用体系建设的环节中还需要改善的地方而言。样本企业认为信用信息共享环节，信用信息公示平台建设（52.58%）和信用信息收集渠道（44.89%）是主要需要改善的地方。根据国外信用体系建设经验，建立全范围的完备的信用信息数据库，高效运作信用中介机构，在改善企业信用体系建设方面看，是上海市营商环境应当作出的进一步改进。

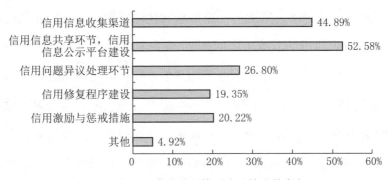

图 4-3-13 上海市信用体系建设的改善方向

从企业失信的信用修复条件来看，有 66.61% 的样本企业认为应当采用"信用积分制"，46.55% 的样本企业认为应根据企业失信行为严重程度设定可修复门槛，还有 3.97% 的样本企业认为企业失信的信用修复条件还应包括其他问卷中未提到的方面。可见，在未来政府采用"信用积分制"或是依企业失信行为严重程度设定可修复门槛等方法，能优化上海市的营商环境。

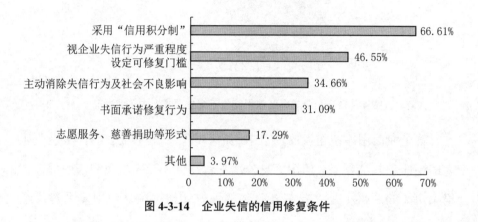

图 4-3-14　企业失信的信用修复条件

三、市场法治

本次调查中"市场法治"的题项包括企业三年内提起的诉讼情况、涉法渠道的畅通情况、对上海小额诉讼优化的感受、解决商业纠纷的时间、解决商业纠纷的成本（占债务）、最为看重的法治环境以及法律保护感受度、企业诉讼实务在线办理的评价等指标。企业对上海小额诉讼优化感受越明显，企业诉讼事务在线办理评价满意度越高则表示政府改进措施越有意义，企业越能高效地通过法律途径维护自身权益。解决商业纠纷的时间越短，解决商业纠纷的成本越低，则越有利于企业在这个城市长期发展，表明城市有优良的可持续发展的营商环境。

据调查显示，有79.62%的样本企业在三年内没有提起过诉讼，表明样本企业及其合作方关系较好，很少出现法律纠纷，同时也表明上海市的法治环境良好。从诉讼方面的相关问题来看，有53.7%的样本企业表示当前企业涉法渠道顺畅，33.07%的样本企业表示比较顺畅。

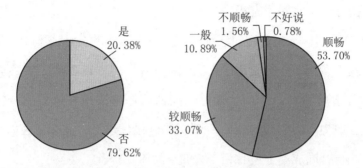

图 4-3-15 企业三年内诉讼提起情况、涉法渠道的畅通情况调查

同时，有35.8%的样本企业表示已经明显感受到上海小额诉讼优化为快办、好办、低成本办、流程简化、收费降低，仅有3.11%的样本企业表示优化没有效果。在企业在线办理诉讼实务的方面，样本企业的满意度也是相当高的。有42.02%的样本企业对在线办理诉讼事务满意，较为满意的样本企业有28.02%，由此可见，上海市小额诉讼的优化有助于营商环境整体向好。

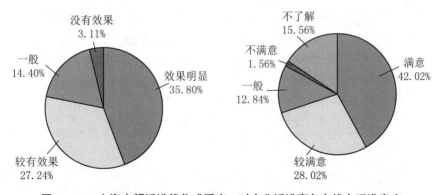

图 4-3-16 上海小额诉讼优化感受度、对企业诉讼事务在线办理满意度

调查数据显示，56.03%的样本企业从提起诉讼到实际付款期间的时间（包括提交和服务案件的时间、审判和获得判决的时间、执行判决的时间）不到150天，25.68%的样本企业需要150—300天时间。国际上执行合同时间的最优参照为新加坡创造的120天，在缩短争端解决时间上对标国际最优水平还有相当空间需要提升。

57.59%的样本企业在司法程序解决争端所需的会计成本（包括律师费用、庭审费用、执行费用）占索赔额5%以内，18.29%的样本企业会计成本占索赔额6%—10%。国际上司法程序解决争端所需的金钱成本的最优参照为不丹创造的0.1%，对标国际最优水平，浦东新区以及上海在降低执行合同成本上还有相当大的空间需要提升。

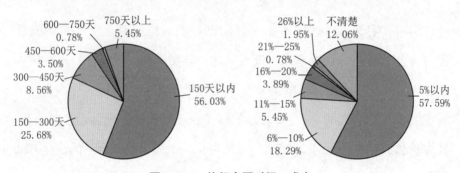

图 4-3-17　执行合同时间、成本

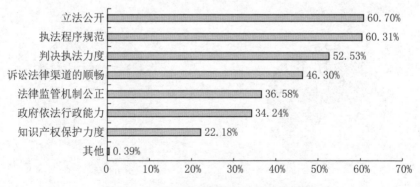

图 4-3-18　企业最为看重的法治环境因素

　　根据调查结果，样本企业在法治环境各类因素中，最为看重的是立法公开（60.70%）、执法程序规范（60.31%）、判决执法力度（52.53%）与诉讼法律渠道的顺畅（46.30%）。

　　值得重视的是，根据调查，仅35.50%的样本企业认为当企业财产权、经营权等权益受到侵害时，能全部得到有效的法律保护，43.58%的样本企业认为多数能得到。大多数企业（79.38%）对政府依法行政评价较高。

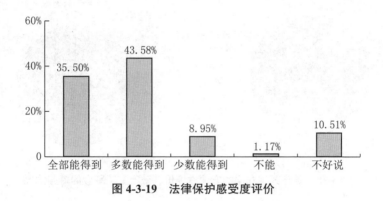

图 4-3-19　法律保护感受度评价

四、办理破产

　　本次调查中"办理破产"的题项包括破产案件立案的方便性、破产专项基金的落实情况，破产裁定后的信用修复工作满意度和破产裁定后企业退出市场（如工商、税务注销等）的方便性四个维度。破产案件立案越方便，破产专项基金的落实情况越完全，对破产裁定后的信用修复工作越满意表示政府越高效，破产企业退出市场越容易。

　　根据调查结果，上海市近两年内办理过破产结算的样本企业有42.99%认为破产案件立案非常方便，26.43%认为较为方便，仅2.87%的样本企业认为非常不方便。与此同时，以降低破产案件的处理成本，提高破产案件审理的国外解决快速、低成本处理案件简易破产程序同样值得上海市来学习。在破产专项基金落实方面，有 44.44% 的样本企业专项基金完全落实，31.94% 的样本企业基本落实，16.32% 部分落实。由此可见，绝大部分样本企业的破产专项基金都能落实，这表示政府的办事效率高效，企业在破产后专项基金能够基本解决，表明地区营商环境良好，企业破产清算能够得到妥善处理。

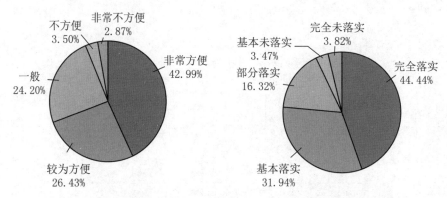

图 4-3-20　破产案件立案的方便性评价、破产专项基金的落实情况

就破产裁定后的信用修复工作进行满意度这一问题来看，非常满意的样本企业占 46.45%，较为满意、一般、较不满意、非常不满意样本占比依次为 30.50%、21.28%、1.06%、0.71%，相较于全国其他城市具

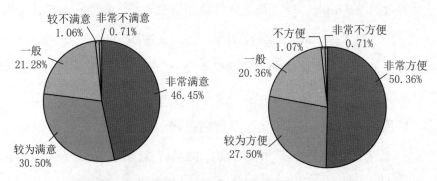

图 4-3-21　破产裁定后的信用修复工作进行满意度评价、退出市场的方便性评价

有相对优势。从破产裁定后企业退出市场（如工商、税务注销等）的方便性评价来看，50.36%的样本破产企业认为退出市场非常方便，仅有0.71%的样本企业认为非常不方便。说明当前上海市破产裁定体系相对完善，有助于破产企业更顺利地退出市场。

第二部分　区营商环境报告篇

第五章　上海浦东新区营商环境优化研究报告

　　本次调查实施过程中，浦东新区共有 153 家企业参与本次问卷调查，其中民营企业占 77.78%，样本企业行业以住宿和餐饮业（15.03%）、信息传输、软件和信息技术服务业（9.15%）、批发和零售业（20.26%）与租赁和商务服务业（9.15%）、居民服务、修理和其他服务业（10.46%）为主，企业成立时间在 15 年以上的占 5.88%，1 到 5 年、6 到 10 年分别占 50.33% 与 29.41%，将近半数企业（37.25%）为劳动密集型企业，主要处于成长期（46.41%）、创业期（27.45%）和稳定发展期（18.95%），企业年产值多数为 50 万以下（38.56%）、50 万—500 万（36.6%）、501 万—1000 万（10.46%），以员工人数在 10 人以下（35.29%）、10—50 人（39.87%）、101—500 人（10.46%）的小型企业（47.71%）与微型企业（32.68%）为主。

　　浦东新区作为我国改革开放的前沿阵地，始终在优化营商环境方面走在全国前列。2021 年 7 月，中共中央、国务院正式印发了《关于支持浦东新区高水平改革开放打造社会主义现代化建设引领区的意见》，支持浦东新区在改革系统集成和协同高效上率先试、出经验，放大改革综合效应，打造市场化、法治化、国际化的一流营商环境。3 月 22 日，浦东新区发布贯彻落实《上海市营商环境创新试点实施方案》、打造一流营商环境工作方案，进一步激发市场活力和社会创造力，实现高质量发展。本章将根据问卷调查结果从投资贸易环境、政府服务环境与市场法治环境三方面分析浦东新区营商环境企业感受度现状。

第一节　浦东新区投资贸易环境

投资和贸易是企业开展经营活动的重要环节，投资贸易便利度和开放度是营商环境的重要内容。近年来，浦东新区在深化改革开放的过程中，主动对标世界银行《营商环境报告》的评价方法及指标，对照全球最佳实践，实施了以精简企业办事全流程所需的时间、费用，提升营商效率为重点的系列改革，取得了明显成效，有效提升了投资贸易便利化程度，大力优化了投资贸易环境。特别是自2019年以来，浦东新区紧跟上海公布的多项政策，缓解企业在疫情中受到的冲击，持续做好各项企业服务，帮助企业走出疫情影响，在"后疫情时代"提供给企业良好的投资贸易环境，实现稳预期、提信心、促发展。

一、疫情后纾困利企方面

2022年5月，按照《上海市加快经济恢复和重振行动方案》，浦东新区推出《浦东新区加快经济恢复迈出引领区建设更快步伐实施方案》，内容包括：有力有序推动经济加快恢复，努力提振各类市场主体和投资者、消费者信心，积极推进浦东新区高水平改革开放、高质量发展、高品质生活、高效能治理，继续承担好社会主义现代化建设引领区核心使命等。

本次调查中"疫情后纾困利企"的题项包括本轮疫情对企业生产经营的影响、疫情导致企业目前面临的主要困难、企业对浦东新区纾困助企政策的熟悉程度、疫情背景下企业享受到惠企政策的类别、企业经营者希望政府采取以针对疫情影响的相关措施五项指标。疫情对企业生产经营的影响越小，企业对浦东新区纾困助企政策越熟悉、享受到的惠企政策类别越多，表明政府对疫情后纾困利企工作的有效性越高，更有利于地区在疫情后拥有良好的营商环境。

调查结果显示，从本轮疫情对企业生产经营的影响上看，4.58%的样本企业认为本轮疫情对企业生产经营影响严重，导致企业经营面临严重困难，可能倒闭；7.84%的样本企业认为疫情对企业生产经营影响很大，导致企业经营暂时停顿；15.69%的样本企业认为疫情对企业生产经营影响较大，导致企业经营出现部分困难，经营勉强维持；13.73%的样本企业认为疫情对企业生产经营影响较小，企业经营出现一些困难，但经营总体保持稳定；58.17%的样本企业认为疫情对企业生产经营没有明显影响。同时，从图 5-1-1 中可以看出，本轮疫情对小型微型企业生产经营产生的影响相比较大型中型企业影响更大。根据世界银行 2022 年年度发展经济会议中主讲嘉宾马塞拉·斯拉瓦的观点，新兴经济体拥有众多小微企业、非正式性较强，更容易遭受疫情的冲击，这一观点与本

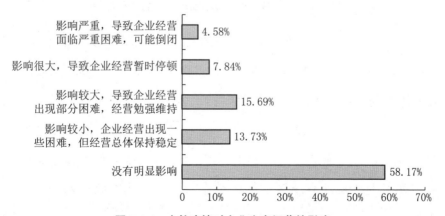

图 5-1-1　本轮疫情对企业生产经营的影响

调查结果相佐，即疫情对小微企业的影响更大。

从疫情导致企业目前面临的主要困难来看，样本企业因疫情面临的主要困难是市场订单减少，占样本总数的 88.24%，还存在生产经营成本高企（14.38%）、应收账款回款难（11.76%）、无法正常生产经营（9.80%）、融资难度加大（5.88%）、因无法按时履行交易合同需支付违约金（0.65%）的困难，另有个别企业出现人力成本增加、项目推进滞缓、物流受阻等难题。因此，在疫情导致企业目前面临的主要困难方面，浦东新区营商环境亟待进一步改进。

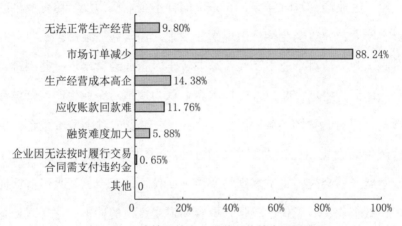

图 5-1-2　疫情导致企业目前面临的主要困难

从企业对浦东新区纾困助企政策的熟悉程度来看，认为企业对浦东新区纾困助企政策"非常熟悉"的，占样本总数的 61.44%；认为"比较熟悉"的，占样本总数的 22.88%；认为"不熟悉"的，占样本总数的 13.73%；而勾选"没有了解的渠道"的，占样本总数的 1.96%。因此，在企业对浦东新区纾困助企政策的熟悉程度方面，多数企业在一定程度上了解浦东新区的纾困助企政策，但此类政策仍需进一步普及。

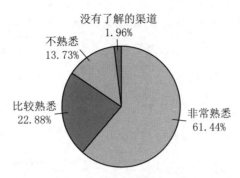

图 5-1-3　企业对浦东新区纾困助企政策的熟悉程度

从疫情背景下企业享受到惠企政策的类别来看，样本企业分别享受到了减税免税政策（28.76%）、房租减免政策（24.84%）、防疫补贴政策（9.80%）、减免/缓缴社保政策（13.73%）、减免/缓缴费用政策（8.50%）、财政补贴政策（4.58%）、优化服务政策（5.88%）以及金融支持政策（1.31%），另有样本企业提到在疫情背景下还享受到了政府提供的困难行业稳岗补贴，但也有小部分企业表示未享受到任何纾困助企政策。因此，在疫情背景下企业享受到惠企政策的类别方面，政府需要拓宽相关政策的覆盖面，创新纾困助企政策的类别。

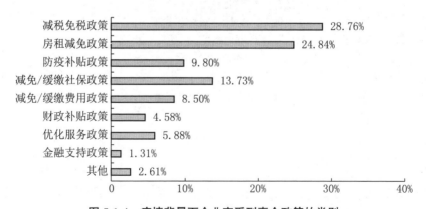

图 5-1-4　疫情背景下企业享受到惠企政策的类别

从企业经营者希望政府采取以针对疫情影响的相关政策来看，样本企业希望政府能采取加强疫情精准防控（72.55%），加强对企业疫情防控指导（10.46%），保障物流畅通（13.73%），阶段性减免社保费（21.57%），提供稳岗补贴（20.92%），帮助企业招工（5.88%），减免或提供房租、水电费等补贴（75.16%），对现有贷款展期（3.27%），提供贷款贴息（5.23%），对受疫情影响无法如期履行交易合同给予帮助（4.58%）的措施，另有企业经营者提到希望政府能够采取对受疫情影响而导致的员工要求赔偿事宜给予法律援助及政策支持、对于企业与跨区银行合作给予同等力度补贴等措施。因此，在企业经营者希望政府采取以针对疫情影响的相关政策方面，政府需要不断完善创新纾困助企政策，特别是在精准防疫和减免税费方面。

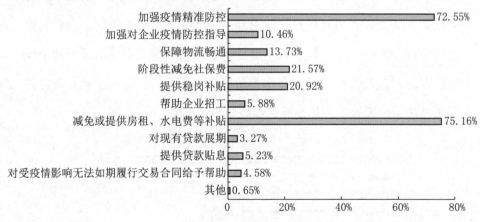

图 5-1-5　企业经营者希望政府采取针对疫情影响的相关措施

二、企业准入方面

2022 年 6 月 22 日，上海市十五届人大常委会第四十一次会议表决通过了《上海市浦东新区推进市场准营承诺即入制改革若干规定》，与 2 月份通过的《上海市浦东新区市场主体登记确认制若干规定》等八部浦东新区法规一起，打出一系列助力优化营商环境的"组合拳"。实行市场准营承诺即入制改革是创新政府服务管理方式、优化营商环境的重要举措。本次调查中"企业准入"的题项包括浦东新区样本企业对上海市"一窗通"开办企业网上申报平台的知晓程度，办理开办企业手续的方式，选择线下办理的原因，开办企业所需办理的手续数量与所花费的时间，开办过程中所有事项在政务中心集中办理的可获得性，办理企业开办手续的收费情况，企业开办过程中免费复印、邮寄、帮办代办等服务的可获得性，企业开办全流程的便利程度，对上海市企业开办流程及服务的满意度评价十项指标。办事手续越少、办理事项越集中、时间越短、次数越少、代办服务越多则表示政府越高效，开办企业越便捷，表明地区已经拥有良好的营商环境，对企业的吸引力越大。

上海"一窗通"于 2018 年 3 月 31 日正式推行，是由原上海市工商局牵头搭建的上海市统一开办企业网上申报平台。"一窗通"包含两个部分的功能，一是实现开办企业工商营业执照、公安刻制公章、税务涉税事项的在线申报，二是提供银行开户预约、社保用工办理等服务。上海实行"一窗通"是一次"放管服"的重要改革，也是为改善营商环境筑基。

2019 年以来，浦东新区在全市率先实施"一网通办"，聚焦"互联网＋政务服务"不断大胆创新。根据调查，浦东新区 77.78% 的样本企业选择线上办理，22.22% 的样本企业选择线下办理。其中，选择线下办理的企业表示，选择线下办理的原因为线下办理可以获取工作人员帮助（54.35%）、线下办理感觉更为可靠（30.43%）、线上操作较为复杂难懂（19.57%）、不清楚线上办理政策（23.91%），还有小部分企业表示，开办企业时年份较早，当时尚未有线上办理通道。这充分说明上海市"一窗通"在近年来新开办的企业中取得了显著成就，但仍需进一步推广普及。

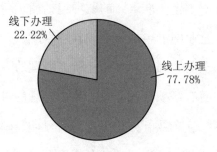

图 5-1-6　企业办理开办企业手续的方式

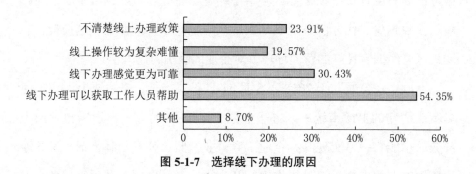

图 5-1-7　选择线下办理的原因

调查结果显示，从开办企业手续个数上看，81.05% 的样本企业开办仅需办理 3 个以内的手续，15.03% 的样本企业开办需要办理 4—6 个手续，1.96% 的企业开办需要办理 7—9 个手续，0.65% 的企业开办需要办理 10—12 个手续，而 1.31% 的企业开办需要办理 13 个以上的手续。根据世界银行《2020 营商环境报告》，排名前三的新加坡、香港和迪拜所需手续个数均为 2 个，悉尼、巴黎、纽约、洛杉矶、东京与阿姆斯特丹等城市办理手续均在 8 个以内。在开办企业手续上，浦东新区、乃至整个上海市已经取得了很大的进步，与其他城市大致保持在同一水平。

从开办企业时间来看，样本企业开办企业花费时间集中在"5天以内"，占样本总数的 71.90%，13.07% 的样本企业在 6—10 天开办，11.11% 的样本企业在 11—15 天开办，仅 3.93% 的样本企业在 16 天以上开办。排名第一的新加坡和香港开办企业所需时间仅为 1.5 天，迪拜、悉尼、伦敦、阿姆斯特丹等城市都能在 5 天内开办完毕，最末的东京为 11.5 天。因此，在开办企业所需时间方面看，浦东新区营商环境仍有改进空间。

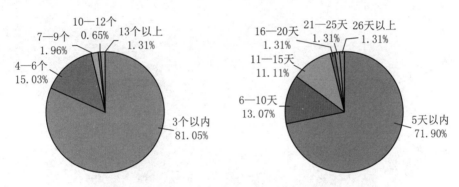

图 5-1-8　开办企业所需办理的手续数量与所花费的时间

三、办理施工许可方面

本次调查中"办理施工许可"的题项包括房屋建筑开工前所有手续办理程序、房屋建筑开工前所有手续办理时间、企业办理土地许可、环境影响评价、规划许可、建设许可、消防许可、行业资格准入的便捷度评价八项指标。办事手续越少，时间越短，成本越低则表示政府越高效，开办企业进展越快。

调查数据显示，浦东新区 82.86% 的样本企业在房屋建筑开工前仅需办理 5 个以内的手续，14.29% 的样本企业需要 6—10 个手续，2.86%

的样本企业需要 11—15 个手续。根据世界银行报告，在此项领先的伦敦、巴黎和新加坡需办理近 10 个手续。可以发现，在办理施工许可方面，浦东新区，包括整个上海市取得了长足的进步，已处于世界城市领先水平。

在办理施工时间方面 82.35% 的样本企业可以在 50 天内办理完成房屋建筑开工前所有手续，仅 17.65% 的企业办理完结在 50 天以上，浦东新区相较于排名前三的新加坡（41 天）、迪拜（50.5 天）、洛杉矶（68 天）已无甚差距。

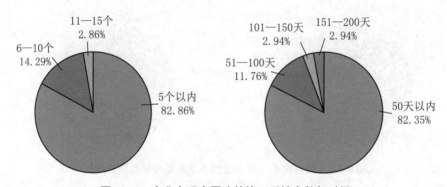

图 5-1-9　企业办理房屋建筑施工手续个数与时间

四、公共服务设施连接方面

本次调查中有关电力方面的题项包括所在企业办理接入电网手续的时间、对供电单位办事效率和服务态度的评价及"四早"免申即办服务的评价。接入时间越短、效率和态度评价越高表示电力获得越便捷，整体运营成本越低，表明浦东新区在企业获取和使用电力方面具有优势。

调查结果显示，浦东新区 98.04% 的样本企业能够 30 天内完成办理接入电网手续，仅 1.96% 的样本企业需要 30 天以上时间。从获取电力的时间看，排名前三的迪拜、香港、新加坡分别为 10 天、24 天和

30 天，排名倒数三名的东京、阿姆斯特丹、洛杉矶为 105 天、110 天和 134 天。可见浦东新区，及整个上海市在获得电力时间上与排名前列的全球城市进一步对标，相对其他国家全球城市具有相当优势。同时，86.93% 的样本企业认为对供电部门满意，进一步说明浦东新区近年来在优化电力接入方面的改革举措，以提高客户电力接入"获得感"为目标，取得了切实的改革成效，为用电企业创造了优越的用电环境。

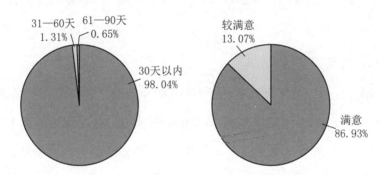

图 5-1-10　企业办理接入电网手续的时间、对供电单位办事效率和服务态度的评价

　　本次调查中有关用水方面的题项包括所在企业获得用水的时间及对供水单位办事效率和服务态度的评价。调查数据显示，88.89% 的样本企业表示在 3 天之内便可获得用水，6.54% 的企业也选择了 3—7 天便可获得用水的选项，仅少部分企业表示需要一周以上时间才能够获得用水。同时，91.50% 的样本企业对供水单位办事效率和服务态度表示满意，7.84% 的样本企业对供水单位办事效率和服务态度表示较满意，仅0.65% 样本企业表示一般。获得用水是企业最关心的问题之一，上述数据说明企业获得用水时间较短，对供水单位的服务也总体上比较满意，表明浦东新区水务部门认真贯彻落实相关文件要求，服务保障企业从简、从快、从优获得生产经营用水，进一步营造良好的供水营商环境，帮助企业降压减负。

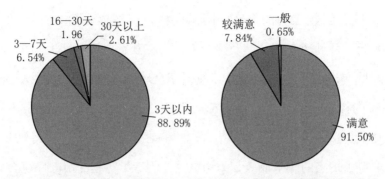

图 5-1-11　企业获得用水的时间及对供水单位办事效率和服务态度的评价

五、登记财产方面

本次调查中"财产登记"的题项包括办理财产转移登记所需程序、所需时间及所需费用三项指标。办事程序越少，时间越短表示政府效率越高。根据调查结果，浦东新区 93.89% 的样本企业办理财产转移登记仅需 5 个以内的程序，3.82% 的企业需要办理 6—10 个程序，其余 2.29% 的企业需要办理 10 个以上的程序。财产登记项目排名第一名的城市为迪拜，其所需手续为 2 个，东京、伦敦、新加坡和巴黎所需手续分别为 6 个、6 个、6 个、8 个，可见浦东新区在登记财产手续方面具备一定优势。

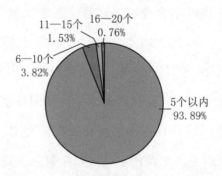

图 5-1-12　企业办理财产转移登记所需程序

浦东新区 90.08% 的样本企业能够在 10 天以内办理完成财产转移登记，6.11% 的样本企业需要 11—20 天，近 3.81% 的样本企业需要 20 天以上的办理时间。从登记财产天数来看，浦东新区与排名前两名的迪拜（1.5 天）和阿姆斯特丹（2.5 天）有一定的差距，但是相比伦敦（21.5 天）、香港（27.5 天）、巴黎（42 天），具有一定的优势。

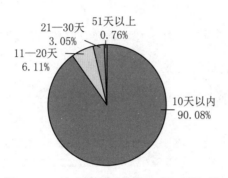

图 5-1-13　企业办理财产转移登记所需时间

六、金融服务方面

本次调查中"金融服务"的题项包括：疫情对企业经营资金的影响情况、企业享受助企纾困金融支持政策情况、融资成本变化、银行减费让利惠企效果评价、不动产抵押登记所需时间、企业担保方式、企业信贷存在的问题、企业融资过程中存在的问题、数字化赋能普惠金融效果评价等指标。疫情对各企业经营资金都有不同程度的影响；助企纾困金融支持政策在不同方面缓解了企业资金相关问题；融资成本越高，企业的投资及发展越难以得到保障；不动产抵押登记时间越短、融资担保成本越低；企业在面临信贷和融资时存在一定问题；数字化赋能普惠金融的实施对大部分企业而言较有效果，能有效缓解银政企信息不对称、提高中小微企业融资便利度和可获得性。

　　根据调查结果，在疫情对企业经营资金的影响情况方面，浦东新区93.46%的样本企业认为营业收入减少、流动资金紧张，62.09%的样本企业无法及时偿还贷款等债务、资金压力加大，企业面临"短期融资能力下降""融资需求减少""被抽贷、断贷风险"等影响的在总样本企业中占比均在10%以下；从企业享受助企纾困金融支持政策情况来看，63.40%的样本企业享受到了贷款展期，享受到免息低息贷款政策的样本企业占58.17%，享受到"降低贷款利率""延长还款期限""纾困专项贷款普惠型小微企业贷款投放""减免担保费""无缝续贷"的企业占据总样本企业的5%—10%，还有4.58%的样本企业享受到了无还本续贷。

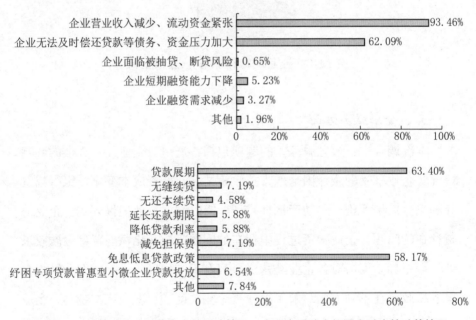

图 5-1-14　疫情对企业经营资金的影响情况、企业享受助企纾困金融支持政策情况

　　2022年企业融资成本基本没有变化的样本企业占20.26%，58.82%的样本企业融资成本有所下降，融资成本"大幅上升""中幅上升""小幅上升"的样本企业占比均在10%以下；同时有71.90%的样本企业认为今年以来上海市各银行全面推进减费让利惠企效果明显，认为减费让利惠企较有效果的样本企业占 9.80%，有 7.84% 的样本企业认为减费让利惠企效果一般，认为"没有效果"和"不了解"浦东新区各银行全面推进减费让利惠企的样本企业各占 1.31% 和 9.15%，说明浦东新区各银行有待提高全面推进减费让利惠企的宣传普及力度，改进相关政策，提高利企效果。

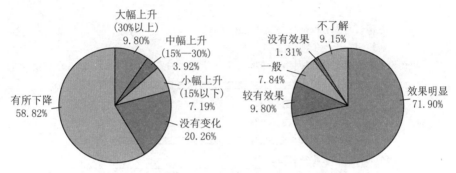

图 5-1-15　融资成本变化、银行减费让利惠企效果评价

相关调查数据显示，37.93% 的样本企业办结不动产抵押登记需要半个工作日以内时间，所需时间在"1 个工作日"的占样本企业的 29.31%，时间在"2 个工作日"及以上的样本占比均在 16% 左右；其中，58.82% 的样本企业能够提供担保公司担保和企业股权质押，18.95% 的样本企业能够提供住房、商用房抵押，不能提供任何担保的样本企业占 13.07%，可提供厂房、土地、机器设备或交通工具、知识产权质押的均占总样本的 10% 以下。

在企业所面临的信贷和融资相关问题方面，66.67% 的样本企业认为信贷过程中担保、抵押要求过严，62.75% 的样本企业认为信贷服务产品不多，18.95% 的样本企业认为手续烦琐，认为信贷中存在"审批时间过长""利率过高""政策不透明"等问题的样本企业分别占总样本企业的

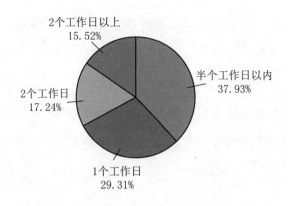

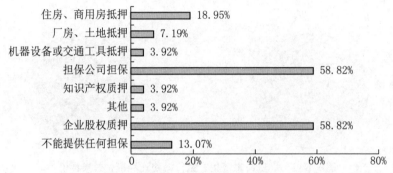

图 5-1-16　不动产抵押登记所需时间、企业担保方式

14.38%、7.19%、4.58%。说明信贷相关流程及手续有待进一步精简，相关服务产品有待丰富。同时，融资过程中遇到"政府在信用担保体系和风险补偿机制方面存在不足""资金供需双方的沟通不畅"相关问题的样本企业超出10%，认为融资过程中面临"金融品种创新不足，融资渠道单一""缺少信用评级等中介服务的有力支撑"问题的样本企业均占60%以上，认为融资过程中面临"金融知识及融资信息缺乏""银行、担保、保险、风险投资等多方合作机制不健全""银行信贷人员激励约束机制不合理，无开展业务动力"等问题的样本企业均占约10%以下。说明浦东新区多元融资体系建设有待进一步完善和强化，拓宽企业融资渠道，实现利企惠企。

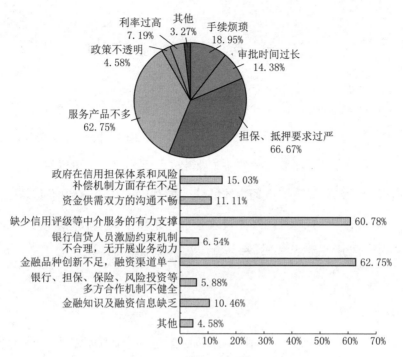

图 5-1-17　企业信贷主要问题、企业融资过程中主要问题

从数字化赋能普惠金融成效方面来看，73.20% 的样本企业认为数字化赋能普惠金融对缓解银政企信息不对称、提高中小微企业融资便利度和可获得性效果明显，8.50% 的样本企业认为数字化赋能普惠金融较有效果，认为其"一般""没有效果"的样本企业各占 6.54% 和 1.96%，还有 9.80% 的样本企业不了解数字化赋能普惠金融。说明浦东新区有待进一步普及落实数字化赋能普惠金融，推动金融服务转型升级。

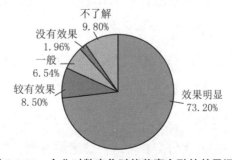

图 5-1-18　企业对数字化赋能普惠金融的效果评价

第二节　浦东新区政府服务环境

政府服务环境是营商环境的重要基础，是影响营商效率和竞争力的关键因素。近年来，浦东新区政府服务环境优化已取得明显成效，尤其是聚焦减时间，减环节、减费用，推出了一系列大力度的营商环境改革专项行动，大幅提高了市场主体的营商便利度，在全球营商环境评价中取得显著进步。但对照国际先进水平，浦东新区政府服务环境还存在一定差距，需要不断深化系统性改革，促进环境持续优化。

一、纳税方面

问卷对关于"纳税方面"的指标数据包括企业缴税次数、公司纳税所需时间、法定税费占企业税前利润比例、企业享受税收优惠政策情况、税收优惠政策信息获取渠道、线上税（费）种综合申报满意度、税务服务企业满意度、办税服务厅服务评价的原始数据进行评价分析，每年缴税次数越少、办理时间越短、总税费越低，则表示政府越高效、开办企业盈利越多。

调查结果显示，浦东新区 96.08% 的样本企业纳税所需时间在 50 小时以内，2.61% 的样本企业需要 51—100 小时，仅有 1.31% 的企业纳税所需时间在 150 小时以上。在缴纳税款时间方面，排名第一的迪拜仅为 12 小时，浦东新区相对来说与排名靠前的全球城市尚有差距。浦东新区样本企业纳税次数分布较为平均，中位数在 3 次左右，相较于香港的 3 次与新加坡的 5 次，排名最后的东京的 30 次，浦东新区在缴纳税款次数方面具有一定的优势。在法定税费缴纳方面，样本企业情况差异较大，81.05% 的样本企业缴纳法定税费占企业税前利润比例的 10% 以下，有 14.38% 的企业这一比例在 10%—20%，这一项目排名前三的迪拜、新加坡、香港企业平均法定税费占企业税前利润的比例分别为 15.9%，20.6% 和 22.9%。

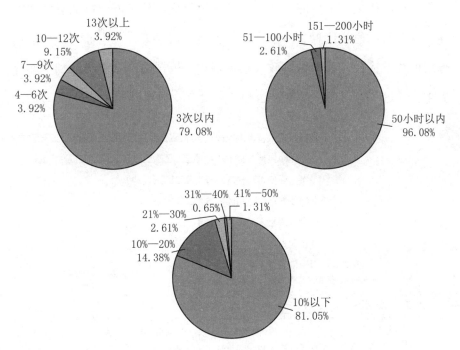

图 5-2-1　企业缴税次数、公司纳税所需时间、法定税费占企业税前利润的比例

从企业享受税收优惠政策情况和税收优惠政策信息获取渠道方面来看，浦东新区享受到"增值税留抵税额退税政策"的样本企业最多，占到总样本企业的 76.47%，享受到"阶段性免征增值税""小微企业所得税优惠政策""企业研发费用加计扣除政策"的企业分别占总样本企业的 61.44%、20.92% 和 9.80%，但没有企业享受到"支持和促进重点群体就业的税收政策"。同时，有 54.76% 的样本企业因不符合条件而未享受相关税收优惠政策，21.43% 的样本企业因为不了解政策未申请相关优惠政策，还有 9.52% 的样本企业由于手续烦杂而放弃税收优惠政策。样本企业希望以官方性的税务网站、电子税务局和大众普用的微信公众号、手机短信等为主体渠道，辅以其他常见的渠道方式（如手机 App、办税服务厅、12366 热线、宣传手册、新闻媒体、微博等），实现多平台、多途径获取税收优惠政策。浦东新区在实施税收优惠政策方面待加强精准辅导，落实落细税收优惠。清单式归集各类税费政策，运用征纳互动平台等线上线下途径，扎实做好政策宣传辅导；根据纳税企业类别和个性化需求，通过"一对一"政策推送和"点对点"辅导提醒。

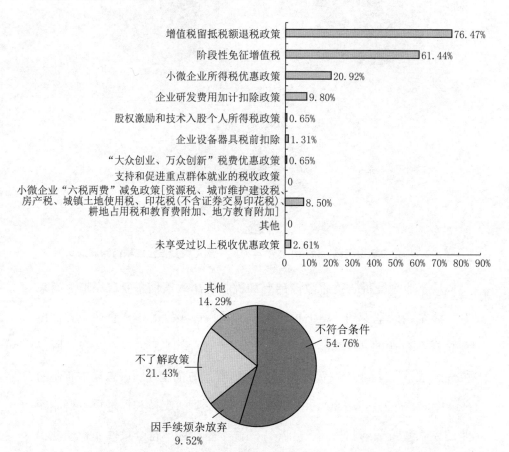

图 5-2-2　企业享受税收优惠政策情况、企业未享受税收优惠政策原因

　　根据调查结果，浦东新区 86.27% 的样本企业对上海市推行的线上税（费）种综合申报表示满意，另有 11.76% 和 1.96% 的企业表示"较满意"和"一般"。大多数样本企业（86.93%）对税务部门办事效率和服务态度满意。浦东新区在积极打造社会主义现代化建设引领区进程中，利用好升级扩围的税收优惠政策，积极推进税制改革创新，通过企业所得税减免、进口环节税收减免、增值税优惠等鼓励技术创新，推进高水平开放，服务构建新发展格局。

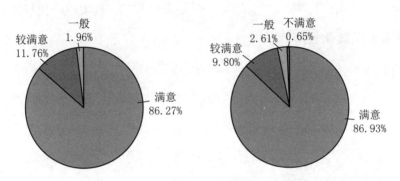

图 5-2-3　线上税（费）种综合申报满意度、税务服务企业满意度

二、政府服务

　　通过"一窗通"网上服务平台，上海市市场监管局为投资者提供互联网在线申办、在线签署、在线领照、企业登记等政务服务，做到全程网办"不打烊"，保障上海开办企业"不断档"。根据调查结果，浦东新区有 9.8% 的样本企业对上海市"一窗通"网上服务平台提供的互联网在线申办、在线签署、在线领照以及企业登记等政务服务较满意，88.89% 的样本企业对此感到满意。数据说明"一窗通"服务已经较为成熟，能够满足大部分人的需求。

　　"中介服务超市"降低审批成本，提升服务效率，充分开放市场，改善了供求关系，在一定程度上落实政府购买服务机制，减轻了企业的负担。对于上海市建设项目"中介服务超市"运营使用现状，浦东新区有 94% 以上的样本企业感到满意，仅有 3.27% 的样本企业对此不了解。可见"中介服务超市"已经取得一定成效。

建设工程电子招投标与传统的招投标相比，优势明显，是未来招投标行业的发展方向，工程项目等招投标项目全流程电子化的流程标准化、方便快捷。根据调查结果，浦东新区对目前工程项目等招投标项目全流程电子化，有 95% 以上的样本企业感到满意，代表电子招投标系统的人员接受度比较高。

近年来，本市坚持将推进"高效办成一件事"作为"一网通办"改革的一项制度性安排，列入每年的市委市政府重点工作。根据调查结果，浦东新区对于上海"一网通办"平台政务服务事项的办结时效，有 98% 以上的样本企业感到满意。满意度越高，说明办结时效越高。

对于上海"一网通办"平台的政务服务事项的覆盖度，浦东新区有 98% 以上的样本企业感到满意。满意度越高，说明上海"一网通办"平台的政务服务事项的覆盖度越高，办件量大、涉及面广。对于上海"一网通办"平台的政务服务事项的办理流程标准，浦东新区绝大多数都感到满意（98%）。满意度越高，代表办理流程越符合标准。

根据调查结果，上海"一网通办"平台的渠道入口、操作界面的满意度高达 97% 以上，绝大多数人对此感到满意。数据说明"一网通办"平台的渠道入口、操作界面简单清晰易操作，便民利民。

浦东新区对于上海"一网通办"平台办理政务服务事项的总体满意度高达 98% 以上，趋势良好。平台功能集成度高，群众办理体验较好，提供优质高效的政务服务，不断提升人民群众办事的便捷性和满意度。

表 5-2-1 企业对浦东新区"一网通办"数字政务平台满意度评价

题目／选项	满意（%）	较满意（%）	一般（%）	不满意（%）	不了解（%）
对上海市"一窗通"网上服务平台提供的互联网在线申办、在线签署、在线领照以及企业登记等政务服务的满意度	9.8	88.89	1.31	0	0
对上海市建设项目"中介服务超市"运营使用现状的满意度	7.8	86.93	1.96	0	3.27
对目前工程项目等招投标项目全流程电子化的评价	8.5	86.93	2.61	0	1.96
对上海"一网通办"平台政务服务事项的办结时效满意度	10.46	88.24	1.31	0	0
对上海"一网通办"平台的政务服务事项的覆盖度满意度	9.8	88.24	1.96	0	0
对上海"一网通办"平台的政务服务事项的办理流程标准满意度	10.46	87.58	1.31	0	0.65
对上海"一网通办"平台的渠道入口、操作界面满意度	11.11	86.27	2.61	0	0
上海"一网通办"平台办理政务服务事项的总体满意度	11.11	87.58	1.31	0	0

对于近年来"送政策进楼宇、进园区、进企业"等营商服务的感受度，浦东新区 87% 的样本企业认为有效果，而 7.84% 的样本企业对此不了解。可以看出，大部分样本企业认为"送政策进楼宇、进园区、进企业"等营商服务较有效果，可加强政策宣贯，推广典型经验和创新做法，进一步打造营商环境服务品牌。

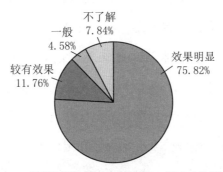

图 5-2-4 "送政策进楼宇、进园区、进企业"的效果

　　根据调查结果，浦东新区有 74.51% 的样本企业认为"政府主动发现、高效回应企业诉求的企业服务工作机制"效果明显，12.42% 的样本企业认为较有效果，5.88% 的样本企业认为效果一般，剩下 7.19% 的样本企业对此不了解。需要更好的发挥该工作机制、扩大工作范围，使更多人了解这项服务并从中受益，提高企业和群众的获得感。数据说明政府大致已形成集收集梳理、督办反馈和宣传引导于一体的工作机制，及时回应人民群众意见建议和诉求关切，汇聚民间智慧，有效解决了公共突发事件下"时效性"和"抓落实"两大关键问题，实现了"一条龙服务"和"一竿子到底"。

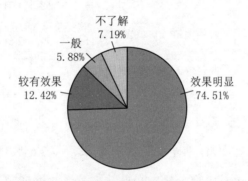

图 5-2-5　"政府主动发现、高效回应企业诉求的企业服务工作机制"的效果

　　近年来，上海市为深入贯彻党的十九大关于建设人民满意的服务型政府的要求，坚持以人民为中心的发展思想，适应政府管理和服务现代化发展需要，刀刃向内自我革命、提升放管服能力，提升群众和企业获得感。根据调查结果，浦东新区有 80.39% 的样本企业对政府部门办事效率和服务态度满意，13.73% 的样本企业较为满意。

　　上海市近年来政务公开标准化规范化建设，全面推进决策公开、执行公开、管理公开、服务公开、结果公开全覆盖，让公开成为自觉、透明成为常态。浦东新区有 57.52% 的样本企业认为政府部门办事流程规

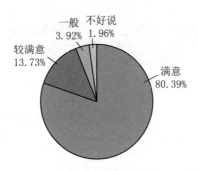

图 5-2-6 企业对政府部门办事效率和服务态度评价

范，38.56% 的样本企业认为较为规范。

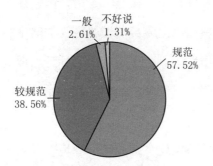

图 5-2-7 企业对政府部门办事流程规范程度评价

根据调查结果，浦东新区有 83.66% 的样本企业认为政府部门信息公开程度高，12.42% 的样本企业认为较高，2.61% 的样本企业认为一般，1.31% 的样本企业认为不好说。说明全面推进"一网通办"加快建设智慧政府取得了切实的改革成效。

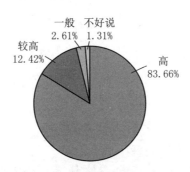

图 5-2-8 企业对政府部门信息公开程度的满意度

综上所述，政府部门可以进一步优化业务流程、打通业务系统、强化数据共享，提升政府服务总体水平。

第三节　浦东新区市场法治环境

市场法治环境是影响企业投资、经营以及退出等环节的重要方面，是营商环境的重要组成部分。良好的市场法治环境有利于稳定企业预期，降低企业风险，维护企业权益，是增强国家或城市营商环境吸引力的重要支撑。浦东新区以上海自贸试验区为战略平台，围绕打造国际一流的法治化营商环境率先进行探索，勇当标杆、敢为闯将，在国家和上海的大力支持下，坚持以制度创新为主线，始终在法治的轨道上推进各项改革，充分发挥法治在推进营商环境建设中的引领、规范和保障作用，用健全的制度体系构建良好的营商环境，开创了新时代探索如何处理"重大改革于法有据"与"法治引领重大改革"的生动实践。

一、知识产权服务

企业对自己的知识产权运用方式有许可使用、质押融资、交易转让、专利池（专利联盟）构建、申报知识产权保险、自行实施等，其中，浦东新区样本企业的许可使用的比例占到了最高（71.90%），其次申报知识产权保险（56.86%），质押融资占 4.58%，交易转让占 4.58%，专利池构建占 2.61%，另外有 20.26% 没有涉及知识产权的业务。可见，知识产权转移转化成效有待提高，知识产权服务供给不够充分。

根据调查结果，浦东新区样本企业中仅有 9.02% 今年发生过知识产权纠纷，其中，专利纠纷占比最高（36.36%），商标纠纷其次

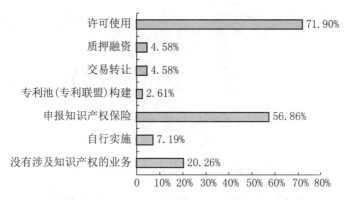

图 5-3-1　企业对知识产权的运用方式

（18.18%），商业秘密纠纷占 9.09%。发生知识产权纠纷之后，有 81.82%
选择自行协商和解，18.18% 选择仲裁。最主要的维权方式就是自行协
商和解。有 45.45% 的企业有效处理了知识产权纠纷并获得赔偿，有
36.36% 避免了损失，剩下 18.18% 未能得到有效处理。

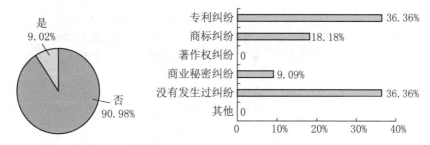

图 5-3-2　企业发生知识产权纠纷的比例　　**图 5-3-3　企业发生过的知识产权纠纷类型**

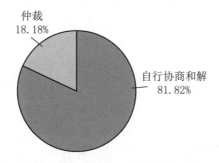

图 5-3-4　企业对于知识产权纠纷的处理方式

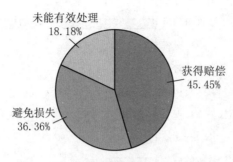

图 5-3-5 企业发生知识产权纠纷的结果

　　没有进行维权的原因有多种，其中，高昂的风险防控和维权费用占到了 54.55%，其次是证据收集困难（36.36%）和维权时间过长（27.27%）。相关部门应加强对知识产权纠纷的应对能力，保护知识产权就是创新。

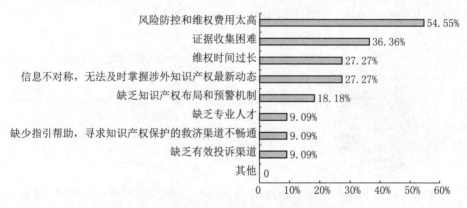

图 5-3-6 企业没有对知识产权进行维权的原因

二、信用修复

　　本次调查中"信用修复"的题项包括因轻微的不规范经营行为被纳入失信范围，对企业经营造成严重影响的遭遇调查，企业生产活动中受到最多的处罚以及企业对通过上海市"一网通办""信用中国（上海）"或"国家企业信用信息公示系统（上海）"任一渠道办理信用修复手续的了解程度三项指标。企业知道通过上述三个渠道办理修复手续的企业越多则表示政府越高效，信用修复越便捷，表明地区已经拥有良好的营商环境，对企业的吸引力越大。

调查结果显示，浦东新区样本企业都未因轻微的不规范经营行为被纳入失信范围。从企业生产活动中受到最多的处罚这一问题来看，有61.11%的样本企业收到最多的行政处罚是交通违法，排名第二、第三位的依次是税收违法（19.44%），拖欠农民工工资（8.33%）。

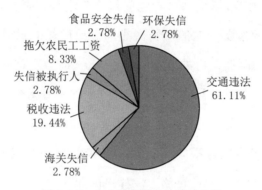

图5-3-7　企业受到最多的行政处罚

根据浦东新区样本企业对通过上海市"一网通办""信用中国（上海）"或"国家企业信用信息公示系统（上海）"任一渠道办理信用修复手续的了解程度来看，有85.63%的样本企业知道通过用上述任一渠

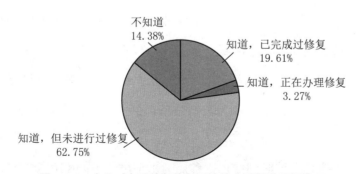

图5-3-8　企业对办理信用修复手续的主要渠道了解情况

道可以办理企业信用修复手续，但有 62.75% 的样本企业只是知道，但未进行过修复。由此可见，上海市政府应加大信用可修复理念，增加宣传力度，持续优化公共信用修复"一件事"办理便捷度，进一步缩减办事材料和办结时限。依法依规推动相关部门及时解除失信限制措施，推动市场化信用服务机构同步更新信用修复结果。

三、市场法治

本次调查中"市场法治"的题项包括企业三年内提起的诉讼情况、涉法渠道的畅通情况、对浦东新区小额诉讼优化的感受、解决商业纠纷的时间、解决商业纠纷的成本（占债务）、最为看重的法治环境以及法律保护感受度、企业诉讼实务在线办理的评价等指标。企业对浦东新区小额诉讼优化感受越明显，企业诉讼事务在线办理评价满意度越高则表示政府改进措施越有意义，企业越能高效地通过法律途径维护自身权益。解决商业纠纷的时间越短，解决商业纠纷的成本越低，则越有利于企业在这个城市长期发展，表明城市有优良的可持续发展的营商环境。

据调查显示，有 91.50% 的样本企业在三年内没有提起过诉讼，表明样本企业及其合作方关系较好，很少出现法律纠纷，同时也表明上海市的法治环境良好。从诉讼方面的相关问题来看，有 76.92% 的样本企业表示当前企业涉法渠道顺畅，23.08% 的样本企业表示比较顺畅。

调查数据显示，浦东新区 84.62% 的样本企业从提起诉讼到实际付款期间的时间（包括提交和服务案件的时间、审判和获得判决的时间、执行判决的时间）不到 150 天，7.69% 的样本企业需要 150—300 天时间。国际上执行合同时间的最优参照为新加坡创造的 120 天，在缩短争

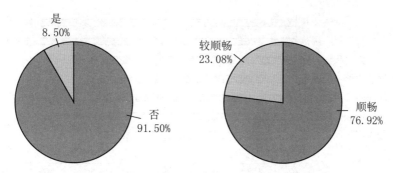

图 5-3-9 企业三年内诉讼提起情况、涉法渠道的畅通情况

端解决时间上对标国际最优水平还有相当空间需要提升。

84.62% 的样本企业在司法程序解决争端所需的会计成本（包括律师费用、庭审费用、执行费用）占索赔额 5% 以内，15.38% 的样本企业会计成本占索赔额 11%—15%。国际上司法程序解决争端所需的金钱成本的最优参照为不丹创造的 0.1%，对标国际最优水平，浦东新区在降低执行合同成本上还有相当大的空间需要提升。

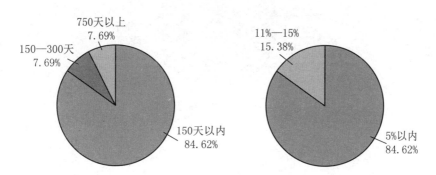

图 5-3-10 执行合同时间、成本

根据调查结果，样本企业在法治环境各类因素中，最为看重的是立法公开（61.54%）、执法程序规范（61.54%）、判决执法力度（46.15%）与政府依法行政能力（46.15%）。

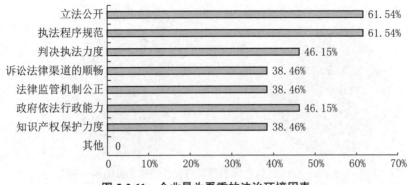

图 5-3-11 企业最为看重的法治环境因素

根据调查，浦东新区样本企业中有 69.23% 认为当企业财产权、经营权等权益受到侵害时，能全部得到有效的法律保护，15.38% 的样本企业认为多数能得到。大多数企业对政府依法行政评价较高。

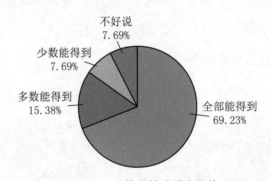

图 5-3-12 法律保护感受度评价

四、办理破产

本次调查中"办理破产"的题项包括破产案件立案的方便性、破产专项基金的落实情况，破产裁定后的信用修复工作满意度和破产裁定后企业退出市场（如工商、税务注销等）的方便性四个维度。破产案件立案越方便，破产专项基金的落实情况越完全，对破产裁定后的信用修复工作越满意表示政府越高效，破产企业退出市场越容易。

根据调查结果，浦东新区近 2 年内办理过破产结算的样本企业有 69.70% 认为破产案件立案非常方便，6.06% 的样本企业认为较为方便，仅 3.03% 的样本企业认为非常不方便。与此同时。以降低破产案件的处理成本，提高破产案件审理的国外解决快速、低成本处理案件简易破产程序同样值得浦东新区乃至整个上海市来学习。在破产专项基金落实方面，有 75.86% 的样本企业专项基金完全落实，6.90% 的样本企业基本落实，10.34% 的样本企业部分落实。由此可见，浦东新区绝大部分样本企业的破产专项基金都能落实，这表示政府的办事效率高效，企业在破产后专项基金能够基本解决，表明地区营商环境良好，企业破产清算能够得到妥善处理。

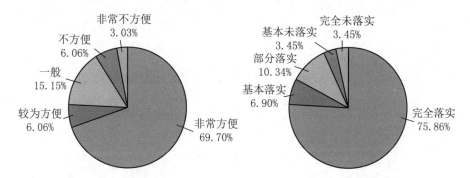

图 5-3-13　破产案件立案的方便性评价、破产专项基金的落实情况

就破产裁定后的信用修复工作进行满意度这一问题来看，浦东新区非常满意的样本企业占 80.77%，较为满意、一般、较不满意、非常不满意样本占比依次为 3.85%、11.54%、0、3.85%，相较于全国其他城市、区县来说具有优势。从破产裁定后企业退出市场（如工商、税务注销等）的方便性评价来看，88.46% 的样本破产企业认为退出市场非常方便，仅有 3.85% 的样本企业认为非常不方便。说明当前浦东新区破产裁定体系相对完善，有助于破产企业更顺利地退出市场。

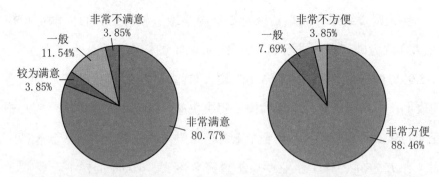

图 5-3-14 破产裁定后的信用修复工作进行满意度评价、退出市场的方便性评价

第六章　上海嘉定区营商环境优化研究报告

本次调查实施过程中，嘉定区共有 69 家企业参与本次问卷调查，其中民营企业占 75.36%，样本企业行业以制造业（39.13%）、租赁和商务服务业（14.49%）、批发和零售业（11.59%）与信息传输、软件和信息技术服务业（8.7%）为主，企业成立时间在 15 年以上的占 37.68%，1 到 5 年、6 到 10 年的分别在 18.84% 与 10.14%，将近半数企业（40.58%）为知识技术密集型企业，主要处于稳定发展期（47.83%）、创业期（23.19%）和成长期（13.04%），企业年产值多数为 50 万元以下（31.88%）、50 万—500 万元（13.04%）、1 亿—10 亿元（20.29%），以员工人数在 10 人以下（33.33%）、10—50 人（21.74%）、101—500 人（21.74%）的小型企业（31.88%）与微型企业（37.68%）为主。

2022 年 2 月 24 日嘉定区召开区政府工作会议暨优化营商环境、法治政府建设、"一网通办"改革推进会议，从企业登记便捷、融资服务升级、项目审批提效、跨境贸易便利、科创培育赋能、纠纷化解高效、营商服务贴心等十个方面提升市场主体感受度，激发市场主体活力。会议强调，要优化营商抓服务，持续优化营商环境，升级"一网通办"，深化法治政府建设。在持续优化营商环境上，围绕创新试点改革，聚焦群众、企业办事难点、痛点、堵点，在换位思考、主动服务的过程中，总结探索推出一批具有嘉定区特色的改革举措，切实提升企业和群众的感受度。在持续升级"一网通办"上，做好标准化、集成化和便民化，让政务服务"触手可及"。在持续深化法治政府建设上，提升行政决策质量、行政执法水平和权力运行监督效能。本章将根据问卷调查结果从投资贸易环境、政府服务环境与市场法治环境三方面分析嘉定区营商环境企业感受度现状。

第一节　嘉定区投资贸易环境

投资和贸易是企业开展经营活动的重要环节，投资贸易便利度和开放度是营商环境的重要内容。近年来，嘉定区主动对标世界银行《营商环境报告》的评价方法及指标，对照全球最佳实践，实施了以精简企业办事全流程所需的时间、费用，提升营商效率为重点的系列改革，取得了明显成效，有效提升了投资贸易便利化程度，大力优化了投资贸易环境。

一、疫情后纾困利企方面

2022年6月，上海市嘉定区人民政府印发《嘉定区加快经济恢复和重振行动方案》，内容包括阶段性缓缴"五险一金"和税款、扩大房屋租金减免范围、多渠道为企业减费让利、加大退税减税力度、发放援企稳岗补贴、加强对企业复工复产复市的支持和服务、支持外资企业恢复生产经营等，千方百计地为各类市场主体纾困解难，全面有序推进复工复产复市，多措并举稳外资稳外贸。

本次调查中"疫情后纾困利企"的题项包括：本轮疫情对企业生产经营的影响、疫情导致企业目前面临的主要困难、企业对上海市纾困助企政策的熟悉程度、疫情背景下企业享受到惠企政策的类别、企业经营者希望政府采取以针对疫情影响的相关措施五项指标。疫情对企业生产经营的影响越小，企业对嘉定区纾困助企政策越熟悉、享受到的惠企政策类别越多，表明政府对疫情后纾困利企工作的有效性越高，更有利于地区在疫情后拥有良好的营商环境。

调查结果显示，从本轮疫情对企业生产经营的影响上看，2.9% 的样本企业认为本轮疫情对企业生产经营影响严重，导致企业经营面临严重困难，可能倒闭；7.25% 的样本企业认为疫情对企业生产经营影响很大，导致企业经营暂时停顿；47.83% 的样本企业认为疫情对企业生产经营影响较大，导致企业经营出现部分困难，经营勉强维持；37.68% 的样本企业认为疫情对企业生产经营影响较小，企业经营出现一些困难，但经营总体保持稳定；4.35% 的样本企业认为疫情对企业生产经营没有明显影响。

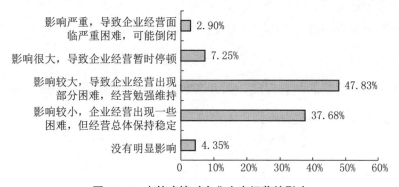

图 6-1-1　本轮疫情对企业生产经营的影响

从疫情导致企业目前面临的主要困难来看，样本企业因疫情面临的主要困难是市场订单减少，占样本总数的 71.01%，还存在生产经营成本高企（63.77%）、应收账款回款难（43.48%）、融资难度加大（15.94%）、无法正常生产经营（13.04%）、因无法按时履行交易合同需支付违约金

（8.7%）的困难，另有个别企业出现人力成本增加、项目推进滞缓、物流受阻等难题。因此，在疫情导致企业目前面临的主要困难方面，嘉定区营商环境亟待进一步改进。

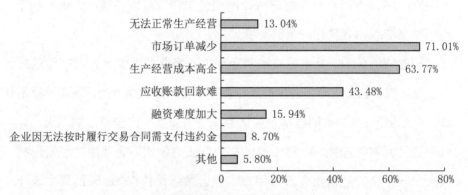

图 6-1-2 疫情导致企业目前面临的主要困难

从企业对上海市纾困助企政策的熟悉程度来看，认为企业对上海市纾困助企政策"非常熟悉"的，占样本总数的20.29%；认为"比较熟悉"的，占样本总数的59.42%；认为"不熟悉"的，占样本总数的20.29%；没有企业勾选"没有了解的渠道"一项。因此，在企业对上海市纾困助企政策的熟悉程度方面，多数企业在一定程度上了解上海市的纾困助企政策，但此类政策仍需进一步普及。

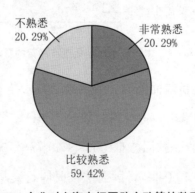

图 6-1-3 企业对上海市纾困助企政策的熟悉程度

从疫情背景下企业享受到惠企政策的类别来看，样本企业分别享受到了减税免税政策（23.19%）、房租减免政策（7.25%）、防疫补贴政策（13.04%）、减免/缓缴社保政策（15.94%）、减免/缓缴费用政策（8.7%）、财政补贴政策（7.25%）、优化服务政策（14.49%）以及金融支持政策（4.35%），但也有小部分企业表示未享受到任何纾困助企政策。因此，在疫情背景下企业享受到惠企政策的类别方面，政府需要拓宽相关政策的覆盖面，创新纾困助企政策的类别。

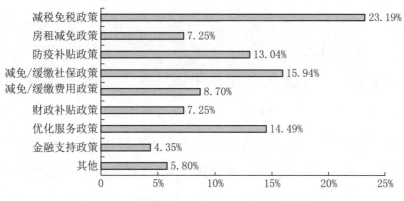

图 6-1-4　疫情背景下企业享受到惠企政策的类别

从企业经营者希望政府采取以针对疫情影响的相关政策来看，样本企业希望政府能采取加强疫情精准防控（56.52%），加强对企业疫情防控指导（36.23%），保障物流畅通（39.13%），阶段性减免社保费（47.83%），提供稳岗补贴（39.13%），帮助企业招工（13.04%），减免或提供房租、水电费等补贴（46.38%），对现有贷款展期（10.14%），提供贷款贴息（20.29%），对受疫情影响无法如期履行交易合同给予帮助（13.04%）的措施。因此，在企业经营者希望政府采取以针对疫情影响的相关政策方面，政府需要不断完善创新纾困助企政策，特别是在精准防疫和减免税费方面。

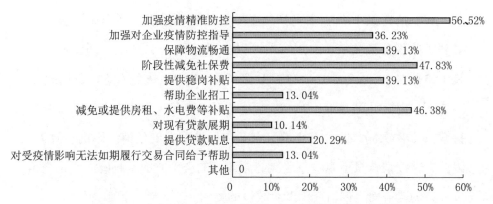

图6-1-5 企业经营者希望政府采取针对疫情影响的相关措施

二、企业准入方面

本次调查中"企业准入"的题项包括企业对上海市"一窗通"开办企业网上申报平台的知晓程度，办理开办企业手续的方式，选择线下办理的原因，开办企业所需办理的手续数量与所花费的时间，开办过程中所有事项在政务中心集中办理的可获得性，办理企业开办手续的收费情况，企业开办过程中免费复印、邮寄、帮办代办等服务的可获得性，企业开办全流程的便利程度，对上海市企业开办流程及服务的满意度评价十项指标。办事手续越少、办理事项越集中、时间越短、次数越少、代办服务越多则表示政府越高效，开办企业越便捷，表明地区已经拥有良好的营商环境，对企业的吸引力越大。

调查结果显示，从开办企业手续个数上看，59.42%的样本企业开办仅需办理3个以内的手续，27.54%的样本企业开办需要办理4—6个手续，8.7%的企业开办需要办理7—9个手续，2.9%的企业开办需要办理10—12个手续，而1.45%的企业开办需要办理13个以上的手续。根据世界银行发布的《2020营商环境报告》，排名前三的新加坡、香港和迪拜所需手续个数均为 2 个，悉尼、巴黎、纽约、洛杉矶、东京与阿姆斯特丹等城市办理手续均在 8 个以内。在开办企业手续上，嘉定区已经取得了很大的进步，与其他城市大致保持在同一水平。

从开办企业时间来看，样本企业开办企业花费时间集中在 "5 天以内"，占样本总数的 37.68%，30.43% 的样本企业在 6—10 天开办，14.49% 的样本企业在 11—15 天开办，1.45% 的样本企业在 16—20 天开办，8.7% 的样本企业在 21—25 天开办，仅 7.25% 的样本企业在 26 天以上开办。排名第一的城市新加坡和香港开办企业所需时间仅为 1.5 天，迪拜、悉尼、伦敦、阿姆斯特丹等城市都能在 5 天内开办完毕，最末的东京为 11.5 天。因此，在开办企业所需时间方面看，嘉定区营商环境亟待进一步改进。

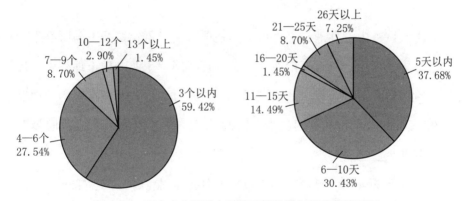

图 6-1-6　开办企业所需办理的手续数量与所花费的时间

调查表明，68.12% 的样本企业认为开办全流程便利，26.09% 的样本企业认为较便利，5.8% 的样本企业认为便利程度一般，没有企业认为开办全程烦琐与开办全流程的便利程度不好说。从企业对上海市企业开办流程及服务的满意程度来看，81.16% 的样本企业对企业开办流程及服务满意，15.94% 的样本企业表示较满意，2.9% 的样本企业认为开办流程及服务一般，没有企业表示对开办流程及服务不满意及满意程度不好说。因此，从企业开办流程的便利性及满意度上看，嘉定区营商环境已取得较大改善。

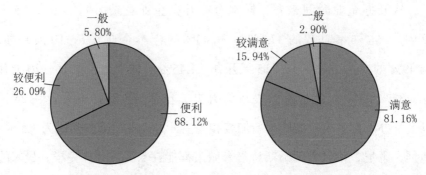

图 6-1-7　企业开办全流程的便利程度　　图 6-1-8　企业开办流程及服务满意度评价

三、办理施工许可方面

本次调查中"办理施工许可"的题项包括房屋建筑开工前所有手续办理程序、房屋建筑开工前所有手续办理时间、企业办理土地许可、环境影响评价、规划许可、建设许可、消防许可、行业资格准入的便捷度评价八项指标。办事手续越少，时间越短，成本越低则表示政府越高效，开办企业进展越快。

调查数据显示，嘉定区 61.11% 的样本企业在房屋建筑开工前仅需办理 5 个以内的手续，11.11% 的样本企业需要办理 6—10 个手续，11.11% 的样本企业需要办理 11—15 个手续，5.56% 的样本企业需要办理 16—20 个手续，11.11% 的样本企业需要办理 21 个以上的手续。根据世界银行报告，在此项领先的伦敦、巴黎和新加坡需要办理近 10 个手续。可以发现，在办理施工许可方面，嘉定区取得了长足的进步，已处于世界城市领先水平。

在办理施工时间方面，57.89%的样本企业可以在50天内办理完成房屋建筑开工前所有手续，仅42.11%的企业办理完结在50天以上，嘉定区企业相较于排名前三的新加坡（41天）、迪拜（50.5天）、洛杉矶（68天）已无甚差距。

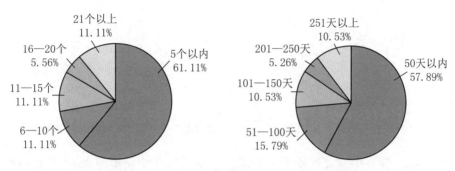

图 6-1-9 企业办理房屋建筑施工手续个数与时间

四、公共服务设施连接方面

本次调查中有关电力方面的题项包括所在企业办理接入电网手续的时间、对供电单位办事效率和服务态度的评价及"四早"免申即办服务的评价。接入时间越短、效率和态度评价越高表示电力获得越便捷，整体运营成本越低，表明上海市在企业获取和使用电力方面具有优势。

调查结果显示，嘉定区84.06%的样本企业能够30天内完成办理接入电网手续，仅15.94%的样本企业需要30天以上时间。从获取电力的时间看，排名前三名的迪拜、香港、新加坡分别为10天、24天和30天，排名后三名的东京、阿姆斯特丹、洛杉矶为105天、110天和134天。可见嘉定区在获得电力时间上与排名前列的全球城市进一步对标，相对其他国家全球城市具有相当优势。同时，76.81%的样本企业认为对供电部门满意，进一步说明嘉定区近年来在优化电力接入方面的改革举措，以提高客户电力接入"获得感"为目标，取得了切实的改革成效，为用电企业创造了优越的用电环境。

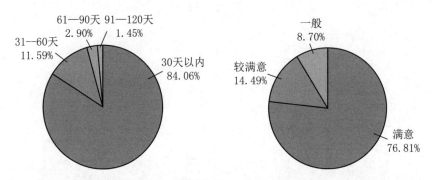

图 6-1-10　企业办理接入电网手续的时间、对供电单位办事效率和服务态度的评价

本次调查中有关用水方面的题项包括所在企业获得用水的时间及对供水单位办事效率和服务态度的评价。调查数据显示，62.32%的样本企业表示在3天之内便可获得用水，18.84%的企业也选择了3—7天便可获得用水的选项，仅少部分企业表示需要一周以上时间才能够获得用水。同时，75.36%的样本企业对供水单位办事效率和服务态度表示满意，18.84%的样本企业对供水单位办事效率和服务态度表示较满意，仅5.8%样本企业表示一般。数据反映嘉定区企业获得用水时间较短，对供水单位的服务也总体上比较满意，表明嘉定区水务部门认真贯彻落实相

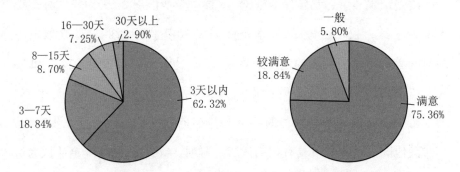

图 6-1-11　企业获得用水的时间及对供水单位办事效率和服务态度的评价

关文件要求，服务保障企业从简、从快、从优获得生产经营用水，进一步营造良好的供水营商环境，帮助企业降压减负。

在《上海市 2022 年优化营商环境重点事项》的政策中，对供排水、电力、燃气、互联网市政接入联合报装，企业无需多头跑。将水电气网等市政公用服务接入申请环节与建筑工程施工许可办理环节整合，实现"一表申请、一口受理、一站服务、一窗咨询"。本次的调查数据显示，72.46% 的样本企业都对这项服务优化表示满意，18.84% 的样本企业也表示较满意。2022 年上半年，嘉定区工程建设项目审批审查中心牵头成立推进专班，对水电气和通信等市政公用接入涉及的相关事项进行统筹协调，以求切实为企业松绑、解难、减负，以上数据说明嘉定区供排水、电力、燃气、互联网市政接入联合报装的服务取得了明显的优化成效。

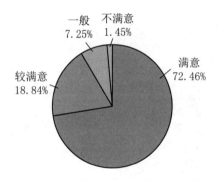

图 6-1-12　企业对市政接入联合报装的服务优化满意度

五、登记财产方面

本次调查中"财产登记"的题项包括产权转移登记所需程序、产权转移登记所需时间两项指标。办事手续越少，时间越短表示政府效率越高。根据调查结果，72.97% 的样本企业办理财产转移登记仅需 5 个以内的程序，16.22% 的企业需要办理 6—10 个程序，其余 10.81% 的企业需要办理 10 个以上的程序。财产登记项目排名第一名的城市为迪拜，其所需手续为 2 个，东京、伦敦、新加坡和巴黎所需手续分别为 6 个、6 个、6 个、8 个，可见嘉定区在登记财产手续方面具备一定优势。

68.57% 的样本企业能够在 10 天以内办理完成财产转移登记，20% 的样本企业需要 11—20 天，11.43% 的样本企业需要 20 天以上的办理时间。从登记财产天数来看，嘉定区与排名前两名的迪拜（1.5 天）和阿姆斯特丹（2.5 天）有一定的差距，但是相比伦敦（21.5 天）、香港（27.5 天）、巴黎（42 天），具有一定的优势。

52.94% 的样本企业表述办理财产转移所需费用占财产 1% 以下，47.06% 的样本企业表述办理财产转移所需费用占财产 1—10%，无企业表述办理财产转移所需费用占财产高于 10%。

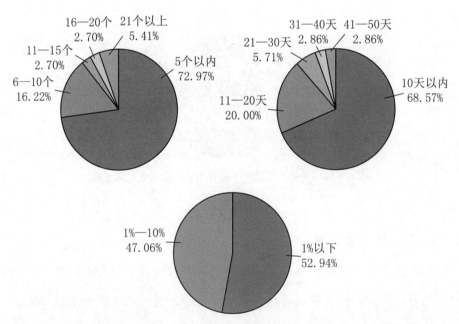

图 6-1-13 财产登记办理程序、办理时间、所在的企业办理财产转移登记所需费用占比

六、金融服务方面

本次调查中"金融服务"的题项包括：疫情对企业经营资金的影响情况、企业享受助企纾困金融支持政策情况、融资成本变化、银行减费让利惠企效果评价、不动产抵押登记所需时间、企业担保方式、企业信贷存在的问题、企业融资过程中存在的问题、数字化赋能普惠金融效果评价等指标。疫情对各企业经营资金都有不同程度的影响；助企纾困金融支持政策在不同方面缓解了企业资金相关问题；融资成本越高，企业的投资及发展越难以得到保障；不动产抵押登记时间越短、融资担保成本越低；企业在面临信贷和融资时存在一定问题；数字化赋能普惠金融的实施对大部分企业而言较有效，能有效缓解银政企信息不对称、提

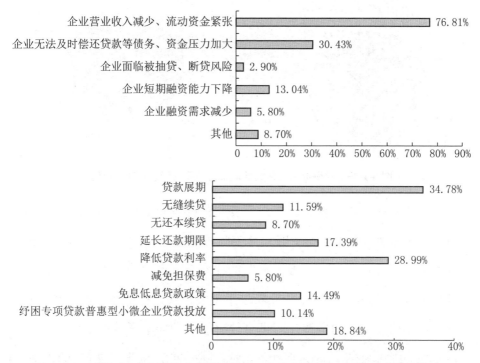

图 6-1-14　疫情对企业经营资金的影响情况、企业享受助企纾困金融支持政策情况

高中小微企业融资便利度和可获得性。

根据调查结果，在疫情对企业经营资金的影响情况方面，76.81% 的样本企业认为营业收入减少、流动资金紧张，30.43% 的样本企业无法及时偿还贷款等债务、资金压力加大，企业面临"短期融资能力下降""融资需求减少""被抽贷、断贷风险"等影响的在总样本企业中占比均在 20% 以下；从企业享受助企纾困金融支持政策情况来看，34.78% 的样本企业享受到了贷款展期，享受到降低贷款利率的样本企业占 28.99%，享受到"免息低息贷款政策""延长还款期限""纾困专项贷款普惠型小微企业贷款投放""无缝续贷"的企业占据总样本企业的 10%—20%，还有 8.7% 的样本企业享受到了无还本续贷。

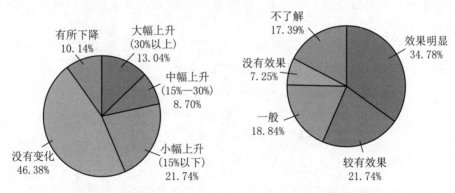

图 6-1-15　融资成本变化统计、银行减费让利惠企效果评价

2022 年企业融资成本基本没有变化的样本企业占 46.38%，10.14% 的样本企业融资成本有所下降，21.74% 的样本企业融资成本小幅上升，融资成本"大幅上升""中幅上升"的样本企业占比均在 10% 左右；同时有 34.78% 的样本企业认为今年以来上海市各银行全面推进减费让利惠企效果明显，认为减费让利惠企较有效果的样本企业占 21.74%，有 18.84% 的样本企业认为减费让利惠企效果一般，认为"没有效果"和

"不了解"上海市各银行全面推进减费让利惠企的样本企业各占 7.25%
和 17.39%，说明嘉定区各银行有待提高全面推进减费让利惠企的宣传普
及力度，改进相关政策，提高利企效果。

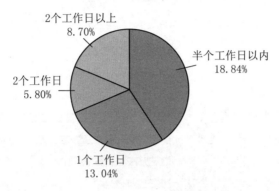

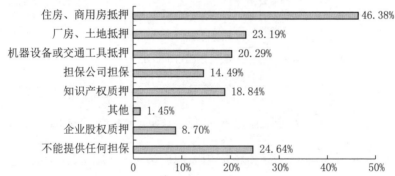

图 6-1-16　不动产抵押登记所需时间、企业担保方式

相关调查数据显示，8.7% 的样本企业办结不动产抵押登记需要 2
个工作日以上时间，所需时间在"半个工作日以内"的占样本企业的
18.84%，时间在"1 个工作日"的样本企业占比在 13.04%，"2 个工作
日"的样本企业占比在 5.8%；其中，46.38% 的样本企业能够提供住房、
商用房抵押，不能提供任何担保的样本企业占 24.64%，有机器设备或交
通工具抵押，可提供厂房、土地、知识产权用于担保的样本企业比例均
占总样本的 20% 左右，还有 10% 左右的样本企业选择由担保公司担保。

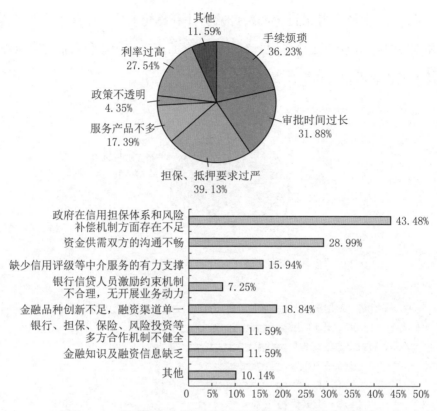

图 6-1-17　企业信贷的主要问题、企业融资过程中的主要问题

在企业所面临的信贷和融资相关问题方面，39.13% 的样本企业认为信贷过程中担保、抵押要求过严，36.23% 的样本企业认为信贷手续烦琐，31.88% 的样本企业认为信贷审批时间过长，认为信贷中存在"利率过高""服务产品不多""政策不透明"等问题的样本企业分别占总样本企业的 27.54%、17.39%、4.35%。说明嘉定区信贷相关流程及手续有待进一步精简，相关服务产品有待丰富。同时，融资过程中遇到"政府在信用担保体系和风险补偿机制方面存在不足"问题的占总体样本 43.48%，"资金供需双方的沟通不畅"相关问题的样本企业占 28.99%，认为融资过程中面临"金融品种创新不足，融资渠道单一""缺少信用评级等中介服务的有力支撑"问题的样本企业均占15%以上，认为融资过程中面临"金融知识及融资信息缺乏""银行、担保、保险、风险投资等多方合作机制不健全""银行信贷人员激励约束机制不合理，无开展业务动力"等问题的样本企业均占10%左右。说明嘉定区多元融资体系建设有待进一步完善和强化，拓宽企业融资渠道，实现利企惠企。

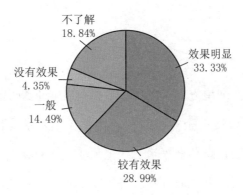

图 6-1-18　企业对数字化赋能普惠金融的效果评价

从数字化赋能普惠金融成效方面来看，33.33%的样本企业认为数字化赋能普惠金融对缓解银政企信息不对称、提高中小微企业融资便利度和可获得性效果明显，28.99%的样本企业认为数字化赋能普惠金融较有效果，认为其"一般""没有效果"的样本企业各占14.49%和4.35%，还有18.84%的样本企业不了解数字化赋能普惠金融。说明嘉定区有待进一步普及落实数字化赋能普惠金融，推动金融服务转型升级。

第二节　嘉定区政府服务环境

政府服务环境是营商环境的重要基础，是影响营商效率和竞争力的关键因素。近年来，嘉定区政府服务环境优化已取得明显成效，嘉定区在巩固既有改革成果的基础上，按照"全流程、全覆盖、全要素"的工作要求，深化"整体政府"理念和"一站式政务服务"改革举措，尤其是聚焦减时间、减环节、减费用，推出了一系列大力度的营商环境改革专项行动，大幅提高了市场主体的营商便利度，在全球营商环境评价中取得显著进步。但对照国际先进水平，嘉定区政府服务环境还存在一定差距，需要不断深化系统性改革，促进环境持续优化。

一、纳税方面

问卷对关于"纳税方面"的指标数据包括企业缴税次数、公司纳税所需时间、法定税费占企业税前利润比例、企业享受税收优惠政策情况、税收优惠政策信息获取渠道、线上税（费）种综合申报满意度、税务服务企业满意度、办税服务厅服务评价的原始数据进行评价分析，每年缴税次数越少、办理时间越短、总税费越低，则表示政府越高效、开办企业盈利越多。

调查结果显示，84.06% 的样本企业纳税所需时间在 50 小时以内，11.59% 的样本企业需要 51—100 小时，仅有 4.35% 的企业纳税所需时间在 100 小时以上。在缴纳税款时间方面，排名第一的迪拜仅为 12 小时，嘉定区相对来说与排名靠前的全球城市尚有差距。样本企业纳税次数分布较为平均，中位数在 10 次左右，相较于香港的 3 次与新加坡的 5 次，排名最后的东京的 30 次，嘉定区在缴纳税款次数方面具有一定的优势。在法定税费缴纳方面，样本企业情况差异较大，56.52% 的样本企业缴纳法定税费占企业税前利润比例的 10% 以下，有 24.64% 的企业这一比例在 10%—20%，而 18.84% 的企业达到了 50% 以上，这一项目排名前三的迪拜、新加坡、香港企业平均法定税费占企业税前利润的比例分别为

15.9%、20.6% 和 22.9%。

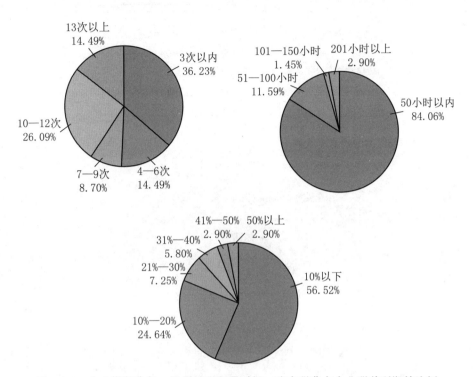

图 6-2-1 企业缴税次数、公司纳税所需时间、法定税费占企业税前利润的比例

从企业享受税收优惠政策情况和税收优惠政策信息获取渠道方面来看，享受到"增值税留抵税额退税政策"的样本企业最多，占到总样本企业的 49.28%，享受到"小微企业所得税优惠政策""企业研发费用加计扣除政策""阶段性免征增值税"的企业分别占总样本企业的 39.13%、34.78%、24.64%，但只有 1.45% 的企业享受到"支持和促进重点群体就业的税收政策"。同时，有 55.56% 的样本企业因不符合条件而未享受相关税收优惠政策，37.04% 的样本企业因为不了解政策未申请相关优惠政策，还有 7.41% 的样本企业由于手续烦杂而放弃税收优惠政策。

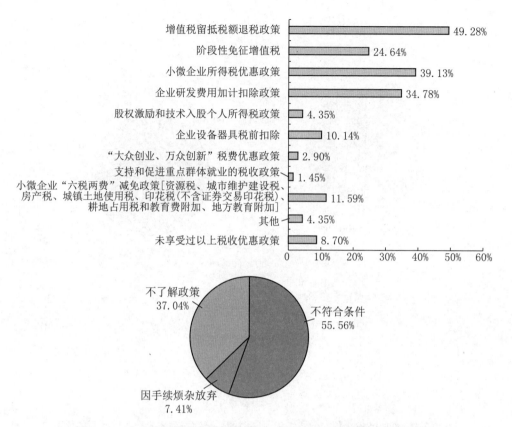

图 6-2-2　企业享受税收优惠政策情况、企业未享受税收优惠政策原因

二、政府服务

嘉定区为深入贯彻党的二十大关于建设人民满意的服务型政府的要求，坚持以人民为中心的发展思想，适应政府管理和服务现代化发展需要，刀刃向内自我革命、提升放管服能力，提升群众和企业获得感。

通过"一窗通"网上服务平台，上海市市场监管局为投资者提供互联网在线申办、在线签署、在线领照、企业登记等政务服务，做到全程网办"不打烊"，保障上海开办企业"不断档"。根据调查结果，嘉定区有 11.59% 的样本企业对上海市"一窗通"网上服务平台提供的互联网在线申办、在线签署、在线领照以及企业登记等政务服务较满意，82.61% 的样本企业对此感到满意，没有样本企业对此感到不满意。数据说明"一窗通"服务已经较为成熟，能够满足大部分人的需求。

"中介服务超市"降低审批成本，提升服务效率，充分开放市场，改善了供求关系，在一定程度上落实政府购买服务机制，减轻了企业的负担。对于上海市建设项目"中介服务超市"运营使用现状，嘉定区有89% 以上的样本企业感到满意，仅有 7.25% 的样本企业对此不了解。可见"中介服务超市"已经取得一定成效。

根据调查结果，对目前工程项目等招投标项目全流程电子化，嘉定区有89% 以上的样本企业感到满意，代表嘉定区的电子招投标系统的人员接受度比较高。建设工程电子招投标与传统的招投标相比，优势明显，是未来招投标行业的发展方向，工程项目等招投标项目全流程电子化的流程标准化、方便快捷。

近年来，上海市坚持将推进"高效办成一件事"作为"一网通办"改革的一项制度性安排，列入每年的市委市政府重点工作。根据调查结果，对于上海"一网通办"平台政务服务事项的办结时效，嘉定区有93% 以上的样本企业感到满意，仅有 5.8% 的样本企业不了解。满意度越高，说明办结时效越高。

对于上海"一网通办"平台的政务服务事项的覆盖度，嘉定区有94% 以上的样本企业感到满意。满意度越高，说明上海"一网通办"平台的政务服务事项的覆盖度越高，办件量大、涉及面广。对于上海"一网通办"平台的政务服务事项的办理流程标准，嘉定区绝大多数都感到满意（94%）。满意度越高，代表办理流程越符合标准。

根据调查结果，上海"一网通办"平台的渠道入口、操作界面的满意度高达 93% 以上，嘉定区绝大多数人对此感到满意。数据说明"一网通办"平台的渠道入口、操作界面简单清晰易操作，便民利民。

根据调查结果，嘉定区对上海"一网通办"平台办理政务服务事项的总体满意度高达 94% 以上，仅有 1.45% 的样本企业对此不了解，趋势良好。平台功能集成度高，群众办理体验较好，提供优质高效的政务服务，不断提升人民群众办事的便捷性和满意度。

表 6-2-1　企业对嘉定区"一网通办"数字平台满意度评价

题目 / 选项	满意（%）	较满意（%）	一般（%）	不满意（%）	不了解（%）
对上海市"一窗通"网上服务平台提供的互联网在线申办、在线签署、在线领照以及企业登记等政务服务的满意度	82.61	11.59	2.9	0	2.9
对上海市建设项目"中介服务超市"运营使用现状的满意度	76.81	13.04	2.9	0	7.25
对目前工程项目等招投标项目全流程电子化的评价	73.91	15.94	4.35	0	5.8
对上海"一网通办"平台政务服务事项的办结时效满意度	82.61	11.59	4.35	0	1.45
对上海"一网通办"平台的政务服务事项的覆盖度满意度	82.61	11.59	4.35	0	1.45
对上海"一网通办"平台的政务服务事项的办理流程标准满意度	82.61	11.59	4.35	0	1.45
对上海"一网通办"平台的渠道入口、操作界面满意度	81.16	13.04	4.35	0	1.45
上海"一网通办"平台办理政务服务事项的总体满意度	82.61	11.59	4.35	0	1.45

根据调查结果，嘉定区有 57.97% 的样本企业认为"政府主动发现、高效回应企业诉求的企业服务工作机制"效果明显，18.84% 的样本企业认为较有效果，11.59% 的样本企业认为效果一般，1.45% 的样本企业认

为没有效果，剩下 10.14% 的样本企业对此不了解。数据说明政府大致已形成集收集梳理、督办反馈和宣传引导于一体的工作机制，及时回应人民群众意见建议和诉求关切，汇聚民间智慧，有效解决了公共突发事件下"时效性"和"抓落实"两大关键问题，实现了"一条龙服务"和"一竿子到底"。但需要更好的发挥该工作机制、扩大工作范围，来使更多人了解这项服务并从中受益，提高企业和群众的获得感。

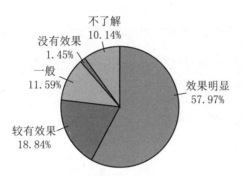

图 6-2-3 "政府主动发现、高效回应企业诉求的企业服务工作机制"的效果

根据调查结果，嘉定区有 66.67% 的样本企业对政府部门办事效率和服务态度满意，20.29% 的样本企业较为满意。嘉定区有 71.01% 的样本企业认为政府部门办事流程规范，15.94% 的样本企业认为较为规范，仅有 1.45% 的样本企业对此表示不好说。

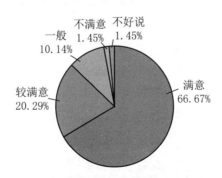

图 6-2-4 企业对政府部门办事效率和服务态度评价

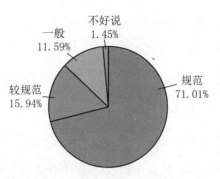

图 6-2-5 对政府部门流程规范程度评价

根据调查结果，嘉定区有 68.12% 的样本企业认为政府部门信息公开程度高，20.29% 的样本企业认为较高，8.70% 的样本企业认为一般，仅有 1.45% 的样本企业认为不好。说明全面推进"一网通办"加快建设智慧政府取得了切实的改革成效。

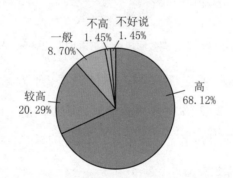

图 6-2-6 企业对政府部门信息公开程度评价

第三节 嘉定区市场法治环境

市场法治环境是影响企业投资、经营以及退出等环节的重要方面，是营商环境的重要组成部分。良好的市场法治环境有利于稳定企业预期，降低企业风险，维护企业权益，是增强国家或城市营商环境吸引力的重要支撑。近年来，嘉定区一直致力于优化市场法治环境，为抓好疫情防控和经济社会发展，嘉定区司法局在2022年5月制定《强化法治保障助力复工复产工作方案》，助力市场主体纾困解难、有序复工复产，以法治建设的新成效提升城市治理现代化水平，在解决发展难题和群众关切中把法治建设落到实处，努力使法治成为嘉定区核心竞争力的重要标志。

一、知识产权服务

企业对自己的知识产权运用方式有许可使用、质押融资、交易转让、专利池（专利联盟）构建、申报知识产权保险、自行实施等，其中，约四成企业表示没有涉及知识产权的业务（44.93%），占比较高的两种方式分别是许可使用（37.68%）和自行实施（20.29%），质押融资占7.25%，交易转让占10.14%，专利池构建占2.90%。可见，知识产权转移转化成效有待提高，知识产权服务供给不够充分。

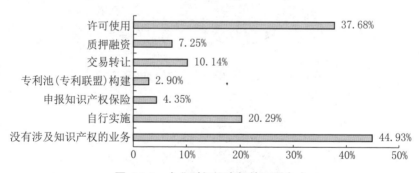

图6-3-1 企业对知识产权的运用方式

根据调查结果，有18.42%所在的企业今年发生过知识产权纠纷，其中，专利纠纷（42.86%）和商标纠纷（42.86%）占比最高。发生知识产权纠纷之后，有14.29%选择自行协商和解，57.14%选择诉讼，

14.29%选择行业协会或调解机构调解，无人选择仲裁，14.29%选择向政府部门提出行政举报，最主要的维权方式是诉讼。有 42.86% 的企业有效处理了知识产权纠纷并获得赔偿，有 42.86% 避免了损失，剩下 14.29% 未能得到有效处理。

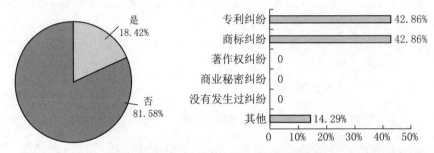

图 6-3-2　企业发生知识产权纠纷的比例　**图 6-3-3　企业发生过的知识产权纠纷类型**

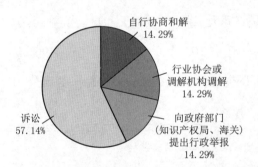

图 6-3-4　企业对于知识产权纠纷的处理方式

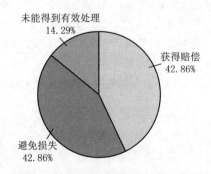

图 6-3-5　企业发生知识产权纠纷的结果

对于没有进行维权的原因有多种，其中，高昂的风险防控和维权费用和维权时间过长占比最高（28.57%），其次是证据收集困难和信息不对称，无法及时掌握涉外知识产权最新动态（14.29%）。相关部门应加强对知识产权纠纷的应对能力，保护知识产权就是创新。

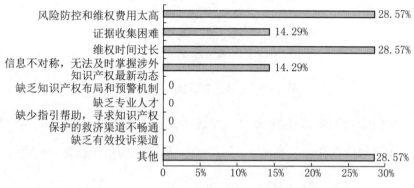

图 6-3-6　企业未对知识产权进行维权的原因

二、信用修复

本次调查中"信用修复"的题项包括因轻微的不规范经营行为被纳入失信范围，对企业经营造成严重影响的遭遇调查，企业生产活动中受到最多的处罚以及企业对通过上海市"一网通办""信用中国（上海）"或"国家企业信用信息公示系统（上海）"任一渠道办理信用修复手续的了解程度三项指标。通过上述三个渠道办理修复手续的企业越多则表示政府越高效，信用修复越便捷，表明地区已经拥有良好的营商环境，对企业的吸引力越大。

调查结果显示，样本企业都未曾遭遇过因轻微的不规范经营行为被纳入失信范围。从企业生产活动中受到最多的处罚这一问题来看，有60.00%的样本企业收到最多的行政处罚是交通违法，排名第二、三位的依次是环保失信（16.67%），电子商务失信（10.00%）。

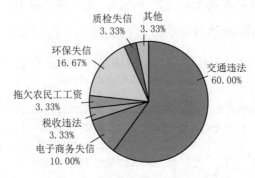

图 6-3-7 企业受到最多的行政处罚

根据企业对通过上海市"一网通办""信用中国（上海）"或"国家企业信用信息公示系统（上海）"任一渠道办理信用修复手续的了解程度来看，有 81.16% 的样本企业知道通过上述任一渠道可以办理企业修复手续，但有 50.72% 的样本企业只是知道，但未进行过修复。由此可见，嘉定区政府应加大信用可修复理念，增加宣传力度，持续优化公共信用修复"一件事"办理便捷度，进一步减少办事材料和缩减办结时限。依法依规推动相关部门及时解除失信限制措施，推动市场化信用服务机构同步更新信用修复结果。

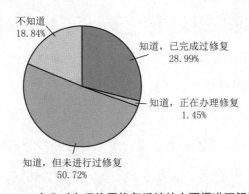

图 6-3-8 企业对办理信用修复手续的主要渠道了解情况

三、市场法治

本次调查中"市场法治"的题项包括企业三年内提起的诉讼情况、涉法渠道的畅通情况、对上海小额诉讼优化的感受、解决商业纠纷的时间、解决商业纠纷的成本（占债务）、最为看重的法治环境以及法律保护感受度、企业诉讼实务在线办理的评价等指标。企业对上海小额诉讼优化感受越明显，企业诉讼事务在线办理评价满意度越高则表示政府改进措施越有意义，企业越能高效地通过法律途径维护自身权益。解决商业纠纷的时间越短，解决商业纠纷的成本越低，则越有利于企业在这个城市长期发展，表明城市有优良的可持续发展的营商环境。

据调查显示，有72.46%的样本企业在三年内没有提起过诉讼，表明样本企业及其合作方关系较好，很少出现法律纠纷，同时也表明嘉定区的法治环境良好。从诉讼方面的相关问题来看，有68.42%的样本企业表示当前企业涉法渠道顺畅，21.05%的样本企业表示比较顺畅。

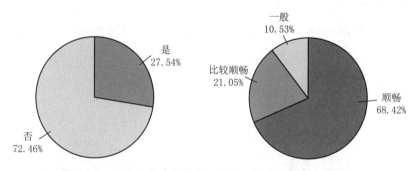

图6-3-9　企业三年内诉讼提起情况、涉法渠道的畅通情况

同时，有47.37%的样本企业表示已经明显感受到上海小额诉讼优化为快办、好办、低成本办、流程简化、收费降低，无企业表示优化没有效果。在企业在线办理诉讼实务的方面，样本企业的满意度也是相当高的。

有 52.63% 的样本企业对在线办理诉讼事务满意，较为满意的样本企业有 10.53%，由此可见，嘉定区小额诉讼的优化有助于营商环境整体向好。

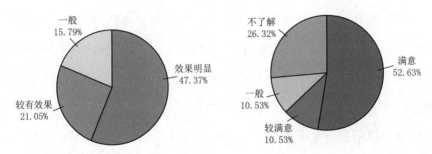

图 6-3-10 上海小额诉讼优化感受度、对企业诉讼事务在线办理满意度

调查数据显示，57.89% 的样本企业从提起诉讼到实际付款期间的时间（包括提交和服务案件的时间、审判和获得判决的时间、执行判决的时间）不到 150 天，21.05% 的样本企业需要 150—300 天时间。国际上执行合同时间的最优参照为新加坡创造的 120 天，在缩短争端解决时间上对标国际最优水平还有相当空间需要提升。

52.63% 的样本企业在司法程序解决争端所需的会计成本（包括律师费用、庭审费用、执行费用）占索赔额 5% 以内，15.79% 的样本企业会计成本占索赔额 6%—10%。国际上司法程序解决争端所需的金钱成本的最优参照为不丹创造的 0.1%，对标国际最优水平，嘉定区在降低执行合同成本上还有相当大的空间需要提升。

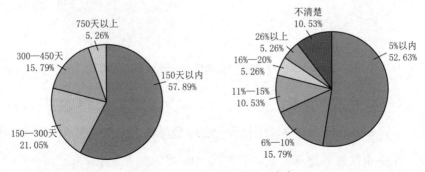

图 6-3-11 执行合同时间、成本

根据调查结果，样本企业在法治环境各类因素中，最为看重的是立法公开（57.89%）、判决执法力度（52.63%）、执法程序规范（47.37%）与诉讼法律渠道的顺畅（42.11%）。

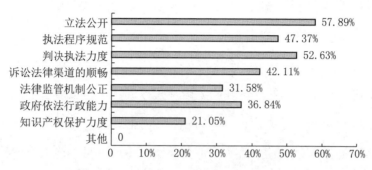

图 6-3-12 企业最为看重的法治环境因素

值得重视的是，根据调查，仅 36.84% 的样本企业认为当企业财产权、经营权等权益受到侵害时，能全部得到有效的法律保护，另有36.84% 的样本企业认为多数能得到。

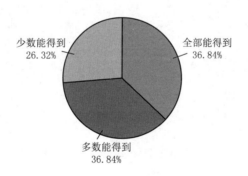

图 6-3-13 法律保护感受度评价

四、办理破产

本次调查中"办理破产"的题项包括：破产案件立案的方便性、破产专项基金的落实情况，破产裁定后的信用修复工作满意度和破产裁定后企业退出市场（如工商、税务注销等）的方便性四个维度。破产案件立案越方便，破产专项基金的落实情况越完全，对破产裁定后的信用修复工作越满意表示政府越高效，破产企业退出市场越容易。

根据调查结果，嘉定区近2年内办理过破产结算的样本企业中64.71%认为破产案件立案非常方便，仅5.88%的样本企业认为非常不方便。与此同时。以降低破产案件的处理成本，提高破产案件审理的国外解决快速、低成本处理案件简易破产程序同样值得上海市学习。在破产专项基金落实方面，有71.43%的样本企业专项基金完全落实，分别有7.14%的样本企业基本落实和部分落实。由此可见，绝大部分样本企业的破产专项基金都能落实，这表示嘉定区政府的办事效率高效，企业在破产后专项基金能够基本解决，表明地区营商环境良好，企业破产清算能够得到妥善处理。

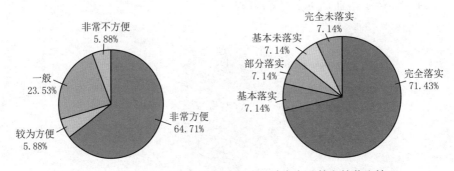

图 6-3-14　破产案件立案的方便性评价、破产专项基金的落实情况

就破产裁定后的信用修复工作进行满意度这一问题来看，非常满意的样本企业占71.43%，较为满意和一般样本占比均为14.29%，相较于全国其他城市具有相对优势。从破产裁定后企业退出市场（如工商、税务注销等）的方便性评价来看，69.23%的样本破产企业认为退出市场非常方便，各有15.38%的样本企业认为较为方便和一般。说明当前嘉定

区破产裁定体系相对完善，有助于破产企业更顺利地退出市场。

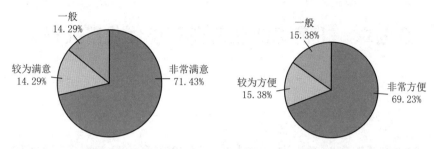

图 6-3-15　破产裁定后的信用修复工作进行满意度评价、退出市场的方便性评价

第七章　上海青浦区营商环境优化研究报告

本次调查实施过程中，青浦区共有 49 家企业参与本次问卷调查，其中民营企业占比 91.84%，样本企业行业以批发和零售业（26.53%）、软件和信息技术服务业（20.41%）、制造业（12.24%）与其他产业（10.2%）为主，企业成立时间在 1 到 5 年占 36.73%、6 到 10 年的占 24.49%、11—15 年的占 10.2%、15 年以上占 12.24%，有 22.45% 的企业产业特征为劳动密集型企业，资源密集型企业和知识技术型企业分别占 20.41%、34.69%，以员工人数在 10 人以下（55.1%）、10—50 人（16.33%）、51—100 人（16.33%）的小型企业（40.82%）与微型企业（40.82%）为主。

在连续四年优化提升营商环境的基础上，2022 年青浦区继续发力优化营商环境，打造长三角最具制度竞争力的营商环境，共提出了 18 大项 95 小项工作举措，推动青浦区整体营商环境迈向新台阶。

第一节　青浦区投资贸易环境

投资和贸易是企业开展经营活动的重要环节，投资贸易便利度和开放度是营商环境的重要内容。青浦区主动对标世界银行《营商环境报告》的评价方法及指标，对照全球最佳实践，实施了以精简企业办事全流程所需的时间、费用，提升营商效率为重点的系列改革，取得了明显成效，有效提升了投资贸易便利化程度，大力优化了投资贸易环境。

一、疫情后纾困利企方面

2022年5月，青浦区发布《青浦区加快经济恢复和重振行动方案》，8方面30条举措推动全面复工复产复市，内容包括：加大市场主体纾困减负力度，全面有序推进复工复产复市，多措并举稳外资稳外贸，大力促进消费加快恢复，全力发挥投资关键性作用，强化各类资源和要素保障，切实加强民生保障工作，不断深化助企服务工作等多管齐下为企业减负。

本次调查中"疫情后纾困利企"的题项包括：本轮疫情对企业生产经营的影响、疫情导致企业目前面临的主要困难、企业对上海市纾困助企政策的熟悉程度、疫情背景下企业享受到惠企政策的类别、企业经营者希望政府采取以针对疫情影响的相关措施五项指标。疫情对企业生产经营的影响越小，企业对上海市纾困助企政策越熟悉、享受到的惠企政策类别越多，表明政府对疫情后纾困利企工作的有效性越高，更有利于地区在疫情后拥有良好的营商环境。

调查结果显示，从本轮疫情对企业生产经营的影响上看，没有样本企业认为本轮疫情对企业生产经营影响严重，导致企业经营面临严重困难，可能倒闭；12.24%的样本企业认为疫情对企业生产经营影响很大，导致企业经营暂时停顿；46.94%的样本企业认为疫情对企业生产经营影响较大，导致企业经营出现部分困难，经营勉强维持；30.61%的样本企业认为疫情对企业生产经营影响较小，企业经营出现一些困难，但经营总体保持稳定；10.2%的样本企业认为疫情对企业生产经营没有明显影响。

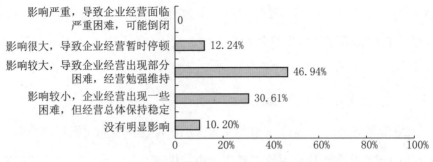

图 7-1-1　本轮疫情对企业生产经营的影响

从疫情导致企业目前面临的主要困难来看，样本企业因疫情面临的主要困难是市场订单减少，占样本总数的 83.67%，还存在生产经营成本高企（51.02%）、应收账款回款难（44.90%）、无法正常生产经营（14.29%）、因无法按时履行交易合同需支付违约金（10.20%）的困难、融资难度加大（8.16%），另有个别企业出现人才招聘难等难题。因此，在疫情导致企业目前面临的主要困难方面，青浦区营商环境亟待进一步改进。

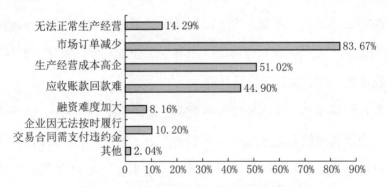

图 7-1-2　疫情导致企业目前面临的主要困难

从企业对上海市纾困助企政策的熟悉程度来看，认为企业对上海市纾困助企政策"比较熟悉"的占样本总数的 77.55%；认为"非常熟悉"的占样本总数的 8.16%；认为"不熟悉"的占样本总数的 12.24%；而勾选"没有了解的渠道"的，占样本总数的2.04%。因此，在企业对上海市纾困助企政策的熟悉程度方面，多数企业在一定程度上了解上海市的纾困助企政策，但此类政策仍需进一步普及。

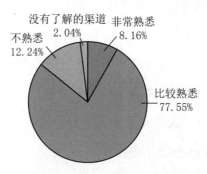

图 7-1-3　企业对上海市纾困助企政策的熟悉程度

从疫情背景下企业享受到惠企政策的类别来看，样本企业分别享受到了减税免税政策（46.94%）、减免/缓缴社保政策（18.37%）、财政补贴政策（8.16%）、房租减免政策（4.08%）、防疫补贴政策（4.08%）、金融支持政策（4.08%）以及优化服务政策（2.04%）。因此，在疫情背景下企业享受到惠企政策的类别方面，青浦区政府需要拓宽相关政策的覆盖面，创新纾困助企政策的类别。

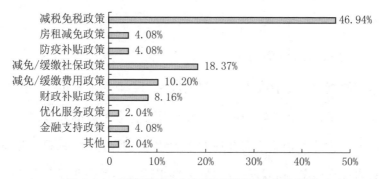

图 7-1-4　疫情背景下企业享受到惠企政策的类别

从企业经营者希望政府采取以针对疫情影响的相关政策来看，样本企业希望政府能采取加强疫情精准防控（77.55%），保障物流畅通（61.22%），加强对企业疫情防控指导（48.98%），阶段性减免社保费（42.86%），提供稳岗补贴（40.82%），减免或提供房租、水电费等补贴（32.65%），提供贷款贴息（24.49%），帮助企业招工（16.33%），对现有贷款展期（16.33%），对受疫情影响无法如期履行交易合同给予帮助（10.20%）的措施。因此，在企业经营者希望政府采取以针对疫情影响的相关政策方面，青浦区政府需要不断完善创新纾困助企政策，特别是在精准防疫和保障物流畅通方面。

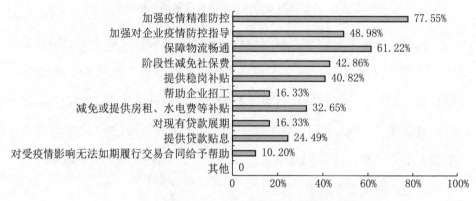

图 7-1-5 企业经营者希望政府采取针对疫情影响的相关措施

二、企业准入方面

本次调查中"企业准入"的题项包括：企业对上海市"一窗通"开办企业网上申报平台的知晓程度，办理开办企业手续的方式，选择线下办理的原因，开办企业所需办理的手续数量与所花费的时间，开办过程中所有事项在政务中心集中办理的可获得性，办理企业开办手续的收费情况，企业开办过程中免费复印、邮寄、帮办代办等服务的可获得性，企业开办全流程的便利程度，对上海市企业开办流程及服务的满意度评价十项指标。办事手续越少、办理事项越集中、时间越短、次数越少、代办服务越多则表示政府越高效，开办企业越便捷，表明地区已经拥有良好的营商环境，对企业的吸引力越大。

调查结果显示，从开办企业手续个数上看，67.35%的样本企业开办仅需办理3个以内的手续，20.41%的样本企业开办需要办理4—6个手续，8.16%的企业开办需要办理7—9个手续，4.08%的企业开办需要办理10—12个手续，没有企业开办需要办理13个以上的手续。根据世界银行《2020营商环境报告》，排名前三的新加坡、香港和迪拜所需手续个数均为2个，悉尼、巴黎、纽约、洛杉矶、东京与阿姆斯特丹等城市办理手续均在8个以内。在开办企业手续上，青浦区已经取得了较大的进步，与其他城市大致保持在同一水平。

从开办企业时间来看，有59.19%的样本企业在10天内开办。排名第一的城市新加坡和香港开办企业所需时间仅为1.5天，迪拜、悉尼、伦敦、阿姆斯特丹等城市都能在5天内开办完毕，最末的东京为11.5天。因此，在开办企业所需时间方面看，青浦区营商环境亟待进一步改进。

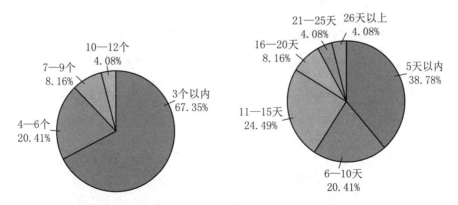

图 7-1-6　开办企业所需办理的手续数量与所花费的时间

调查表明，75.51% 的样本企业认为开办全流程便利，20.41% 的样本企业认为较便利，4.08% 的样本企业认为便利程度一般，没有样本企业认为开办全程烦琐以及开办全流程的便利程度不好说。从企业对上海市企业开办流程及服务的满意程度来看，77.55% 的样本企业对企业开办流程及服务满意，20.41% 的样本企业表示较满意，2.04% 的样本企业认为开办流程及服务一般，没有样本企业表示对开办流程及服务不满意和开办流程及服务的满意程度不好说。因此，在企业开办流程的便利性及满意度上看，青浦区营商环境较为不错。

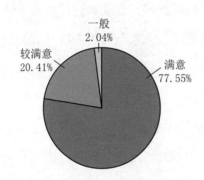

图 7-1-7　企业开办全流程的便利程度　**图 7-1-8　企业开办流程及服务满意度评价**

三、办理施工许可方面

本次调查中"办理施工许可"的题项包括房屋建筑开工前所有手续办理程序、房屋建筑开工前所有手续办理时间、企业办理土地许可、环境影响评价、规划许可、建设许可、消防许可、行业资格准入的便捷度评价八项指标。办事手续越少，时间越短，成本越低则表示政府越高效，开办企业进展越快。

调查数据显示，青浦区 44.44% 的样本企业在房屋建筑开工前仅需办理 5 个以内的手续，22.22% 的样本企业需要 6—10 个手续，22.22%

的样本企业需要 11—15 个手续，有 11.11% 的样本企业需要 21 个以上的手续。根据世行报告，在此项领先的伦敦、巴黎和新加坡需要办理近 10 个手续。可以发现，在办理施工许可方面，青浦区取得了长足的进步，已处于世界城市领先水平。

在办理施工时间方面，87.50% 的样本企业可以在 50 天以内办理完成房屋建筑开工前所有手续，还有 12.50% 的样本企业需要 50 天以上，青浦区相较于排名前三的新加坡（41 天）、迪拜（50.5 天）、洛杉矶（68 天）还有一定的差距。

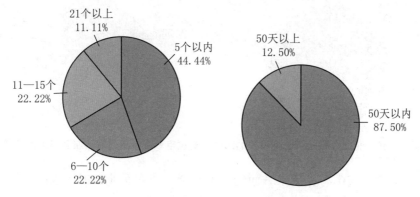

图 7-1-9　企业办理房屋建筑施工手续个数与时间

四、公共服务设施连接方面

本次调查中有关电力方面的题项包括所在企业办理接入电网手续的时间、对供电单位办事效率和服务态度的评价及"四早"免申即办服务的评价。接入时间越短、效率和态度评价越高表示电力获得越便捷，整体运营成本越低，表明上海市在企业获取和使用电力方面具有优势。

调查结果显示，青浦区 83.67% 的样本企业能够在 30 天内完成办理接入电网手续，仅 16.33% 的样本企业需要 30 天以上时间。从获取电力的时间看，排名前三的迪拜、香港、新加坡分别为 10 天、24 天和 30 天，排名倒数三名的东京、阿姆斯特丹、洛杉矶为 105 天、110 天和 134 天。可见青浦区在获得电力时间上与排名前列的全球城市进一步对标，相对其他国家全球城市具有相当优势。同时，超过 90% 以上的样本企业认为对供电部门较为满意，进一步说明青浦区近年来在优化电力接入方面的改革举措，以提高客户电力接入"获得感"为目标，取得了切实的改革成效，为用电企业创造了优越的用电环境。

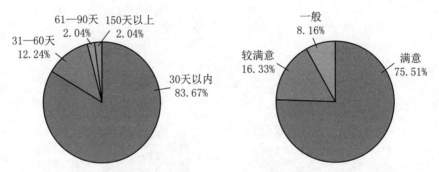

图 7-1-10　企业办理接入电网手续的时间、对供电单位办事效率和服务态度的评价

本次调查中有关用水方面的题项包括：所在企业获得用水的时间及对供水单位办事效率和服务态度的评价。调查数据显示，81.63% 的样本企业表示在 3 天之内便可获得用水，10.20% 的企业也选择了 3—7 天便可获得用水的选项，仅少部分企业表示需要一周以上时间才能够获得用水。同时，75.51% 的样本企业对供水单位办事效率和服务态度表示满意，22.45% 的样本企业对供水单位办事效率和服务态度表示较满意，仅 2.04% 的样本企业表示一般。获得用水是企业最关心的问题之一，上述数据说明企业获得用水时间较短，对供水单位的服务也总体上比较满意，表明青浦区水务部门认真贯彻落实相关文件要求，服务保障企业从简、从快、从优获得生产经营用水，进一步营造良好的供水营商环境，帮助企业降压减负。

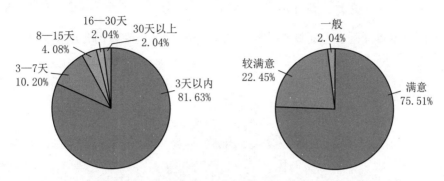

图 7-1-11　企业获得用水的时间及对供水单位办事效率和服务态度的评价

调查数据显示，73.47%的样本企业都对市政接入联合报装这项服务优化表示满意，24.49%的样本企业也表示较为满意，说明青浦区供排水、电力、燃气、互联网市政接入联合报装的服务取得了明显的优化成效。

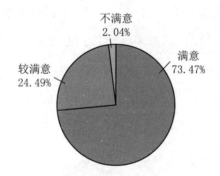

图 7-1-12　对市政接入联合报装的服务优化满意度

五、登记财产方面

本次调查中"财产登记"的题项包括产权转移登记所需程序、产权转移登记所需时间两项指标。办事手续越少，时间越短表示政府效率越高。根据调查结果，办理财产转移登记仅需 5 个以内程序的企业和需要办理 6—10 个程序的企业均占 41.67%，其余 16.66% 的企业需要办理 10

个以上的程序。财产登记项目排名第一名的城市为迪拜，其所需手续为 2 个，东京、伦敦、新加坡和巴黎所需手续分别为 6 个、6 个、6 个、8 个，可见青浦区在登记财产手续方面具备一定优势，但仍有进步空间。

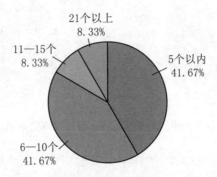

图 7-1-13　企业办理财产转移登记所需程序

54.55% 的样本企业能够在 10 天以内办理完成财产转移登记，27.27% 的样本企业需要 11—20 天，还有 18.18% 的样本企业需要 20 天以上的办理时间。从登记财产天数来看，青浦区与排名前两名的城市迪拜（1.5 天）和阿姆斯特丹（2.5 天）有比较大的差距，但是相比伦敦（21.5 天）、香港（27.5 天）、巴黎（42 天），具有一定的优势。

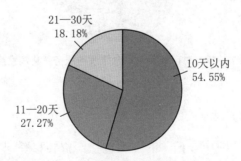

图 7-1-14　企业办理财产转移登记所需时间

66.67% 的样本企业表述办理财产转移所需费用占财产 0—1%，33.33% 的样本企业表述办理财产转移所需费用占财产 20%—50%。

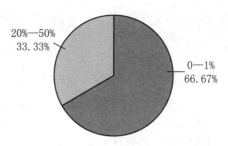

图 7-1-15 企业办理财产转移登记所需费用（占财产价值比 %）

六、金融服务方面

本次调查中"金融服务"的题项包括：疫情对企业经营资金的影响情况、企业享受助企纾困金融支持政策情况、融资成本变化、银行减费让利惠企效果评价、不动产抵押登记所需时间、企业担保方式、企业信贷存在的问题、企业融资过程中存在的问题、数字化赋能普惠金融效果评价等指标。疫情对各企业经营资金都有不同程度的影响；助企纾困金

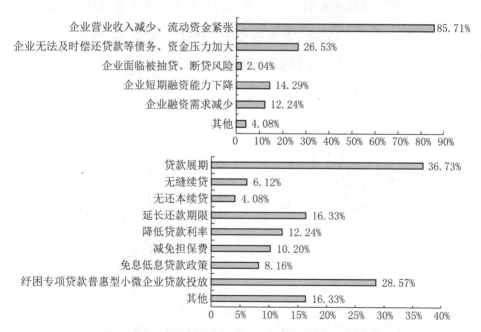

图 7-1-16 疫情对企业经营资金的影响情况、企业享受助企纾困金融支持政策情况

融支持政策在不同方面缓解了企业资金相关问题；融资成本越高，企业的投资及发展越难以得到保障；不动产抵押登记时间越短、融资担保成本越低；企业在面临信贷和融资时存在一定问题；数字化赋能普惠金融的实施对大部分企业而言较有效，能有效缓解银政企信息不对称、提高中小微企业融资便利度和可获得性。

根据调查结果，在疫情对企业经营资金的影响情况方面，近三年，受疫情影响，85.71%的样本企业认为营业收入减少、流动资金紧张，26.53%的样本企业无法及时偿还贷款等债务、资金压力加大，企业面临"短期融资能力下降""融资需求减少""被抽贷、断贷风险"等影响的在总样本企业中占比均在20%以下；从企业享受助企纾困金融支持政策情况来看，36.73%的样本企业享受到了贷款展期，享受到纾困专项贷款普惠型小微企业贷款投放政策的样本企业占28.57%，享受到"降低贷款利率""延长还款期限""减免担保费"的企业占据总样本企业的10%—20%，还有8.16%的样本企业享受到免息低息贷款政策，4.08%的样本企业享受到了无还本续贷。另外，有2.04%的样本企业不涉及此类影响。

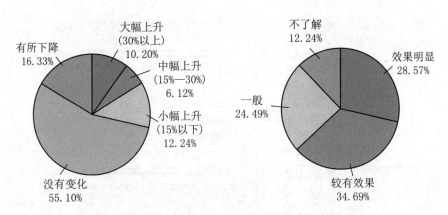

图 7-1-17　融资成本变化、银行减费让利惠企效果评价

2022 年企业融资成本基本没有变化的样本企业占 55.10%，16.33% 的样本企业融资成本有所下降，12.24% 的样本企业融资成本小幅上升，融资成本"大幅上升""中幅上升"的样本企业占比分别占整体的 10.20% 和 6.12%；同时有 28.57% 的样本企业认为今年以来上海市各银行全面推进减费让利惠企效果明显，认为减费让利惠企较有效果的样本企业占 34.69%，有 24.49% 的样本企业认为减费让利惠企效果一般，其余 12.24% 的样本企业不了解上海市各银行全面推进减费让利惠企效果，说明青浦区各银行有待提高全面推进减费让利惠企的宣传普及力度，改进相关政策，提高利企效果。

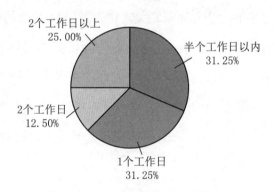

图 7-1-18　不动产抵押登记所需时间

根据调查结果，样本企业办结不动产抵押登记需要"半个工作日以内"时间和时间在"1 个工作日"均占 31.25%、所需时间在"2 个工作日以上"的占样本企业的 25.00%，"2 个工作日"的样本占比在 12.50%。其中，22.45% 的样本企业能够提供住房、商用房抵押，不能提供任何担保的样本企业占 36.73%，知识产权质押，有担保公司担保，可提供厂房、土地和企业股权用于担保的样本企业比例分别占总样本的 24.49%、16.33%、8.16%、8.16% 还有 6% 左右的样本企业可以提供机器设备或交通工具抵押。另外，有8.16%的样本企业通过税务贷款的方式进行担保，也有一家企业还未涉及担保问题。

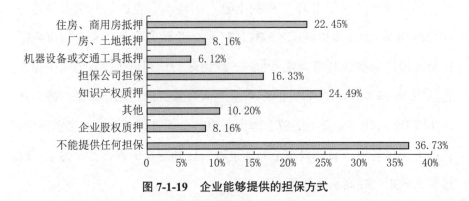

图 7-1-19　企业能够提供的担保方式

在企业所面临的信贷和融资相关问题方面，44.90%的样本企业认为信贷审批时间过长，40.82%的样本企业认为信贷手续烦琐，30.61%的样本企业认为利率过高，认为信贷中存在"担保、抵押要求过严""服务产品不多""政策不透明"等问题的样本企业分别占总样本企业的26.53%、20.41%、12.24%。说明信贷相关流程及手续有待进一步精简，相关服务产品有待丰富。

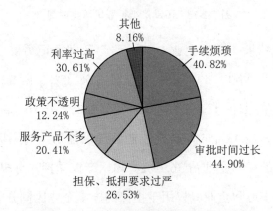

图 7-1-20　当前企业信贷中存在的主要问题

同时，融资过程中遇到"政府在信用担保体系和风险补偿机制方面存在不足""资金供需双方的沟通不畅"相关问题的样本企业超出30%，认为融资过程中面临"金融知识及融资信息缺乏""缺少信用评级等中介服务的有力支撑"问题的样本企业均占24%以上，认为融资过程中面临"金融品种创新不足，融资渠道单一""银行、担保、保险、风险投资等多方合作机制不健全""银行信贷人员激励约束机制不合理，无开展业务动力"等问题的样本企业均占20%以下。说明青浦区多元融资体系建设有待进一步完善和强化，拓宽企业融资渠道，实现利企惠企。

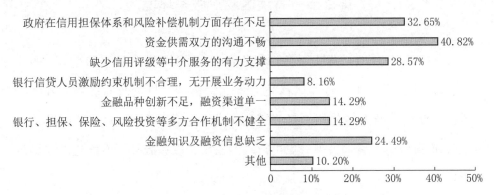

图 7-1-21　企业在融资过程中遇到的主要问题

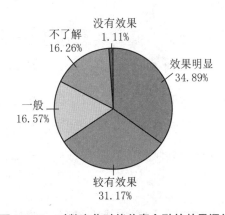

图 7-1-22　对数字化赋能普惠金融的效果评价

从数字化赋能普惠金融成效方面来看，34.89% 的样本企业认为数字化赋能普惠金融对缓解银政企信息不对称、提高中小微企业融资便利度和可获得性效果明显，31.17% 的样本企业认为数字化赋能普惠金融较有效果，认为其"一般""没有效果"的样本企业各占 16.57% 和 1.11%，还有 16.26% 的样本企业不了解数字化赋能普惠金融。说明青浦区有待进一步普及落实数字化赋能普惠金融，推动金融服务转型升级。

第二节　青浦区政府服务环境

政府服务环境是营商环境的重要基础，是影响营商效率和竞争力的关键因素。近年来，青浦区深化业务流程再造，打造政府服务"升级版"、聚焦市场主体关切，打好服务企业"组合拳"，努力实现更高质量、更有效率、更加公平、更可持续的发展，政务服务环境优化已取得明显成效。

一、纳税方面

问卷对关于"纳税方面"的指标数据包括企业缴税次数、公司纳税所需时间、法定税费占企业税前利润比例、企业享受税收优惠政策情况、税收优惠政策信息获取渠道、线上税（费）种综合申报满意度、税务服务企业满意度、办税服务厅服务评价的原始数据进行评价分析，每年缴税次数越少、办理时间越短、总税费越低，则表示政府越高效、开办企业盈利越多。

调查结果显示，67.35% 的样本企业纳税所需时间在 50 小时以内，

22.45%的样本企业需要51—100小时，仅有10.2%的企业纳税所需时间在100小时以上。在缴纳税款时间方面，排名第一的城市迪拜仅为12小时，青浦区相对来说与排名靠前的全球城市尚有差距，但改革成效显著。样本企业纳税次数分布较为平均，中位数在5次左右，相较于香港的3次与新加坡的5次，排名最后的东京的30次，青浦区在缴纳税款次数方面具有一定的优势。在法定税费缴纳方面，样本企业情况差异较大，65.31%的样本企业缴纳税款的总税率占商业利润的10%以下，28.57%的企业在10%—40%间，仅有6.12%的企业超过40%，这一项目排名前三的城市是迪拜、新加坡、香港企业平均法定税费占企业税前利润的比例分别为15.9%、20.6%和22.9%。

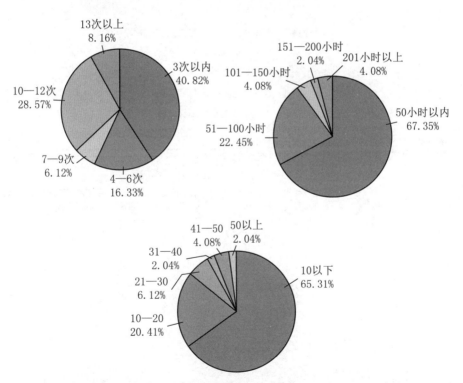

图 7-2-1　企业缴税次数、公司纳税所需时间、法定税费占企业税前利润的比例

从企业享受税收优惠政策情况和税收优惠政策信息获取渠道方面来看，享受到"小微企业'六税两费'减免政策"〔资源税、城市维护建设税、房产税、城镇土地使用税、印花税（不含证券交易印花税）、耕地占用税和教育费附加、地方教育附加〕的样本企业最多，占到总样本企业的46.94%，享受到"支持和促进重点群体就业的税收政策""小微企业所得税优惠政策"的企业分别占总样本企业的24.49%、16.33%，但没有企业享受到"阶段性免征增值税"，仅有2.04%的样本企业享受到"'大众创业、万众创新'税费优惠政策"。而未享受过以上税收优惠政策的样本企业比例也占到总样本企业的46.94%。其中，有14.29%的样

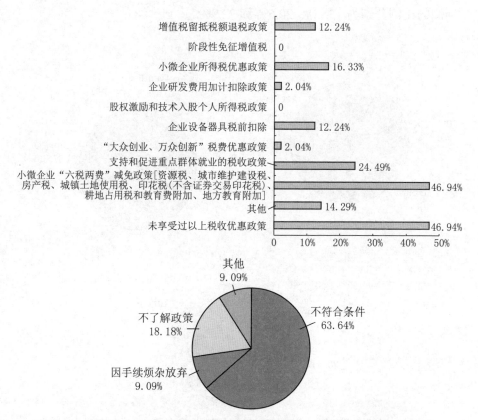

图 7-2-2　企业享受税收优惠政策情况、企业未享受税收优惠政策原因

本企业因不符合条件而未享受相关税收优惠政策，4.08%的样本企业因为不了解政策未申请相关优惠政策，还有2.04%的样本企业由于手续烦杂或2022年8月中旬成立的公司而放弃税收优惠政策。

根据调查结果，71.43%的样本企业对上海市推行的线上税（费）种综合申报表示满意，还有一部分（26.53%）企业表示较满意。大多数样本企业（77.55%）对税务部门办事效率和服务态度满意。青浦区在积极打造社会主义现代化建设引领区进程中，利用好升级扩围的税收优惠政策，积极推进税制改革创新，通过企业所得税减免、进口环节税收减免、增值税优惠等鼓励技术创新，推进高水平开放，服务构建新发展格局。

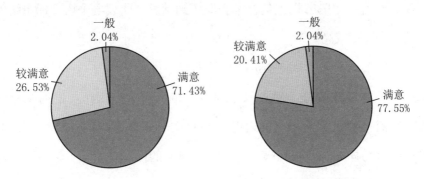

图7-2-3 线上税（费）种综合申报满意度、税务服务企业满意度

二、政府服务

通过"一窗通"网上服务平台，上海市市场监管局为投资者提供互联网在线申办、在线签署、在线领照、企业登记等政务服务，做到全程网办"不打烊"，保障上海开办企业"不断档"。根据调查结果，青浦区有12.24%的样本企业对上海市"一窗通"网上服务平台提供的互联网在线申办、在线签署、在线领照以及企业登记等政务服务满意，83.67%的样本企业对此感到较满意，仅有极少部分对此不了解（2.04%）。数据

说明"一窗通"服务已经较为成熟，能够满足大部分人的需求。

"中介服务超市"降低审批成本，提升服务效率，充分开放市场，改善了供求关系，在一定程度上落实政府购买服务机制，减轻了企业的负担。对于上海市建设项目"中介服务超市"运营使用现状，青浦区有93%以上的样本企业感到满意，仅有4.08%的样本企业对此不了解。可见"中介服务超市"已经取得了一定成效。

建设工程电子招投标与传统的招投标相比，优势明显，是未来招投标行业的发展方向，工程项目等招投标项目全流程电子化的流程标准化、方便快捷。根据调查结果，青浦区对目前工程项目等招投标项目全流程电子化，有93%以上的样本企业感到满意，代表电子招投标系统的人员接受度比较高。

近年来，本市坚持将推进"高效办成一件事"作为"一网通办"改革的一项制度性安排，列入每年的市委市政府重点工作。根据调查结果，青浦区对于上海"一网通办"平台政务服务事项的办结时效，有97%以上的样本企业感到满意，仅有2.04%的样本企业不了解。满意度越高，说明办结时效越高。

对于上海"一网通办"平台的政务服务事项的覆盖度，青浦区有97%以上的样本企业感到满意。满意度越高，说明上海"一网通办"平台的政务服务事项的覆盖度越高，办件量大、涉及面广。对于上海"一网通办"平台的政务服务事项的办理流程标准，青浦区绝大多数样本企业都感到满意（97%）。满意度越高，代表办理流程越符合标准。

根据调查结果，青浦区对于上海"一网通办"平台的渠道入口、操作界面的满意度高达97%以上，绝大多数人对此感到满意。数据说明"一网通办"平台的渠道入口、操作界面简单清晰易操作，便民利民。

根据调查结果，青浦区对于上海"一网通办"平台办理政务服务事项的总体满意度高达 97% 以上，仅有 2.04% 的样本企业对此不了解，趋势良好，平台功能集成度高，群众办理体验较好。政府提供优质高效的政务服务，不断提升人民群众办事的便捷性和满意度。

表 7-2-1　企业对青浦区"一网通办"数据政务平台满意度评价

题目 / 选项	较满意（%）	满意（%）	一般（%）	不满意（%）	不了解（%）
对上海市"一窗通"网上服务平台提供的互联网在线申办、在线签署、在线领照以及企业登记等政务服务的满意度	83.67	12.24	2.04	0	2.04
对上海市建设项目"中介服务超市"运营使用现状的满意度	73.47	20.41	2.04	0	4.08
对目前工程项目等招投标项目全流程电子化的评价	73.47	20.41	2.04	0	4.08
对上海"一网通办"平台政务服务事项的办结时效满意度	77.55	20.41	0	0	2.04
对上海"一网通办"平台的政务服务事项的覆盖度满意度	75.51	22.45	0	0	2.04
对上海"一网通办"平台的政务服务事项的办理流程标准满意度	73.47	24.49	0	0	2.04
对上海"一网通办"平台的渠道入口、操作界面满意度	75.51	22.45	0	0	2.04
上海"一网通办"平台办理政务服务事项的总体满意度	77.55	20.41	0	0	2.04

对于近年来"送政策进楼宇、进园区、进企业"等营商服务的感受度，青浦区 77.55% 的样本企业认为有效果，而 8.16% 的样本企业对此不了解。可以看出，青浦区大部分样本企业认为"送政策进楼宇、进园区、进企业"等营商服务较有效果，可加强政策宣贯，推广典型经验和创新做法，进一步打造营商环境服务品牌。

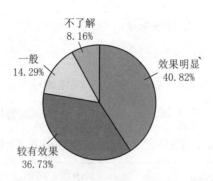

图 7-2-4 "送政策进楼宇、进园区、进企业"实施效果

根据调查结果，青浦区有 42.86% 的样本企业认为"政府主动发现、高效回应企业诉求的企业服务工作机制"效果明显，32.65% 的样本企业认为较有效果，14.29% 的样本企业认为效果一般，2.04% 的样本企业认为没有效果，剩下 8.16% 的样本企业对此不了解。需要更好地发挥该工作机制、扩大工作范围，来使更多人了解这项服务并从中受益，提高企业和群众的获得感。数据说明政府已大致形成集收集梳理、督办反馈和宣传引导于一体的工作机制，及时回应人民群众意见建议和诉求关切，汇聚民间智慧，有效解决了公共突发事件下"时效性"和"抓落实"两大关键问题，实现了"一条龙服务"和"一竿子到底"。

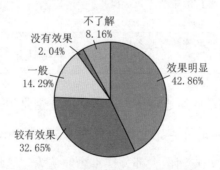

图 7-2-5 企业服务工作机制实施效果

根据调查结果，青浦区有 69.39% 的样本企业对政府部门办事效率和服务态度满意，20.41% 的样本企业较满意。青浦区有 65.31% 的样本企业认为政府部门办事流程规范，24.49%的样本企业认为较规范。

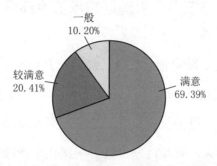

图 7-2-6 企业对政府部门办事效率和服务态度评价

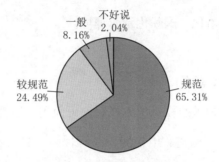

图 7-2-7 企业对政府部门流程规范程度评价

根据调查结果，青浦区有 71.43% 的样本企业认为政府部门信息公开程度高，16.33% 的样本企业认为较高，10.20% 的样本企业认为一般，仅有 2.04% 的样本企业认为不好说。说明全面推进"一网通办"加快建设智慧政府取得了切实的改革成效。

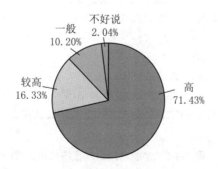

图 7-2-8 企业对政府部门信息公开程度评价

第三节　青浦区市场法治环境

市场法治环境是影响企业投资、经营以及退出等环节的重要方面，是营商环境的重要组成部分。良好的市场法治环境有利于稳定企业预期，降低企业风险，维护企业权益，是增强国家或城市营商环境吸引力的重要支撑。近年来，青浦区一直致力于优化市场法治环境，紧盯最高标准、最高水平，持续推进法治政府建设，打出市场环境"法治牌"，着力构建一流的法治化、国际化营商环境。

一、知识产权服务

企业对自己的知识产权运用方式有许可使用、质押融资、交易转让、专利池（专利联盟）构建、申报知识产权保险、自行实施等。其中，许可使用的比例占最高（24.49%），其次是自行实施（18.37%）和质押融资（12.24%），申报知识产权保险占 8.16%，交易转让占 4.08%，专利池（专利联盟）构建占 2.04%，剩下 55.1% 没有涉及知识产权的业务。可见，知识产权转化成效有待提高，知识产权服务供给不够充分。

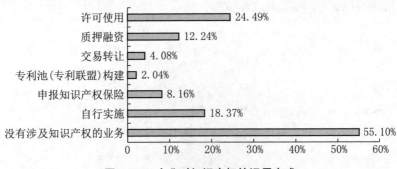

图 7-3-1　企业对知识产权的运用方式

根据调查结果，仅一家（4.55%）样本企业今年发生了知识产权纠纷，该纠纷为专利纠纷，企业通过自行协商和解，但未能得到有效处理。

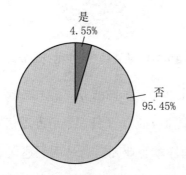

图 7-3-2 企业发生知识产权纠纷的比例

二、信用修复

本次调查中"信用修复"的题项包括：因轻微的不规范经营行为被纳入失信范围，对企业经营造成严重影响的遭遇调查，企业生产活动中受到最多的处罚以及企业对通过上海市"一网通办""信用中国（上海）"或"国家企业信用信息公示系统（上海）"任一渠道办理信用修复手续的了解程度三项指标。知道通过上述三个渠道办理修复手续的企业越多则表示政府越高效，信用修复越便捷，表明地区已经拥有良好的营商环境，对企业的吸引力越大。

调查结果显示，青浦区样本企业都未曾遭遇过因轻微的不规范经营行为被纳入失信范围。从企业生产活动中受到最多的处罚这一问题来看，有80%的样本企业收到最多的行政处罚是交通违法，排名第二的是电子商务失信（20%）。

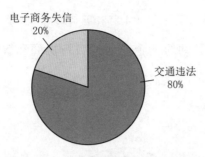

图 7-3-3 企业受到最多的行政处罚

根据企业对通过上海市"一网通办""信用中国（上海）"或"国家企业信用信息公示系统（上海）"任一渠道办理信用修复手续的了解程度来看，有 73.47% 的样本企业知道通过用上述任一渠道可以办理企业修复手续，但有 53.06% 的样本企业只是知道，但未进行过修复。由此可见，青浦区政府应加大信用可修复理念，增加宣传力度，持续优化公共信用修复"一件事"办理便捷度，进一步缩减办事材料和办结时限。依法依规推动相关部门及时解除失信限制措施，推动市场化信用服务机构同步更新信用修复结果。

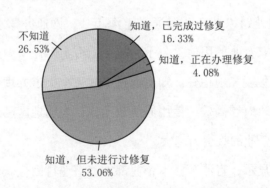

图 7-3-4 企业对办理信用修复手续的主要渠道了解情况

三、市场法治

本次调查中"市场法治"的题项包括：企业三年内提起的诉讼情

况、涉法渠道的畅通情况、对上海小额诉讼优化的感受、解决商业纠纷的时间、解决商业纠纷的成本（占债务）、最为看重的法治环境，以及法律保护感受度、企业诉讼实务在线办理的评价等指标。企业对上海小额诉讼优化感受越明显，企业诉讼事务在线办理评价满意度越高则表示政府改进措施越有意义，企业越能高效地通过法律途径维护自身权益。解决商业纠纷的时间越短，解决商业纠纷的成本越低，则越有利于企业在这个城市长期发展，表明城市有优良的可持续发展的营商环境。

据调查显示，有89.80%的样本企业在三年内没有提起过诉讼，表明样本企业及其合作方关系较好，很少出现法律纠纷，同时也表明青浦区的法治环境良好。从诉讼方面的相关问题来看，有60%的样本企业表示当前企业涉法渠道顺畅，20%的样本企业表示比较顺畅。

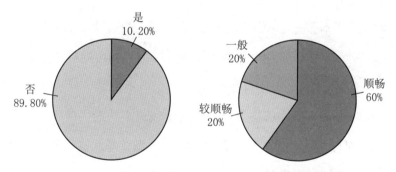

图 7-3-5 企业三年内诉讼提起情况、涉法渠道的畅通情况

同时，有40%的样本企业表示已经明显感受到上海小额诉讼优化为快办、好办、低成本办、流程简化、收费降低，认为较有效果或者一般的均为20%，另外，还有20%的样本企业表示不了解优化。在企业在线办理诉讼实务的方面，样本企业的满意度也是相当高的。有40%的样本企业对在线办理诉讼事务满意，较为满意的样本企业有40%，由此可见，青浦区小额诉讼的优化有助于营商环境整体向好。

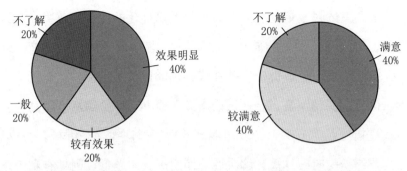

图 7-3-6　上海小额诉讼优化感受度、对企业诉讼事务在线办理满意度

调查数据显示，60% 的样本企业从提起诉讼到实际付款期间的时间（包括提交和服务案件的时间、审判和获得判决的时间、执行判决的时间）不到 150 天，20% 的样本企业需要 300—450 天时间。国际上执行合同时间的最优参照为新加坡创造的 120 天，在缩短争端解决时间上对标国际最优水平还有相当空间需要提升。

40% 的样本企业在司法程序解决争端所需的会计成本（包括律师费用、庭审费用、执行费用）占索赔额 5% 以内，40% 的样本企业会计成本占索赔额 6%—10%，还有 20% 的样本企业不清楚会计成本占索赔额比例。国际上司法程序解决争端所需的金钱成本的最优参照为不丹创造的 0.1%，对标国际最优水平，青浦区以及上海在降低执行合同成本上还有相当大的空间需要提升。

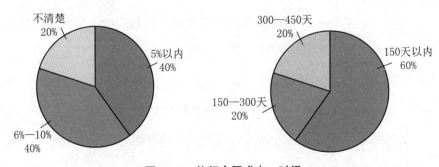

图 7-3-7　执行合同成本、时间

根据调查结果，样本企业在法治环境各类因素中，最为看重的是立法公开（80%）、判决执法力度（40%）与执法程序规范（20%）。

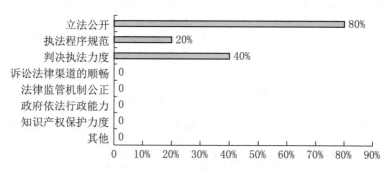

图 7-3-8　企业最为看重的法治环境因素

值得重视的是，根据调查，仅 20% 的样本企业认为当企业财产权、经营权等权益受到侵害时，能全部得到有效的法律保护，40% 的样本企业认为多数能得到，还有 40% 的样本企业认为不能或不好说。

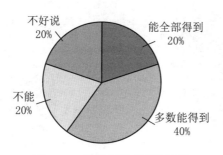

图 7-3-9　法律保护感受度评价

四、办理破产

本次调查中"办理破产"的题项包括破产案件立案的方便性、破产专项基金的落实情况，破产裁定后的信用修复工作满意度和破产裁定后企业退出市场（如工商、税务注销等）的方便性四个维度。破产案件立案越方便，破产专项基金的落实情况越完全，对破产裁定后的信用修复工作越满意表示政府越高效，破产企业退出市场越容易。

根据调查结果，青浦区近两年内办理过破产结算的 33.33% 样本企业有认为破产案件立案非常方便，33.33% 的样本企业认为较为方便，16.67% 的样本企业认为非常不方便。与此同时。以降低破产案件的处理成本，提高破产案件审理的国外解决快速、低成本处理案件简易破产程序同样值得青浦区来学习。在破产专项基金落实方面，有 50.00% 的样本企业专项基金完全落实，33.33% 的样本企业基本落实，16.67% 的样本企业基本未落实。由此可见，绝大多数（83.33%）样本企业的破产专项基金都能落实，这表示青浦区政府的办事效率高效，企业在破产后专项基金能够基本解决，表明地区营商环境良好，企业破产清算能够得到妥善处理。

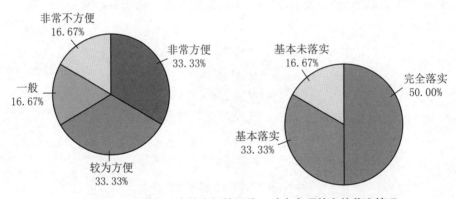

图 7-3-10 破产案件立案的方便性评价、破产专项基金的落实情况

就破产裁定后的信用修复工作进行满意度这一问题来看，非常满意的样本企业占 50.00%，较为满意、一般样本占比依次为 33.33%、16.67%，相较于全国其他城市具有相对优势。从破产裁定后企业退出市场（如工商、税务注销等）的方便性评价来看，40.00% 的样本破产企业认为退出市场非常方便，没有样本企业认为非常不方便。说明当前青浦

区破产裁定体系相对完善，有助于破产企业更顺利地退出市场。

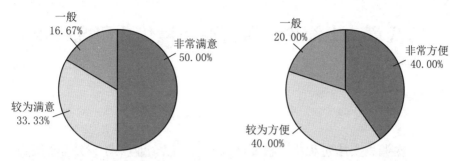

图 7-3-11　破产裁定后的信用修复工作进行满意度评价、退出市场的方便性评价

第八章　上海松江区营商环境优化研究报告

本次调查实施过程中，松江区共有 101 家企业参与本次问卷调查，其中民营企业占 79.21%，样本企业行业以信息传输、软件和信息技术服务业（11.88%）、批发和零售业（7.92%）与制造业（47.52%）为主，企业成立时间在 15 年以上的占 31.68%，1 到 5 年、6 到 10 年分别占 29.7% 与 14.85%，近半数企业（48.51%）为知识技术密集型企业，以员工人数在 10—50 人（36.63%）、101—500 人（24.75%）的小型企业（34.65%）与微型企业（32.67%）为主。

近年来，长三角 G60 科创走廊被写入国家"十四五"规划和 2035 年远景目标纲要，松江区新城被赋予独立的综合性节点城市定位，松江区立足新发展阶段，秉持"法治是最好的营商环境"理念，立足营商环境新变化，坚持服务导向，聚焦"简政放权＋互联网＋店小二"的改革理念和工作主线，制定松江区政法工作服务保障长三角 G60 科创走廊建设 30 条措施，全力打造法治化营商环境新高地，有效激发市场主体活力、动力和潜力，为打造具有全球影响力的长三角 G60 科创走廊提供了更加优质的法治服务和保障。本章将根据问卷调查结果从投资贸易环境、政府服务环境与市场法治环境三方面分析松江区营商环境企业感受度现状。

第一节　松江区投资贸易环境

投资和贸易是企业开展经营活动的重要环节，投资贸易便利度和开放度是营商环境的重要内容。近年来，松江区始终把优化营商环境作为工作的重中之重，从优化营商环境改革 1.0 到 5.0 版，松江区形成了全程服务的"店小二"代办服务模式，"十三五"期间累计服务重点项目 115 个，助力企业节约大量时间和成本，切实解决了企业在运营过程中的堵点、难点，不断提升企业服务品质和实效，进一步发扬好企业至上、精诚服务的"店小二"精神，无事不扰、有求必应，巩固常态化的企业走访联系机制，想企业之所想、急企业之所急，在服务中展现长三角 G60 科创走廊先进制造业高地的"店小二"服务速度、温度和质量，取得了明显成效，有效提升了投资贸易便利化程度，大力优化了投资贸易环境。

一、疫情后纾困利企方面

本次调查中"疫情后纾困利企"的题项包括：疫情对企业生产经营的影响、疫情导致企业目前面临的主要困难、企业对上海市纾困助企政策的熟悉程度、疫情背景下企业享受到惠企政策的类别、企业经营者希望政府采取以针对疫情影响的相关措施五项指标。疫情对企业生产经营的影响越小，企业对上海市纾困助企政策越熟悉、享受到的惠企政策类别越多，表明政府对疫情后纾困利企工作的有效性越高，更有利于地区在疫情后拥有良好的营商环境。

调查结果显示，从本轮疫情对松江区企业生产经营的影响上看，

0.99% 的样本企业认为本轮疫情对企业生产经营影响严重，导致企业经营面临严重困难，可能倒闭；10.89% 的样本企业认为疫情对企业生产经营影响很大，导致企业经营暂时停顿；37.62% 的样本企业认为疫情对企业生产经营影响较大，导致企业经营出现部分困难，经营勉强维持；46.53% 的样本企业认为疫情对企业生产经营影响较小，企业经营出现一些困难，但经营总体保持稳定；3.96% 的样本企业认为疫情对企业生产经营没有明显影响。同时，本轮疫情对小型微型企业生产经营产生的影响相较大型中型企业影响更大。根据世界银行 2022 年度发展经济会议中主讲嘉宾马塞拉·斯拉瓦的观点，新兴经济体拥有众多小微企业、非正式性较强，更容易遭受疫情的冲击，这一观点与本调查结果相佐，即疫情对小微企业的影响更大。

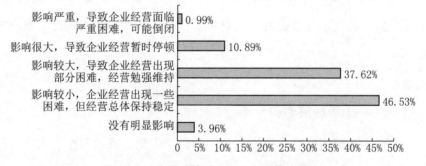

图 8-1-1　本轮疫情对企业生产经营的影响

从疫情导致企业目前面临的主要困难来看，样本企业因疫情面临的主要困难是市场订单减少，占样本总数的 62.38%，还存在生产经营成本高企（51.49%）、应收账款回款难（46.53%）、无法正常生产经营（16.83%）、融资难度加大（11.88%）、因无法按时履行交易合同需支付违约金（3.96%）的困难，另有个别企业出现人力成本增加、项目推进滞缓、物流受阻等难题。因此，在疫情导致企业目前面临的主要困难方面，松江区营商环境亟待进一步改进。

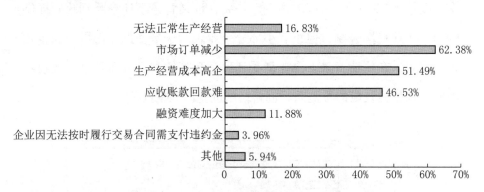

图 8-1-2　疫情导致企业目前面临的主要困难

从企业对上海市纾困助企政策的熟悉程度来看，认为企业对上海市纾困助企政策"非常熟悉"的，占样本总数的16.83%；认为"比较熟悉"的，占样本总数的63.37%；认为"不熟悉"的，占样本总数的19.80%；没有松江区样本企业认为"没有了解的渠道"。因此可以看出松江区样本企业对上海市纾困助企政策的熟悉程度方面，多数企业在一定程度上了解上海市的纾困助企政策，但此类政策仍需进一步普及。

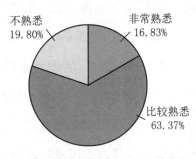

图 8-1-3　企业对上海市纾困助企政策的熟悉程度

从疫情背景下企业享受到惠企政策的类别来看，样本企业分别享受到了减税免税政策（23.76%）、房租减免政策（13.86%）、防疫补贴政策（3.96%）、减免/缓缴社保政策（17.82%）、减免/缓缴费用政策

（8.91%）、财政补贴政策（11.88%）、优化服务政策（8.91%）以及金融支持政策（3.96%），另有样本企业提到在疫情背景下还享受到政府提供的困难行业稳岗补贴，但也有小部分企业表示未享受到任何纾困助企政策。因此，在疫情背景下企业享受到惠企政策的类别方面，松江区政府需要拓宽相关政策的覆盖面，创新纾困助企政策的类别。

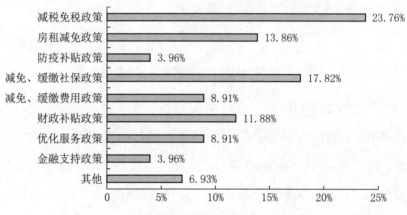

图 8-1-4　疫情背景下企业享受到惠企政策的类别

从企业经营者希望政府采取以针对疫情影响的相关政策来看，样本企业希望政府能采取加强疫情精准防控（45.54%），加强对企业疫情防控指导（35.64%），保障物流畅通（45.54%），阶段性减免社保费（63.37%），提供稳岗补贴（52.48%），帮助企业招工（20.79%），减免或提供房租、水电费等补贴（49.50%），对现有贷款展期（17.82%），提供贷款贴息（16.83%），对受疫情影响无法如期履行交易合同给予帮助（15.84%）的措施，另有企业经营者提到希望政府能够采取对受疫情影响而导致的员工要求赔偿事宜给予法律援助及政策支持、对于企业与跨区银行合作给予同等力度补贴等措施。因此，在企业经营者希望政府采取以针对疫情影响的相关政策方面，松江区政府需要不断完善创新纾困助企政策，特别是在精准防疫和减免税费方面。

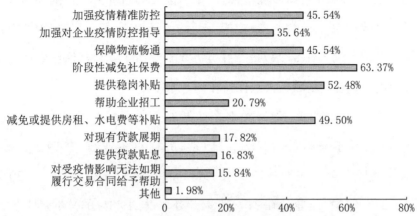

图 8-1-5　企业经营者希望政府采取针对疫情影响的相关措施

二、企业准入方面

本次调查中"企业准入"的题项包括：企业对上海市"一窗通"开办企业网上申报平台的知晓程度，办理开办企业手续的方式，选择线下办理的原因，开办企业所需办理的手续数量与所花费的时间，开办过程中所有事项在政务中心集中办理的可获得性，办理企业开办手续的收费情况，企业开办过程中免费复印、邮寄、帮办代办等服务的可获得性，企业开办全流程的便利程度，对上海市企业开办流程及服务的满意度评价十项指标。办事手续越少、办理事项越集中、时间越短、次数越少、代办服务越多则表示政府越高效，开办企业越便捷，表明地区已经拥有良好的营商环境，对企业的吸引力越大。

调查结果显示，从开办企业手续个数上看，41.58% 的样本企业开办仅需办理 3 个以内的手续，44.55% 的样本企业开办需要办理 4—6 个手续，5.94% 的企业开办需要办理 7—9 个手续，4.95% 的企业开办需要办理 10—12 个手续，而 2.97% 的企业开办需要办理 13 个以上的手续。根据世界银行《2020 营商环境报告》，排名前三的新加坡、香港和迪拜所需手续个数均为 2 个，悉尼、巴黎、纽约、洛杉矶、东京与阿姆斯特丹等城市办理手续均在 8 个以内。在开办企业手续上，松江区已经取得了很大的进步，与其他城市大致保持在同一水平。

从开办企业时间来看，样本企业开办企业花费时间集中在"5 天以内"，占样本总数的 26.73%，31.68% 的样本企业在 6—10 天开办，15.84% 的样本企业在 11—15 天开办，10.89% 的样本企业在 16—20 天开办，2.97% 的样本企业在 21—25 天开办，仅 11.88% 的样本企业在 26 天以上开办。排名第一的新加坡和香港开办企业所需时间仅为 1.5 天，迪拜、悉尼、伦敦、阿姆斯特丹等城市都能在 5 天内开办完毕，最末的东京为 11.5 天。因此，在开办企业所需时间方面看，松江区营商环境亟待进一步改进。

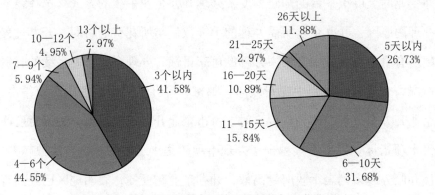

图 8-1-6 开办企业所需办理的手续数量与所花费的时间

调查表明，57.43% 的样本企业认为开办全流程便利，28.71% 的样本企业认为较便利，12.87% 的样本企业认为便利程度一般，0.99% 的样本企业认为开办全程烦琐，松江区没有样本企业认为开办全流程的便利程度不好说。从企业对上海市企业开办流程及服务的满意程度来看，72.28%的样本企业对企业开办流程及服务满意，22.77%的样本企业表示较满意，4.95%的样本企业认为开办流程及服务一般，松江区没有样本企业表示对开办流程及服务不满意或认为开办流程及服务的满意程度不好说。因此，在企业开办流程的便利性及满意度上看，松江区营商环境较好，满意程度较高。

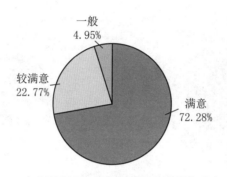

图 8-1-7　企业开办全流程的便利程度及服务满意度评价

三、办理施工许可方面

本次调查中"办理施工许可"的题项包括房屋建筑开工前所有手续办理程序、房屋建筑开工前所有手续办理时间、企业办理土地许可、环境影响评价、规划许可、建设许可、消防许可、行业资格准入的便捷度评价八项指标。办事手续越少，时间越短，成本越低则表示政府越高效，开办企业进展越快。

调查数据显示，松江区 54.55%的样本企业在房屋建筑开工前仅需办理 5 个以内的手续，33.33%的样本企业需要 6—10 个手续，12.12%的样本企业需要 11—15 个手续，松江区无样本企业需要 16—20 个手续或 21 个以上的手续。根据世界银行报告，在此项领先的伦敦、巴黎和新加坡需要办理近 10 个手续。可以发现，在办理施工许可方面，松江区取得了长足的进步，已处于世界城市领先水平。

在办理施工时间方面 66.67% 的样本企业可以在 50 天内办理完成房屋建筑开工前所有手续，仅 33.33% 的企业办理完结在 50 天以上，松江区相较于排名前三的新加坡（41 天）、迪拜（50.5 天）、洛杉矶（68 天）已无甚差距。

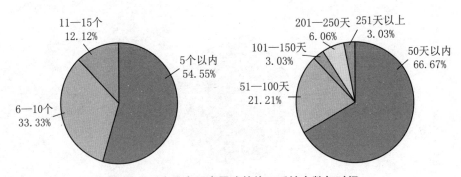

图 8-1-8　企业办理房屋建筑施工手续个数与时间

四、公共服务设施连接方面

本次调查中有关电力方面的题项包括所在企业办理接入电网手续的时间、对供电单位办事效率和服务态度的评价及"四早"免申即办服务的评价。接入时间越短、效率和态度评价越高表示电力获得越便捷，整体运营成本越低，表明松江区在企业获取和使用电力方面具有优势。

调查结果显示，松江区 82.18% 的样本企业能够 30 天内完成办理接入电网手续，仅 17.82% 的样本企业需要 30 天以上时间。从获取电力的时间看，排名前三的迪拜、香港、新加坡分别为 10 天、24 天和 30 天，排名后三名的东京、阿姆斯特丹、洛杉矶为 105 天、110 天和 134 天。

可见松江区在获得电力时间上与排名前列的全球城市进一步对标，相对其他国家全球城市具有相当优势。同时，70.30%的样本企业对供电部门满意，进一步说明松江区积极响应《上海市进一步优化电力接入营商环境实施办法》，以提高客户电力接入"获得感"为目标，取得了切实的改革成效，为用电企业创造了优越的用电环境。

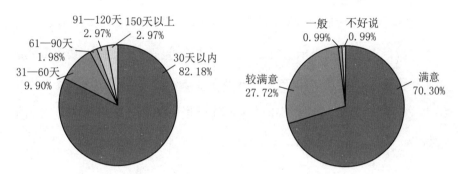

图 8-1-9　企业办理接入电网手续的时间、对供电单位办事效率和服务态度的评价

本次调查中有关用水方面的题项包括所在企业获得用水的时间及对供水单位办事效率和服务态度的评价。调查数据显示，61.39%的样本企业表示在3天之内便可获得用水，20.79%的企业也选择了3—7天便可获得用水的选项，仅少部分企业表示需要一周以上时间才能够获得用水。同时，75.25%的样本企业对供水单位办事效率和服务态度表示满意，21.78%的样本企业对供水单位办事效率和服务态度表示较满意，仅2.97%样本企业表示一般。数据说明企业获得用水时间较短，对供水单位的服务也总体上比较满意，表明松江区水务部门认真贯彻落实相关文件要求，服务保障企业从简、从快、从优获得生产经营用水，进一步营造良好的供水营商环境，帮助企业降压减负。

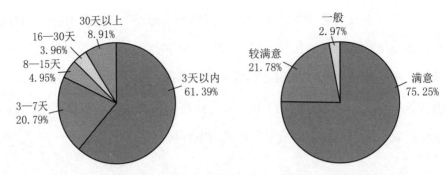

图 8-1-10　企业获得用水的时间及对供水单位办事效率和服务态度的评价

本次的调查数据显示，72.28%的样本企业都对市政接入联合报装这项服务优化表示满意，24.75%的样本企业表示较为满意，说明松江区供排水、电力、燃气、互联网市政接入联合报装的服务取得了明显的优化成效。

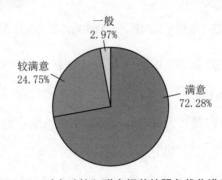

图 8-1-11　对市政接入联合报装的服务优化满意度

五、登记财产方面

本次调查中"财产登记"的题项包括办理财产转移登记所需程序、所需时间及所需费用三项指标。办事程序越少，时间越短表示政府效率越高。根据调查结果，67.57%的样本企业办理财产转移登记仅需5个以内的程序，24.32%的企业需要办理6—10个程序，其余8.11%的企业需要办理10个以上的程序。财产登记项目排名第一名的城市为迪拜，其所需手续为 2 个，东京、伦敦、新加坡和巴黎所需手续分别为 6 个、6 个、6 个、8 个，可见松江区在登记财产手续方面具备一定优势。

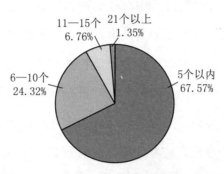

图 8-1-12 企业办理财产转移登记所需程序

64.86% 的样本企业能够在 10 天以内办理完成财产转移登记，17.57% 的样本企业需要 11—20 天，近 17.56% 的样本企业需要 20 天以上的办理时间。从登记财产天数来看，松江区与排名前两名的迪拜（1.5 天）和阿姆斯特丹（2.5 天）有一定的差距，但是相比伦敦（21.5 天）、香港（27.5 天）、巴黎（42 天），具有一定的优势。

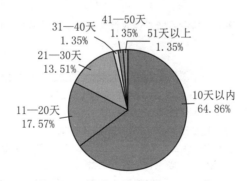

图 8-1-13 企业办理财产转移登记所需时间

六、金融服务方面

本次调查中"金融服务"的题项包括：疫情对企业经营资金的影响

情况、企业享受助企纾困金融支持政策情况、融资成本变化、银行减费让利惠企效果评价、不动产抵押登记所需时间、企业担保方式、企业信贷存在的问题、企业融资过程中存在的问题、数字化赋能普惠金融效果评价等指标。疫情对各企业经营资金都有不同程度的影响；助企纾困金融支持政策在不同方面缓解了企业资金相关问题；融资成本越高，企业的投资及发展越难以得到保障；不动产抵押登记时间越短、融资担保成本越低；企业在面临信贷和融资时存在一定问题；数字化赋能普惠金融的实施对大部分企业而言较有效果，能有效缓解银政企信息不对称、提高中小微企业融资便利度和可获得性。

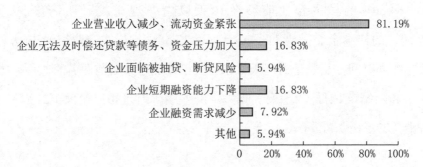

图 8-1-14　疫情对企业经营资金的影响情况

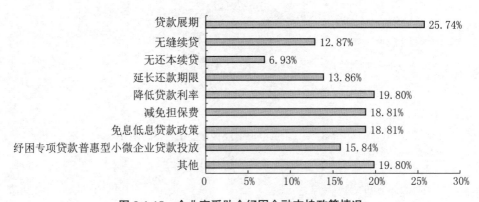

图 8-1-15　企业享受助企纾困金融支持政策情况

根据调查结果，在疫情对企业经营资金的影响情况方面，松江区 81.19% 的样本企业认为营业收入减少、流动资金紧张，16.83% 的样本企业无法及时偿还贷款等债务、资金压力加大，短期融资能力下降，企业面临"融资需求减少""被抽贷、断贷风险"等影响的在总样本企业中占比均在 10% 以下；从企业享受助企纾困金融支持政策情况来看，25.74% 的样本企业享受到了贷款展期，享受到"降低贷款利率政策""免息低息贷款""延长还款期限""纾困专项贷款普惠型小微企业贷款投放""减免担保费""无缝续贷"的企业占据总样本企业的 10%—20%，还有 6.93% 的样本企业享受到无还本续贷。

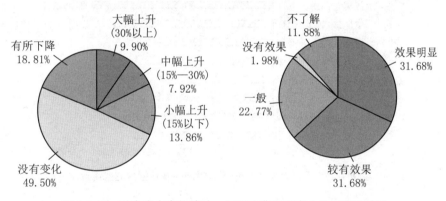

图 8-1-16　融资成本变化统计、银行减费让利惠企效果评价统计

2022 年企业融资成本基本没有变化的样本企业占 49.50%，18.81% 的样本企业融资成本有所下降，13.86% 的样本企业融资成本小幅上升，融资成本"大幅上升""中幅上升"的样本企业占比均在 10% 以下；同时有 31.68% 的样本企业认为今年以来上海市各银行全面推进减费让利惠企效果明显，认为减费让利惠企较有效果的样本企业占 31.68%，有 22.77% 的样本企业认为减费让利惠企效果一般，认为"没有效果"和"不了解"上海市各银行全面推进减费让利惠企的样本企业各占 1.98%

和 11.88%，说明松江区各银行有待提高全面推进减费让利惠企的宣传普及力度，改进相关政策，提高利企效果。同时，据相关数据显示，松江区的样本企业平均融资成本较高，不利于企业快速发展壮大。

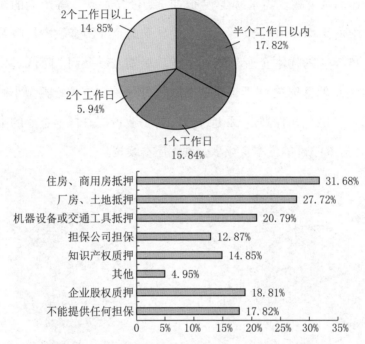

图 8-1-17　不动产抵押登记所需时间、企业担保方式统计

相关调查数据显示，14.85% 的样本企业办结不动产抵押登记需要 2 个工作日以上时间，所需时间在"半个工作日以内"的占样本企业的 17.82%，时间在"1 个工作日""2 个工作日"的样本占比在 15.84% 与 5.94%；其中，31.68% 的样本企业能够提供住房、商用房抵押，不能提供任何担保的样本企业占 17.82%，以机器设备或交通工具抵押，可提供厂房、土地，企业股权用于担保的样本企业比例均占总样本的 20% 左右，还有 14.85% 的样本企业能提供交通工具抵押或知识产权质押，12.87% 的样本企业有担保公司担保。

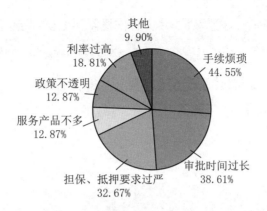

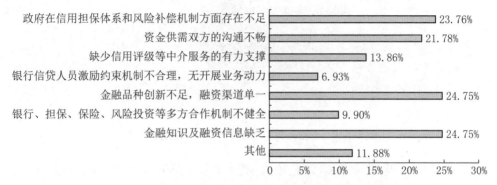

图 8-1-18　企业信贷的主要问题、企业融资过程中的主要问题

在企业所面临的信贷和融资相关问题方面，32.67% 的样本企业认为信贷过程中担保、抵押要求过严，44.55% 的样本企业认为信贷手续烦琐，38.61% 的样本企业认为信贷审批时间过长，认为信贷中存在"服务产品不多""利率过高""政策不透明"等问题的样本企业分别占总样本企业的 12.87%、18.81%、12.87%。说明信贷相关流程及手续有待进一步精简，相关服务产品有待丰富。同时，融资过程中遇到"政府在信用担保体系和风险补偿机制方面存在不足""资金供需双方的沟通不畅"相关问题的样本企业超出 20%，认为融资过程中面临"金融品种创新不足，融资渠道单一""金融知识及融资信息缺乏"问题的样本企业占 24% 以上，认为融资过程中面临"缺少信用评级等中介服务的有力支撑""银行、担保、保险、风险投资等多方合作机制不健全”"银行信贷人员激励约束机制不合理，无开展业务动力"等问题的样本企业均占 15% 以下。说明松江区多元融资体系建设有待进一步完善和强化，拓宽企业融资渠道，实现利企惠企。

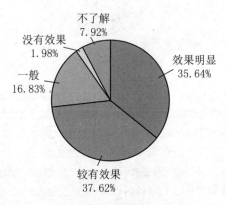

图 8-1-19　企业对数字化赋能普惠金融的效果评价

从数字化赋能普惠金融成效方面来看，35.64% 的样本企业认为数字化赋能普惠金融对缓解银政企信息不对称、提高中小微企业融资便利度和可获得性效果明显，37.62% 的样本企业认为数字化赋能普惠金融较有效果，认为其"一般""没有效果"的样本企业各占 16.83%和 1.98%，还有 7.92% 的样本企业不了解数字化赋能普惠金融。说明松江区有待进一步普及落实数字化赋能普惠金融，推动金融服务转型升级。

第二节　松江区政府服务环境

政府服务环境是营商环境的重要基础，是影响营商效率和竞争力的关键因素。近年来，松江区政府发扬"店小二"精神，主动了解企业的需求、困难和问题，高效精准做好企业服务工作，切实解决企业的难点、难点、痛点，急企业所急、想企业所想，推出了一系列大力度的行政服务改革专项行动，大幅提高了市场主体的营商便利度，在全球营商环境评价中取得显著进步。

一、纳税方面

问卷对关于"纳税方面"的指标数据包括企业缴税次数、公司纳税所需时间、法定税费占企业税前利润比例、企业享受税收优惠政策情况、税收优惠政策信息获取渠道、线上税（费）种综合申报满意度、税务服务企业满意度、办税服务厅服务评价的原始数据进行评价分析，每年缴税次数越少、办理时间越短、总税费越低，则表示政府越高效、开办企业盈利越多。

调查结果显示，70.3%的样本企业纳税所需时间在 50 小时以内，23.76%的样本企业需要 51—100 小时，仅有 5.94%的企业纳税所需时间在 100 小时以上。在缴纳税款时间方面，排名第一的迪拜仅为 12 小时，松江区相对来说与排名靠前的全球城市尚有差距。样本企业纳税次数分布较为平均，中位数在 9 次左右，相较于香港的 3 次与新加坡的 5 次，排名最后的东京的 30 次，松江区在缴纳税款次数方面具有一定的优势。在法定税费缴纳方面，样本企业情况差异较大，43.56%的样本企业缴纳法定税费占企业税前利润比例的 10%以下，而另有 5.94%的企业这一比例达到了 50%以上，这一项目排名前三的迪拜、新加坡、香港企业平均法定税费占企业税前利润的比例分别为 15.9%、20.6%和 22.9%。

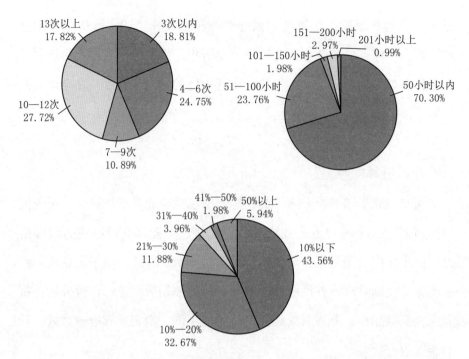

图 8-2-1 企业缴税次数、公司纳税所需时间、法定税费占企业税前利润的比例

从企业享受税收优惠政策情况和税收优惠政策信息获取渠道方面来看，享受到"小微企业所得税优惠政策"的样本企业最多，占总样本企业的41.58%，享受到"增值税留抵税额退税政策""企业研发费用加计扣除政策"、小微企业"六税两费"减免政策［资源税、城市维护建设税、房产税、城镇土地使用税、印花税（不含证券交易印花税）、耕地占用税和教育费附加、地方教育附加］的企业分别占总样本企业的40.59%、30.69%、23.76%，但只有3.96%的企业享受到"支持和促进重点群体就业的税收政策"。同时，有54.29%的样本企业因不符合条件而未享受相关税收优惠政策，22.86%的样本企业因为不了解政策未申请相关优惠政策，还有11.43%的样本企业由于手续烦杂而放弃税收优惠政策。

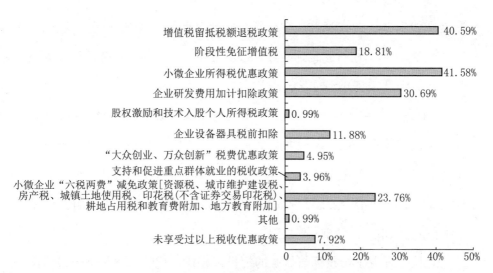

图 8-2-2　企业享受税收优惠政策情况

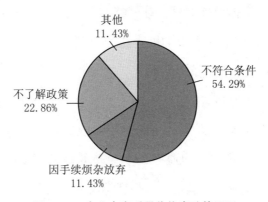

图 8-2-3　企业未享受税收优惠政策原因

二、政府服务

通过"一窗通"网上服务平台，上海市市场监管局为投资者提供互联网在线申办、在线签署、在线领照、企业登记等政务服务，做到全程网办"不打烊"，保障上海开办企业"不断档"。根据调查结果，松江区有 20.79% 的样本企业对上海市"一窗通"网上服务平台提供的互联网在线申办、在线签署、在线领照以及企业登记等政务服务较满意，74.26% 的样本企业对此感到满意。数据说明"一窗通"服务已经较为成熟，能够满足大部分人的需求。

"中介服务超市"降低审批成本，提升服务效率，充分开放市场，改善了供求关系，在一定程度上落实政府购买服务机制，减轻了企业的负担。对于上海市建设项目"中介服务超市"运营使用现状，松江区有 90.1% 以上的样本企业感到满意，2.97% 的样本企业对此不了解。可见"中介服务超市"已经取得一定成效。

建设工程电子招投标与传统的招投标相比，优势明显，是未来招投标行业的发展方向，工程项目等招投标项目全流程电子化的流程标准化、方便快捷。根据调查结果，对目前工程项目等招投标项目全流程电子化，松江区有 91.09% 以上的样本企业感到满意，代表电子招投标系统的人员接受度比较高。

近年来，本市坚持将推进"高效办成一件事"作为"一网通办"改革的一项制度性安排，列入每年的市委市政府重点工作。根据调查结果，松江区对于上海"一网通办"平台政务服务事项的办结时效，有 95% 以上的样本企业感到满意。满意度越高，说明办结时效越高。

对于上海"一网通办"平台的政务服务事项的覆盖度，松江区有 95% 以上的样本企业感到满意。满意度越高，说明上海"一网通办"平台的政务服务事项的覆盖度越高，办件量大、涉及面广。对于上海"一网通办"平台的政务服务事项的办理流程标准，松江区绝大多数样本企业都感到满意（95.05%）。满意度越高，代表办理流程越符合标准。

根据调查结果，松江区对上海"一网通办"平台的渠道入口、操作界面的满意度高达 93% 以上，绝大多数人对此感到满意。数据说明"一网通办"平台的渠道入口、操作界面简单清晰易操作，便民利民。

松江区对于上海"一网通办"平台办理政务服务事项的总体满意度高达95%以上，趋势良好。平台功能集成度高，群众办理体验较好，提供优质高效的政务服务，不断提升人民群众办事的便捷性和满意度。

表 8-2-1 企业对松江区"一网通办"数字政务平台满意度评价

题目 / 选项	较满意（%）	满意（%）	一般（%）	不满意（%）	不了解（%）
对上海市"一窗通"网上服务平台提供的互联网在线申办、在线签署、在线领照以及企业登记等政务服务的满意度	74.26	20.79	4.95	0	0
对上海市建设项目"中介服务超市"运营使用现状的满意度	72.28	17.82	6.93	0	2.97
对目前工程项目等招投标项目全流程电子化的评价	73.27	17.82	5.94	0	2.97
对上海"一网通办"平台政务服务事项的办结时效满意度	75.25	19.8	4.95	0	0
对上海"一网通办"平台的政务服务事项的覆盖度满意度	76.24	18.81	4.95	0	0
对上海"一网通办"平台的政务服务事项的办理流程标准满意度	75.25	19.8	4.95	0	0
对上海"一网通办"平台的渠道入口、操作界面满意度	78.22	14.85	6.93	0	0
对上海"一网通办"平台办理政务服务事项的总体满意度	76.24	18.81	4.95	0	0

对于近年来"送政策进楼宇、进园区、进企业"等营商服务的感受度，松江区80.2%的样本企业认为有效果，仅有6.93%的样本企业对此不了解。可以看出，松江区大部分样本企业认为"送政策进楼宇、进园区、进企业"等营商服务较有效果，可加强政策宣贯，推广典型经验和创新做法，进一步打造营商环境服务品牌。

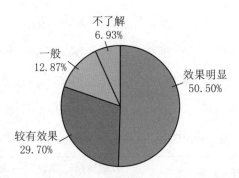

图 8-2-4　企业对"送政策进楼宇、进园区、进企业"等营商服务的感受度

根据调查结果，松江区有 51.49% 的样本企业认为"政府主动发现、高效回应企业诉求的企业服务工作机制"效果明显，30.69% 的样本企业认为较有效果，10.89% 的样本企业认为效果一般，仅有 0.99% 的样本企业认为没有效果，剩下 5.94% 的样本企业对此不了解。需要更好地发挥该工作机制、扩大工作范围，来使更多人了解这项服务并从中受益，提高企业和群众的获得感。数据说明政府大致已形成集收集梳理、督办反馈和宣传引导于一体的工作机制，及时回应人民群众意见建议和诉求关切，汇聚民间智慧，有效解决了公共突发事件下"时效性"和"抓落实"两大关键问题，实现了"一条龙服务"和"一竿子到底"。

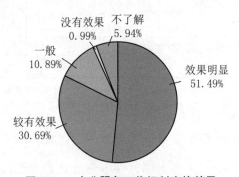

图 8-2-5　企业服务工作机制实施效果

根据调查结果，松江区有 69.31% 的样本企业对政府部门办事效率和服务态度满意，21.78% 的样本企业较为满意。松江区有 70.30% 的样本企业认为政府部门办事流程规范，21.78%的样本企业认为较为规范。

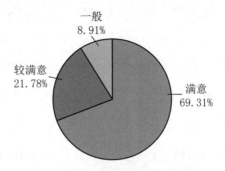

图 8-2-6 企业对政府部门办事效率和服务态度评价

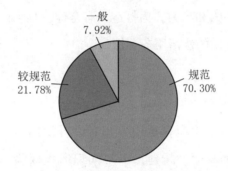

图 8-2-7 企业对政府部门流程规范程度评价

根据调查结果，松江区有 66.34% 的样本企业认为政府部门信息公开程度高，24.75% 的样本企业认为较高，7.92% 的样本企业认为一般。说明全面推进"一网通办"加快建设智慧政府取得了切实的改革成效。

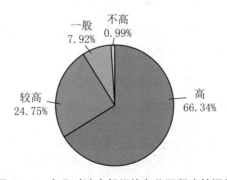

图 8-2-8 企业对政府部门信息公开程度的评价

第三节　松江区市场法治环境

市场法治环境是影响企业投资、经营以及退出等环节的重要方面，是营商环境的重要组成部分。良好的市场法治环境有利于稳定企业预期，降低企业风险，维护企业权益，是增强国家或城市营商环境吸引力的重要支撑。近年来，松江区转变工作思路，紧扣优化营商环境的主线，将执法服务端口前移，全力打造法治化营商环境新高地，有效激发市场主体活力、动力和潜力，为打造具有全球影响力的长三角 G60 科创走廊提供了更加优质的法治服务和保障。

一、知识产权服务

企业对自己的知识产权运用方式有许可使用、质押融资、交易转让、专利池（专利联盟）构建、申报知识产权保险、自行实施等，其中，许可使用的比例占到了最高（34.65%），其次是自行实施（20.79%）和申报知识产权保险（9.9%），质押融资占 5.94%，交易转让占 6.93%，专利池构建占 5.94%，剩下 42.57% 没有涉及知识产权的业务。可见，知识产权转移转化成效有待提高，知识产权服务供给不够充分。

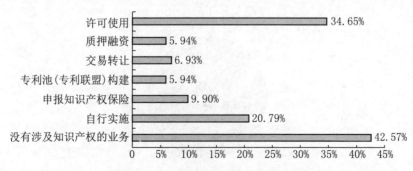

图 8-3-1　企业对知识产权的运用方式

根据调查结果，有 12.07% 所在的企业今年发生过知识产权纠纷，其中，专利纠纷占比最高（85.71%），商标纠纷其次（14.29%）。发生知识产权纠纷之后，有 71.43% 选择自行协商和解，14.29% 选择诉讼，14.29% 选择行业协会或调解机构调解，松江区无样本企业选择仲裁与向政府部门提出行政举报，最主要的维权方式是自行协商和解。有 57.14% 所在的企业有效处理了知识产权纠纷并获得赔偿，有 14.29% 避免了损失，剩下 28.57% 未能得到有效处理。

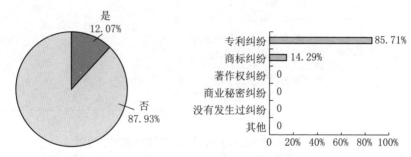

图 8-3-2　企业发生知识产权纠纷的比例　图 8-3-3　企业发生过的知识产权纠纷类型

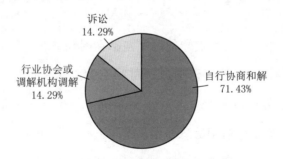

图 8-3-4　企业对知识产权纠纷的处理方式

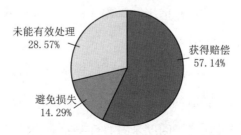

图 8-3-5　企业发生知识产权纠纷的结果

对于没有进行维权，原因有多种，其中，高昂的风险防控和维权费用占到了 71.43%，其次是证据收集困难（28.57%）和维权时间过长（14.29%）。松江区相关部门应加强对知识产权纠纷的应对能力，保护知识产权就是创新。

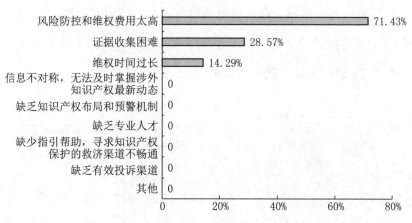

图 8-3-6 企业未对知识产权进行维权的原因

二、信用修复

本次调查中"信用修复"的题项包括：因轻微的不规范经营行为被纳入失信范围，对企业经营造成严重影响的遭遇调查，企业生产活动中受到最多的处罚以及企业对通过上海市"一网通办""信用中国（上海）"或"国家企业信用信息公示系统（上海）"任一渠道办理信用修复手续的了解程度三项指标。知道通过上述三个渠道办理修复手续的企业越多则表示政府越高效，信用修复越便捷，表明地区已经拥有良好的营商环境，对企业的吸引力越大。

调查结果显示，松江区仅有 0.99% 的样本企业曾遭遇过因轻微的不规范经营行为被纳入失信范围而对企业经营造成严重影响。从企业生产活动中受到最多的处罚这一问题来看，样本企业受到最多的行政处罚是

交通违法（81.48%），排名第二位、第三位的依次是着是电子商务失信
（11.11%），税收违法（3.70%）。

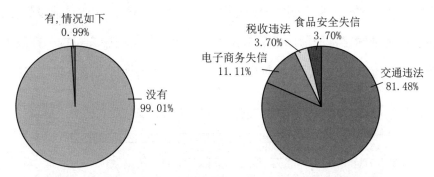

图 8-3-7　企业因被纳入失信造成影响调查以及受到最多的行政处罚

根据松江区样本企业对通过上海市"一网通办""信用中国（上海）"或"国家企业信用信息公示系统（上海）"任一渠道办理信用修复手续的了解程度来看，有 26.73% 的样本企业知道通过用上述任一渠道可以办理企业修复手续，但有 42.57% 的样本企业只是知道，但未进行过修复。由此可见，松江区政府应加大信用可修复理念，增加宣传力度，持续优化公共信用修复"一件事"办理便捷度，进一步缩减办事材料和办结时限。依法依规推动相关部门及时解除失信限制措施，推动市场化信用服务机构同步更新信用修复结果。

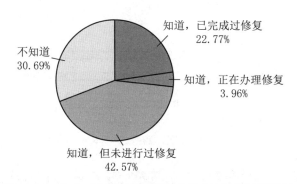

图 8-3-8　企业对办理信用修复手续的主要渠道了解情况

就企业信用体系建设的环节中还需要改善的地方而言。样本企业认为信用信息共享环节，信用信息公示平台建设（51.49%）和信用信息收集渠道（50.50%）是主要需要改善的地方。根据国外信用体系建设经验，建立全范围的完备的信用信息数据库，高效运作信用中介机构，在改善企业信用体系建设方面看，是松江区营商环境应当做出的进一步改进。

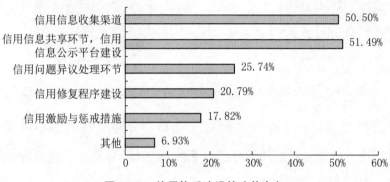

图 8-3-9 信用体系建设的改善方向

从企业失信的信用修复条件来看，有 67.33% 的样本企业认为应当采用"信用积分制"，50.50% 的样本企业应根据企业失信行为严重程度设定可修复门槛，还有 4.95% 的样本企业认为企业失信的信用修复条件还应包括其他问卷中未提到的方面。可见，在未来政府采用"信用积分制"或是依企业失信行为严重程度设定可修复门槛等方法，能优化松江区的营商环境。

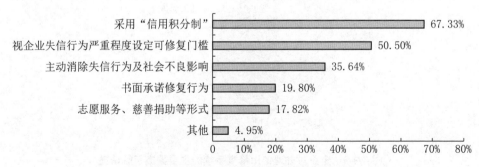

图 8-3-10 企业失信的信用修复条件

三、市场法治

本次调查中"市场法治"的题项包括：企业三年内提起的诉讼情况、涉法渠道的畅通情况、对上海小额诉讼优化的感受、解决商业纠纷的时间、解决商业纠纷的成本（占债务）、最为看重的法治环境以及法律保护感受度、企业诉讼实务在线办理的评价等指标。企业对上海小额诉讼优化感受越明显，企业诉讼事务在线办理评价满意度越高则表示政府改进措施越有意义，企业越能高效地通过法律途径维护自身权益。解决商业纠纷的时间越短，解决商业纠纷的成本越低，则越有利于企业在这个城市长期发展，表明城市有优良的可持续发展的营商环境。

据调查显示，有73.27%的样本企业在三年内没有提起过诉讼，表明样本企业及其合作方关系较好，很少出现法律纠纷，同时也表明上海市的法治环境良好。从诉讼方面的相关问题来看，有70.37%的样本企业表示当前企业涉法渠道顺畅，25.93%的样本企业表示比较顺畅。

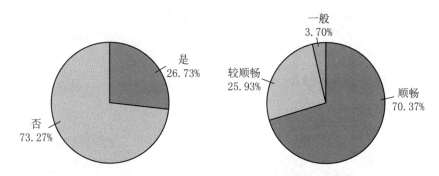

图 8-3-11　企业三年内诉讼提起情况、涉法渠道的畅通情况调查

同时，有62.96%的样本企业表示已经明显感受到上海小额诉讼优化为快办、好办、低成本办、流程简化、收费降低，没有样本企业认为优化没有效果。在企业在线办理诉讼实务的方面，样本企业的满意度也是相当高的。有 66.67% 的样本企业对在线办理诉讼事务满意，较为满意的样本企业有 18.52%，由此可见，松江区小额诉讼的优化有助于营商环境整体向好。

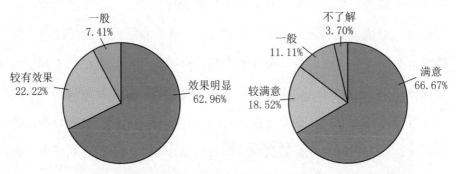

图 8-3-12　上海小额诉讼优化感受度、对企业诉讼事务在线办理满意度

调查数据显示，70.37% 的样本企业从提起诉讼到实际付款期间的时间（包括提交和服务案件的时间、审判和获得判决的时间、执行判决的时间）不到 150 天，25.93% 的样本企业需要 150—300 天时间。国际上执行合同时间的最优参照为新加坡创造的 120 天，松江区在缩短争端解决时间上对标国际最优水平还有相当空间需要提升。

66.67% 的样本企业在司法程序解决争端所需的会计成本（包括律师费用、庭审费用、执行费用）占索赔额 5% 以内，22.22% 的样本企业会

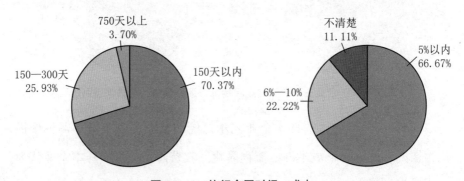

图 8-3-13　执行合同时间、成本

计成本占索赔额 6%—10%。国际上司法程序解决争端所需的金钱成本
的最优参照为不丹创造的 0.1%，对标国际最优水平，松江区在降低执行
合同成本上还有相当大的空间需要提升。

根据调查结果，样本企业在法治环境各类因素中，最为看重的是立
法公开（74.07%）、执法程序规范（66.67%）、判决执法力度（33.33%）
与诉讼法律渠道的顺畅（55.56%）。

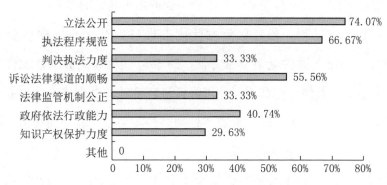

图 8-3-14　企业最为看重的法治环境因素

值得重视的是，根据调查，51.85% 的样本企业认为当企业财产权、
经营权等权益受到侵害时，能全部得到有效的法律保护，40.74% 的样本
企业认为多数能得到。

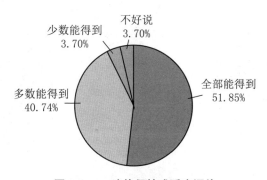

图 8-3-15　法律保护感受度评价

四、办理破产

本次调查中"办理破产"的题项包括：破产案件立案的方便性、破产专项基金的落实情况，破产裁定后的信用修复工作满意度和破产裁定后企业退出市场（如工商、税务注销等）的方便性四个维度。破产案件立案越方便，破产专项基金的落实情况越完全，对破产裁定后的信用修复工作越满意表示政府越高效，破产企业退出市场越容易。

根据调查结果，松江区近两年内办理过破产结算的样本企业有52.38%认为破产案件立案非常方便，28.57%认为较为方便，无样本企业认为非常不方便。与此同时。以降低破产案件的处理成本，提高破产案件审理的国外解决快速、低成本处理案件简易破产程序同样值得松江区学习。在破产专项基金落实方面，有38.10%的样本企业专项基金完全落实，38.10%的样本企业基本落实，9.52%部分落实。由此可见，大部分样本企业的破产专项基金都能落实，这表示松江区政府的办事效率高效，企业在破产后专项基金能够基本解决，表明松江区营商环境良好，企业破产清算能够得到妥善处理。

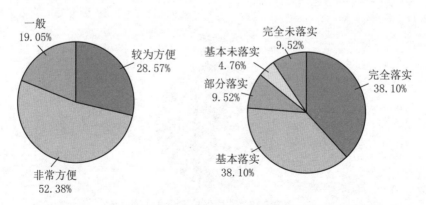

图 8-3-16 破产案件立案的方便性评价、破产专项基金的落实情况

　　就破产裁定后的信用修复工作进行满意度这一问题来看，非常满意的样本企业占 42.86%，较为满意、一般、较不满意、非常不满意样本占比依次为 38.10%、19.05%、0、0，相较于全国其他城市具有相对优势。从破产裁定后企业退出市场（如工商、税务注销等）的方便性评价来看 47.62% 的样本破产企业认为退出市场非常方便，无样本企业认为非常不方便。说明当前松江区破产裁定体系相对完善，有助于破产企业更顺利地退出市场。

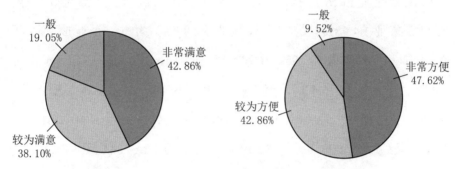

图 8-3-17　破产裁定后的信用修复工作进行满意度评价、退出市场的方便性评价

第九章　上海奉贤区营商环境优化研究报告

本次调查实施过程中，奉贤区共有 67 家企业参与本次问卷调查，其中民营企业占比 76.12%，样本企业行业以制造业（83.58%）、批发和零售业（4.48%）与农林牧渔业（2.99%）为主，企业成立时间在 15 年以上的占 61.19%，1 到 5 年、6 到 10 年、11—15 年分别占5.97%、16.42% 与 16.42%，超半数企业（59.7%）为劳动密集型企业，主要处于稳定发展期（61.19%）、成长期（22.39%），企业年产值多数为 1001 万元—5000 万元（22.39%）、5001 万元—1 亿元（23.88%）、1 亿元—10 亿元（38.81%），企业注册地位于奉贤区（95.52%）和崇明区（4.48%），以员工人数在 51—100 人（26.87%）、101—500 人（44.78%）的小型企业（65.67%）、微型企业（8.96%）与中型企业（23.88%）为主。

近年来，奉贤区市场监管局紧紧围绕深化"放管服"改革、优化营商环境等重点工作，聚焦企业难点堵点，坚持多点多线发力，全力当好优化营商环境的"店小二"，推动市场主体健康发展，为奉贤区经济发展注入源源不断的活力和动力。本节将根据问卷调查结果从投资贸易环境、政府服务环境与市场法治环境三方面分析奉贤区营商环境企业感受度现状。

第一节　奉贤区投资贸易环境

投资和贸易是企业开展经营活动的重要环节，投资贸易便利度和开放度是营商环境的重要内容。近年来，奉贤区主动对标世界银行《营商环境报告》的评价方法及指标，对照全球最佳实践，实施了以精简企业办事全流程所需的时间、费用，提升营商效率为重点的系列改革，取得了明显成效，有效提升了投资贸易便利化程度，大力优化了投资贸易环境。特别是 2020 年以来，奉贤区积极落实上海市公布的多项政策以缓解企业在疫情中受到的冲击，持续做好各项企业服务，帮助企业走出疫情影响，在"后疫情时代"提供给企业良好的投资贸易环境，实现稳预期、提信心、促发展。

一、疫情后纾困利企方面

2022 年 3 月至 5 月，上海市先后推出《全力抗疫情助企业促发展的若干政策措施》及《上海市加快经济恢复和重振行动方案》。奉贤区积极落实上海市相关政策，于 2022 年 4 月发布《2022 年奉贤区深化"放管服"改革和优化营商环境工作要点》，提出健全常态化财政资金直达机制并扩大范围，针对市场主体需求实施更大力度组合式减税降费，加大研发费用加计扣除、增值税留抵退税力度，对受疫情影响重的困难行业实施精准帮扶；深化拓展动态"信用＋风险"监控体系试点、精细化纳税服务试点，实现税费优惠政策直达快享，推行多税种综合申报，大幅减轻办税缴费负担。此外，奉贤区领导实地检查企业疫情防控工作、走访企业了解复工复产情况，奉贤区政府多次为受疫情影响企业职工发放线上培训补贴，发布疫情防控期间企业登记业务"云审批"办事指引，打造"线上直通车、驻企店小二"服务平台，为企业减轻疫情带来的压力。

本次调查中"疫情后纾困利企"的题项包括：疫情对奉贤区企业生产经营的影响、疫情导致奉贤区企业目前面临的主要困难、奉贤区企业对上海市纾困助企政策的熟悉程度、疫情背景下奉贤区企业享受到惠企政策的类别、奉贤区企业经营者希望政府采取以针对疫情影响的相关措施五项指标。疫情对奉贤区企业生产经营的影响越小，企业对上海市纾困助企政策越熟悉、享受到的惠企政策类别越多，表明奉贤区政府对疫情后纾困利企工作的有效性越高，更有利于奉贤区在疫情后拥有良好的营商环境。

调查结果显示，从本轮疫情对奉贤区企业生产经营的影响上看，1.49% 的样本企业认为疫情对企业生产经营影响严重，导致企业经营面临严重困难，可能倒闭；5.97% 的样本企业认为疫情对企业生产经营影响很大，导致企业经营暂时停顿；46.27% 的样本企业认为疫情对企业生产经营影响较大，导致企业经营出现部分困难，经营勉强维持；40.30% 的样本企业认为疫情对企业生产经营影响较小，企业经营出现一些困难，但经营总体保持稳定；5.97% 的样本企业认为疫情对企业生产经营没有明显影响。

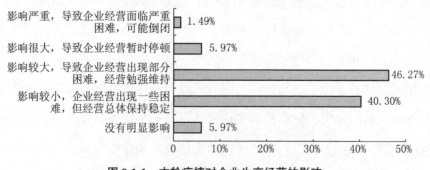

图 9-1-1　本轮疫情对企业生产经营的影响

从疫情导致奉贤区企业目前面临的主要困难来看，样本企业因疫情面临的主要困难是生产经营成本高企和市场订单减少，分别占样本总数的 68.66% 和 65.67%，还存在应收账款回款难（29.85%）、融资难度加大（10.45%）、无法正常生产经营（5.97%）、因无法按时履行交易合同需支付违约金（4.48%）的困难，另有个别企业出现物流受阻等难题。因此，在疫情导致奉贤区企业目前面临的主要困难方面，奉贤区营商环境亟待进一步改进。

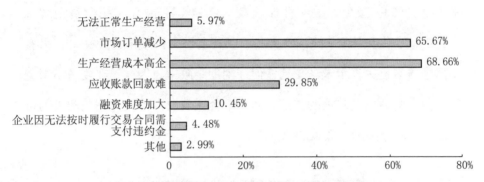

图 9-1-2　疫情导致奉贤区企业目前面临的主要困难

从奉贤区企业对上海市纾困助企政策的熟悉程度来看，认为企业对上海市纾困助企政策"非常熟悉"的，占样本总数的 7.46%；认为"比

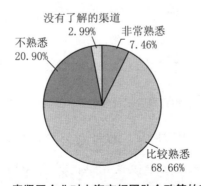

图 9-1-3　奉贤区企业对上海市纾困助企政策的熟悉程度

较熟悉"的，占样本总数的 68.66%；认为"不熟悉"的，占样本总数的 20.90%；而认为"没有了解的渠道"的，占样本总数的 2.99%。因此，在奉贤区企业对上海市纾困助企政策的熟悉程度方面，多数企业在一定程度上了解上海市的纾困助企政策，但奉贤区在此类政策的普及、宣传工作仍需进一步提升。

从疫情背景下企业享受到惠企政策的类别来看，样本企业分别享受到减税免税政策（25.37%）、房租减免政策（1.49%）、防疫补贴政策（14.93%）、减免、缓缴社保政策（31.34%）、减免、缓缴费用政策（13.43%）、优化服务政策（2.99%）以及金融支持政策（2.99%），另有小部分样本企业表示未享受到任何纾困助企政策。因此，在疫情下奉贤区企业享受到惠企政策的类别方面，奉贤区政府需要拓宽相关政策的覆盖面，创新纾困助企政策的类别。

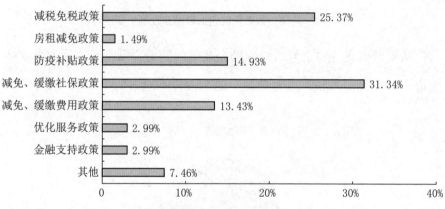

图 9-1-4　疫情背景下奉贤区企业享受到惠企政策的类别

从企业经营者希望政府采取以针对疫情影响的相关政策来看，样本企业希望政府能采取加强疫情精准防控（34.33%），加强对企业疫情防控指导（17.91%），保障物流畅通（38.81%），阶段性减免社保费

（68.66%），提供稳岗补贴（50.75%），帮助企业招工（26.87%），减免或提供房租、水电费等补贴（59.70%），对现有贷款展期（13.43%），提供贷款贴息（25.37%），对受疫情影响无法如期履行交易合同给予帮助（14.93%）的措施。因此，在奉贤区企业经营者希望政府采取以针对疫情影响的相关政策方面，奉贤区政府需要不断完善创新纾困助企政策，特别是在减免税费和提供稳岗补贴方面。

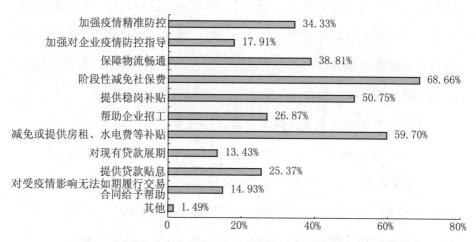

图 9-1-5　奉贤区企业经营者希望政府采取针对疫情影响的相关措施

二、企业准入方面

本次调查中"企业准入"的题项包括：奉贤区企业对上海市"一窗通"开办企业网上申报平台的知晓程度，办理开办企业手续的方式，选择线下办理的原因，开办企业所需办理的手续数量与所花费的时间，开办过程中所有事项在政务中心集中办理的可获得性，办理企业开办手续的收费情况，企业开办过程中免费复印、邮寄、帮办代办等服务的可获得性，企业开办全流程的便利程度，对奉贤区企业开办流程及服务的满意度评价十项指标。办事手续越少、办理事项越集中、时间越短、次数越少、代办服务越多则表示奉贤区政府越高效，开办企业越便捷，表明奉贤区已经拥有良好的营商环境，对企业的吸引力越大。

调查结果显示，从开办企业手续个数上看，29.85%的样本企业开办仅需办理 3 个以内的手续，43.28%的样本企业开办需要办理 4—6 个手续，16.42%的企业开办需要办理 7—9 个手续，7.46%的企业开办需要办理 10—12 个手续，而 2.99%的企业开办需要办理 13 个以上的手续。根据世界银行《2020 营商环境报告》，排名前三的新加坡、香港和迪拜所需办理手续个数均为 2 个，悉尼、巴黎、纽约、洛杉矶、东京与阿姆斯特丹等城市办理手续均在 8 个以内。在开办企业手续上，奉贤区已经取得了很大的进步，基本与其他地区大致保持在同一水平。

从开办企业时间来看，样本企业开办企业花费时间集中在"5 天以内"，占样本总数的 14.93%，23.88%的样本企业在 6—10 天开办，23.88%的样本企业在 11—15 天开办，10.45%的样本企业在 16—20 天开办，5.97%的样本企业在 21—25 天开办，20.90%的样本企业在 26 天以上开办。排名第一的新加坡和香港开办企业所需时间仅为 1.5 天，迪拜、悉尼、伦敦、阿姆斯特丹等城市都能在 5 天内开办完毕，排在最后的东京为 11.5 天。因此，在开办企业所需时间方面看，奉贤区营商环境亟待进一步改进。

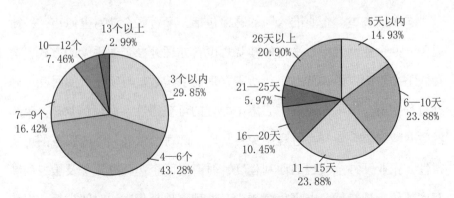

图 9-1-6　开办企业所需办理的手续数量与所花费的时间

调查表明，38.81%的样本企业认为开办全流程便利，25.37%的样本企业认为较便利，28.36%的样本企业认为便利程度一般，7.46%的样本企业认为开办全程烦琐。从企业对奉贤区企业开办流程及服务的满意程度来看，56.72%的样本企业对企业开办流程及服务满意，26.87%的样本企业表示较满意，13.43%的样本企业认为开办流程及服务一般，1.49%的样本企业表示对开办流程及服务不满意，有1.49%的样本企业认为开办流程及服务的满意程度不好说。因此，在企业开办流程的便利性及满意度上看，奉贤区营商环境亟待进一步改进。

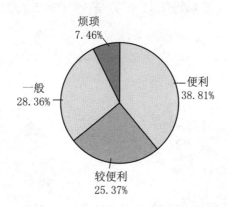

图 9-1-7　企业开办全流程的便利程度及服务满意度评价

三、办理施工许可方面

本次调查中"办理施工许可"的题项包括房屋建筑开工前所有手续办理程序、房屋建筑开工前所有手续办理时间、企业办理土地许可、环境影响评价、规划许可、建设许可、消防许可、行业资格准入的便捷度评价八项指标。办事手续越少，时间越短，成本越低则表示奉贤区政府越高效，开办企业进展越快。

调查数据显示，奉贤区46.88%的样本企业在房屋建筑开工前仅需办理 5 个以内的手续，12.50% 的样本企业需要 6—10 个手续，21.88% 的样本企业需要 11—15 个手续，12.50% 的样本企业需要 16—20 个手续，仅 6.25% 的样本企业需要 21 个以上的手续。根据世界银行的报告，在此项领先的伦敦、巴黎和新加坡需要办理近 10 个手续。可以发现，在办理施工许可方面，奉贤区取得了长足的进步，有过半数企业仅需办理 10 个以内的手续。

在办理施工时间方面，68.75% 的样本企业可以在 50 天内办理完成房屋建筑开工前所有手续，仅 31.25% 的企业办理完结在 50 天以上，奉贤区与排名靠前的新加坡（41 天）、迪拜（50.5 天）、洛杉矶（68 天）已无甚差距。

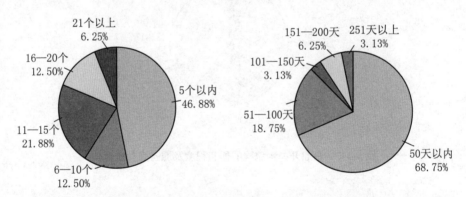

图 9-1-8　企业办理房屋建筑施工手续个数与时间

四、公共服务设施连接方面

本次调查中有关电力方面的题项包括所在企业办理接入电网手续的时间、对供电单位办事效率和服务态度的评价及"四早"免申即办服务的评价。接入时间越短、效率和态度评价越高表示电力获得越便捷，整体运营成本越低，表明奉贤区在企业获取和使用电力方面具有优势。

调查结果显示，奉贤区73.13%的样本企业能够30天内完成办理接入电网手续，仅26.87%的样本企业需要30天以上时间。从获取电力的时间看，排名前三的迪拜、香港、新加坡分别为10天、24天和30天，排名后三名的城市东京、阿姆斯特丹、洛杉矶为105天、110天和134天。可见奉贤区在获得电力时间上与排名前列的其他地区进一步对标，具有相当优势。同时，59.70%的样本企业对供电部门满意，进一步说明奉贤区近年来在优化电力接入方面的改革举措，以提高客户电力接入"获得感"为目标，取得了切实的改革成效，为用电企业创造了优越的用电环境。

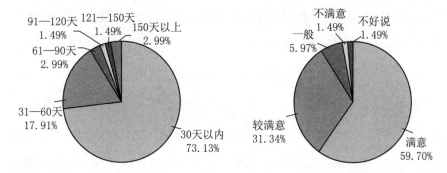

图 9-1-9 企业办理接入电网手续的时间、对供电单位办事效率和服务态度的评价

本次调查中有关用水方面的题项包括所在企业获得用水的时间及对供水单位办事效率和服务态度的评价。调查数据显示，53.73%的样本企业表示在3天之内便可获得用水，26.87%的企业也选择了3—7天便可获得用水的选项，仅少部分企业表示需要一周以上时间才能够获得用水。同时，59.70%的样本企业对供水单位办事效率和服务态度表示满意，29.85%的样本企业对供水单位办事效率和服务态度表示较满意，仅10.45%样本企业表示一般或不好说。数据说明企业获得用水时间较短，对供水单位的服务也总体上比较满意，表明奉贤区水务部门认真贯彻落实相关文件要求，服务保障企业从简、从快、从优获得生产经营用水，进一步营造良好的供水营商环境，帮助企业降压减负。

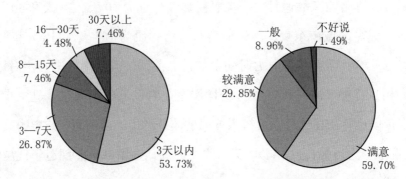

图 9-1-10 企业获得用水的时间及对供水单位办事效率和服务态度的评价

在《上海市 2022 年优化营商环境重点事项》的政策中，对供排水、电力、燃气、互联网市政接入联合报装，企业无需多头跑。将水电气网等市政公用服务接入申请环节与建筑工程施工许可办理环节整合，实现"一表申请、一口受理、一站服务、一窗咨询"。本次的调查数据显示，55.22% 的样本企业都对这项服务优化表示满意，31.34% 的样本企业也表示较为满意，说明奉贤区供排水、电力、燃气、互联网市政接入联合报装的服务取得了明显的优化成效。

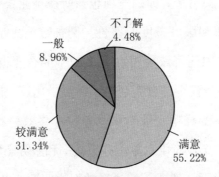

图 9-1-11 对奉贤区市政接入联合报装的服务优化满意度

五、登记财产方面

本次调查中"财产登记"的题项包括办理财产转移登记所需程序、所需时间及所需费用三项指标。办事程序越少，时间越短表示奉贤区政府效率越高。根据调查结果，45.45%的样本企业办理财产转移登记仅需5个以内的程序，38.64%的企业需要办理6—10个程序，其余15.91%的企业需要办理10个以上的程序。财产登记项目排名第一名的城市为迪拜，其所需手续为2个，东京、伦敦、新加坡和巴黎所需手续分别为6个、6个、6个、8个，可见奉贤区在登记财产手续方面具备一定优势。

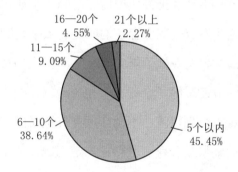

图 9-1-12　企业办理财产转移登记所需程序

48.84%的样本企业能够在10天以内办理完成财产转移登记，30.23%的样本企业需要11—20天，20.93%的样本企业需要20天以上的办理时间。从登记财产天数来看，奉贤区与排名前两名的迪拜（1.5天）和阿姆斯特丹（2.5天）有一定的差距，但是相比伦敦（21.5天）、香港（27.5天）、巴黎（42天），具有一定的优势。

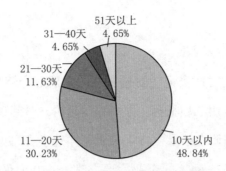

图 9-1-13　企业办理财产转移登记所需时间

六、金融服务方面

本次调查中"金融服务"的题项包括：疫情对企业经营资金的影响情况、企业享受助企纾困金融支持政策情况、融资成本变化、银行减费让利惠企效果评价、不动产抵押登记所需时间、企业担保方式、企业信贷存在的问题、企业融资过程中存在的问题、数字化赋能普惠金融效果评价等指标。疫情对各企业经营资金都有不同程度的影响；助企纾困金融支持政策在不同方面缓解了企业资金相关问题；融资成本越高，企业的投资及发展越难以得到保障；不动产抵押登记时间越短、融资担保成本越低；企业在面临信贷和融资时存在一定问题；数字化赋能普惠金融的实施对大部分企业而言较有效，能有效缓解银政企信息不对称、提高中小微企业融资便利度和可获得性。

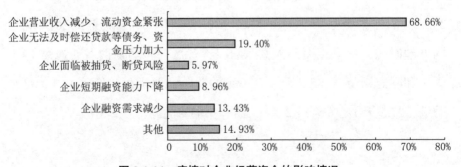

图 9-1-14　疫情对企业经营资金的影响情况

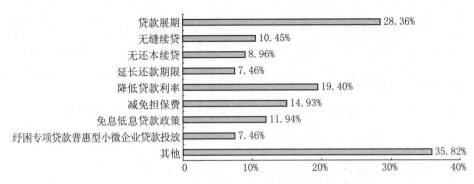

图 9-1-15　疫情对企业享受助企纾困金融支持政策情况

根据调查结果，在疫情对企业经营资金的影响情况方面，68.66% 的样本企业认为营业收入减少、流动资金紧张，19.40% 的样本企业无法及时偿还贷款等债务、资金压力加大，企业面临"短期融资能力下降""融资需求减少""被抽贷断贷风险"等影响的在总样本企业中占比均在 15% 以下；从企业享受助企纾困金融支持政策情况来看，28.36% 的样本企业享受到了贷款展期，享受到降低贷款利率的样本企业占 19.40%，享受到"无缝续贷""减免担保费""免息低息贷款政策"的企业占据总样本企业的 10%—15%，还有 10% 以下的样本企业享受到了"无还本续贷""延长还款期限""纾困专项贷款普惠型小微企业贷款投放"。

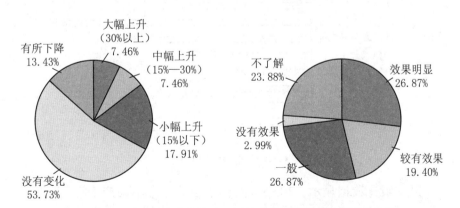

图 9-1-16　融资成本变化统计、银行减费让利惠企效果评价统计

2022年企业融资成本基本没有变化的样本企业占53.73%，13.43%的样本企业融资成本有所下降，17.91%的样本企业融资成本小幅上升，融资成本"大幅上升""中幅上升"的样本企业占比均为7.46%；同时有26.87%的样本企业认为今年以来奉贤区各银行全面推进减费让利惠企效果明显，认为减费让利惠企较有效果的样本企业占19.40%，有26.87%的样本企业认为减费让利惠企效果一般，认为"没有效果"和"不了解"奉贤区各银行全面推进减费让利惠企的样本企业各占2.99%和23.88%，说明奉贤区各银行有待提高全面推进减费让利惠企的宣传普及力度，改进相关政策，提高利企效果。

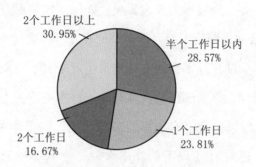

图 9-1-17　不动产抵押登记所需时间

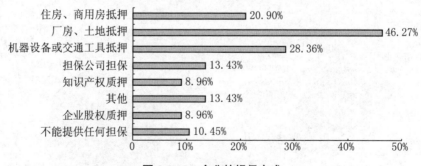

图 9-1-18　企业的担保方式

相关调查数据显示，30.95%的样本企业办结不动产抵押登记需要2个工作日以上时间，所需时间在"半个工作日以内"的占样本企业的

28.57%，时间在"1个工作日""2个工作日"的样本占比均在20%左右；其中，46.27%的样本企业能够提供厂房、土地抵押，28.36%的样本企业能够提供机器设备或交通工具抵押，不能提供任何担保的样本企业占10.45%，有担保公司担保、可提供知识产权质押、企业股权质押用于担保的样本企业比例均占总样本的10%左右。

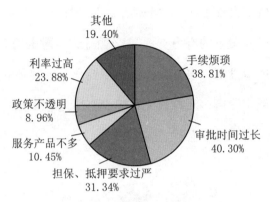

图 9-1-19　企业信贷的主要问题

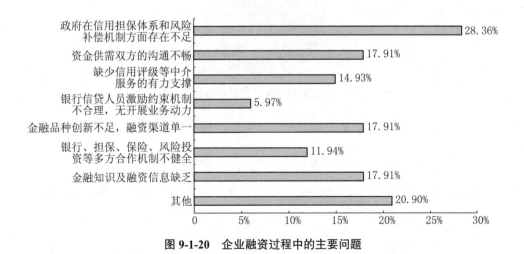

图 9-1-20　企业融资过程中的主要问题

在企业所面临的信贷和融资相关问题方面，40.30%的样本企业认为信贷审批时间过长，38.81%的样本企业认为信贷手续烦琐，31.34%

的样本企业认为信贷过程中担保、抵押要求过严，认为信贷中存在"服务产品不多""利率过高""政策不透明"等问题的样本企业分别占总样本企业的 10.45%、23.88%、8.96%。说明奉贤区信贷相关流程及手续有待进一步精简，相关服务产品有待丰富。同时，融资过程中遇到"政府在信用担保体系和风险补偿机制方面存在不足"相关问题的样本企业占28.36%，认为融资过程中面临"金融品种创新不足，融资渠道单一""缺少信用评级等中介服务的有力支撑""金融知识及融资信息缺乏""银行、担保、保险、风险投资等多方合作机制不健全"等问题的样本企业均占20% 以下。说明奉贤区多元融资体系建设有待进一步完善和强化，拓宽企业融资渠道，实现利企惠企。

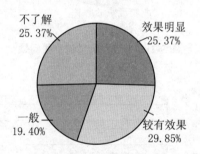

图 9-1-21　企业对数字化赋能普惠金融的效果评价

从数字化赋能普惠金融成效方面来看，25.37% 的样本企业认为数字化赋能普惠金融对缓解银政企信息不对称、提高中小微企业融资便利度和可获得性效果明显，29.85% 的样本企业认为数字化赋能普惠金融较有效果，认为其"一般""不了解"的样本企业各占 19.40% 和 25.37%。说明奉贤区有待进一步普及落实数字化赋能普惠金融，推动金融服务转型升级。

第二节　奉贤区政府服务环境

政府服务环境是营商环境的重要基础，是影响营商效率和竞争力的关键因素。近年来，奉贤区政府服务环境优化已取得明显成效，尤其是聚焦减时间，减环节、减费用，推出了一系列大力度的营商环境改革专项行动，大幅提高了市场主体的营商便利度，在全球营商环境评价中取得显著进步。但对照国际先进水平，奉贤区政府服务环境还存在一定差距，需要不断深化系统性改革，促进环境持续优化。

一、纳税方面

问卷对关于"纳税方面"的指标数据包括企业缴税次数、公司纳税所需时间、法定税费占企业税前利润比例、企业享受税收优惠政策情况、税收优惠政策信息获取渠道、线上税（费）种综合申报满意度、税务服务企业满意度、办税服务厅服务评价的原始数据进行评价分析，每年缴税次数越少、办理时间越短、总税费越低，则表示奉贤区政府越高效、开办企业盈利越多。

调查结果显示，79.10% 的样本企业纳税所需时间在 50 小时以内，5.97% 的样本企业需要 51—100 小时，仅有 14.93% 的企业纳税所需时间在 100 小时以上。在缴纳税款时间方面，排名第一的迪拜仅为 12 小时，奉贤区相对来说与排名靠前的地区尚有差距。样本企业纳税次数分布较为平均，中位数在 10 次左右，相较于香港的 3 次与新加坡的 5 次，奉贤区在缴纳税款次数方面还有提升空间。在法定税费缴纳方面，38.81% 的样本企业缴纳法定税费占企业税前利润比例的 10% 以下，而另有 7.46% 的企业这一比例达到了 50% 以上，这一项目排名前三的迪拜、新加坡、香港企业平均法定税费占企业税前利润的比例分别为 15.9%，20.6% 和 22.9%。

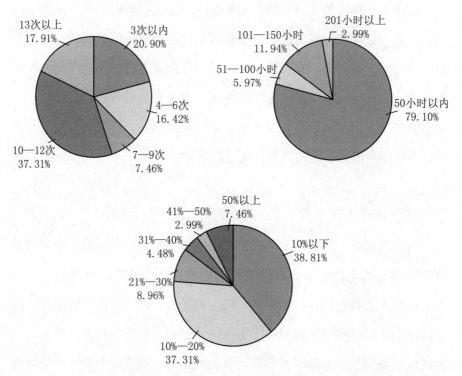

图 9-2-1　企业缴税次数、公司纳税所需时间、法定税费占企业税前利润的比例

从企业享受税收优惠政策情况和税收优惠政策信息获取渠道方面来看，享受到"增值税留抵税额退税政策"的样本企业最多，占到总样本企业的 74.63%，享受到"企业研发费用加计扣除政策""小微企业所得税优惠政策"的企业分别占总样本企业的 52.24%、22.39%，但只有 1.49% 的企业享受到"'大众创业、万众创新'税费优惠政策"和"股权激励和技术入股个人所得税政策"。同时，有 46.43% 的样本企业因不符合条件而未享受相关税收优惠政策，28.57% 的样本企业因为不了解政策未申请相关优惠政策，还有 10.71% 的样本企业由于手续烦杂而放弃税收优惠政策。

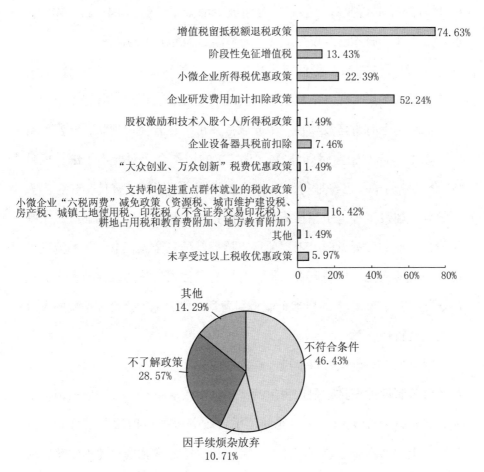

图 9-2-2 企业享受税收优惠政策情况、企业未享受税收优惠政策原因

二、政府服务

通过"一窗通"网上服务平台，上海市市场监管局为投资者提供互联网在线申办、在线签署、在线领照、企业登记等政务服务，做到全程网办"不打烊"，保障上海开办企业"不断档"。根据调查结果，奉

贤区有 22.39% 的样本企业对上海市"一窗通"网上服务平台提供的互联网在线申办、在线签署、在线领照以及企业登记等政务服务较满意，67.16% 的样本企业对此感到满意，极少部分不了解（4.48%）。数据说明"一窗通"服务已经较为成熟，能够满足大部分人的需求。

"中介服务超市"降低审批成本，提升服务效率，充分开放市场，改善了供求关系，在一定程度上落实政府购买服务机制，减轻了企业的负担。对于上海市建设项目"中介服务超市"运营使用现状，奉贤区有 83% 以上的样本企业感到满意，10.45% 的样本企业对此不了解。可见"中介服务超市"已经取得一定成效，但仍可继续扩大宣传，让更多人了解到。建设工程电子招投标与传统的招投标相比，优势明显，是未来招投标行业的发展方向，工程项目等招投标项目全流程电子化的流程标准化、方便快捷。根据调查结果，对目前工程项目等招投标项目全流程电子化，有 85% 以上的样本企业感到满意，代表电子招投标系统的人员接受度比较高。

近年来，本市坚持将推进"高效办成一件事"作为"一网通办"改革的一项制度性安排，列入每年的市委、市政府重点工作。根据调查结果，奉贤区对于上海"一网通办"平台政务服务事项的办结时效，有 94% 以上的样本企业感到满意，仅有 4.48% 的样本企业对此不了解。满意度越高，说明办结时效越高。

对于上海"一网通办"平台的政务服务事项的覆盖度，奉贤区有 94% 以上的样本企业感到满意。满意度越高，说明上海"一网通办"平台的政务服务事项的覆盖度越高，办件量大、涉及面广。对于上海"一网通办"平台的政务服务事项的办理流程标准，奉贤区绝大多数样本企业都感到满意（93%），仅有 1.49% 的样本企业对此感到不满意。满意度越高，代表办理流程越符合标准。

根据调查结果，奉贤区对于上海"一网通办"平台的渠道入口、操作界面的满意度高达94%以上，绝大多数人对此感到满意。数据说明"一网通办"平台的渠道入口、操作界面简单清晰易操作，便民利民。

奉贤区对于上海"一网通办"平台办理政务服务事项的总体满意度高达94%以上，仅有2.99%的样本企业对此不了解，趋势良好，平台功能集成度高，群众办理体验较好。政府提供优质高效的政务服务，不断提升人民群众办事的便捷性和满意度。

表 9-2-1 企业对奉贤区"一网通办"数字政务平台满意度评价

题目／选项	满意（%）	较满意（%）	一般（%）	不满意（%）	不了解（%）
对上海市"一窗通"网上服务平台提供的互联网在线申办、在线签署、在线领照以及企业登记等政务服务的满意度	67.16	22.39	5.97	0	4.48
对上海市建设项目"中介服务超市"运营使用现状的满意度	61.19	22.39	5.97	0	10.45
对目前工程项目等招投标项目全流程电子化的评价	62.69	23.88	5.97	0	7.46
对上海"一网通办"平台政务服务事项的办结时效满意度	64.18	29.85	1.49	0	4.48
对上海"一网通办"平台的政务服务事项的覆盖度满意度	62.69	31.34	1.49	0	4.48
对上海"一网通办"平台的政务服务事项的办理流程标准满意度	62.69	29.85	1.49	1.49	4.48
对上海"一网通办"平台的渠道入口、操作界面满意度	62.69	29.85	2.99	0	4.48
对上海"一网通办"平台办理政务服务事项的总体满意度	62.69	31.34	2.99	0	2.99

对于近年来"送政策进楼宇、进园区、进企业"等营商服务的感受度，奉贤区 76.12% 的样本企业认为有效果，仅有 1.49% 的样本企业觉得没有效果，而 11.94% 的样本企业对此不了解。可以看出，奉贤区大部分样本企业认为"送政策进楼宇、进园区、进企业"等营商服务较有效果，可加强政策宣贯，推广典型经验和创新做法，进一步打造营商环境服务品牌。

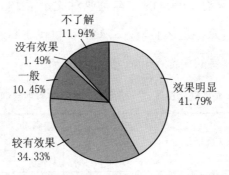

图 9-2-3　企业对"送政策进楼宇、进园区、进企业"等营商服务的感受度

根据调查结果，奉贤区有 40.30% 的样本企业认为"政府主动发现、高效回应企业诉求的企业服务工作机制"效果明显，37.31% 的样本企业认为较有效果，11.94% 的样本企业认为效果一般，1.49% 的样本企业认为没有效果，剩下 8.96% 的样本企业对此不了解。需要更好地发挥该工作机制、扩大工作范围，来使更多人了解这项服务并从中受益，提高企业和群众的获得感。数据说明政府大致已形成集收集梳理、督办反馈和宣传引导于一体的工作机制，及时回应人民群众意见建议和诉求关切，汇聚民间智慧，有效解决了公共突发事件下"时效性"和"抓落实"两大关键问题，实现了"一条龙服务"和"一竿子到底"。

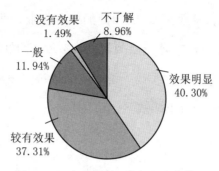

图 9-2-4 企业服务工作机制实施效果

根据调查结果，奉贤区有 50.75% 的样本企业对政府部门办事效率和服务态度满意，37.31% 的样本企业较为满意。奉贤区有 55.22% 的样本企业认为政府部门办事流程规范，35.82% 的样本企业认为较为规范。

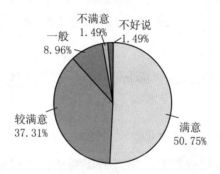

图 9-2-5 企业对政府部门办事效率和服务态度的满意度

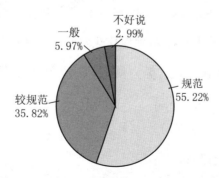

图 9-2-6 企业对政府部门流程规范程度评价

根据调查结果，奉贤区有53.73%的样本企业认为政府部门信息公开程度高，32.84%的样本企业认为较高，8.96%的样本企业认为一般，仅有1.49%的样本企业认为不高。说明全面推进"一网通办"加快建设智慧政府取得了切实的改革成效。

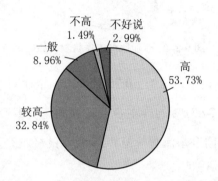

图9-2-7　企业对政府部门信息公开程度评价

第三节　奉贤区市场法治环境

市场法治环境是影响企业投资、经营以及退出等环节的重要方面，是营商环境的重要组成部分。良好的市场法治环境有利于稳定企业预期，降低企业风险，维护企业权益，是增强国家或城市营商环境吸引力的重要支撑。近年来，奉贤区政府一直致力于优化市场法治环境，以法治建设的新成效提升城市治理现代化水平，在解决发展难题和群众关切中把法治建设落到实处，努力使法治成为奉贤区核心竞争力的重要标志。

一、知识产权服务

近年来，奉贤区秉持"一站办理、一窗受理"的服务理念，深化推进企业知识产权业务流程再造；上线"知识产权运营转化一件事"；压实知识产权保护属地责任，持续开展打击知识产权侵权专项行动；强化"政企银保服"联动，推动知识产权质押融资、保险，通过知识产权金融创新促进知识产权价值实现。

企业对自己的知识产权运用方式有许可使用、质押融资、交易转让、专利池（专利联盟）构建、申报知识产权保险、自行实施等，其中，许可使用的比例占到了最高（37.31%），其次是自行实施（25.37%）和质押融资（10.45%），申报知识产权保险和专利池（专利联盟）构建均占8.96%，交易转让占4.48%，剩下32.84%没有涉及知识产权的业务。可见，知识产权转移转化成效有待提高，知识产权服务供给不够充分。

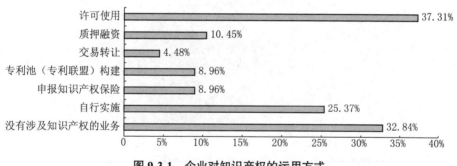

图9-3-1 企业对知识产权的运用方式

根据调查结果，奉贤区的企业今年均未发生过知识产权纠纷，不存在商业秘密、著作权、商标、专利等的纠纷，所以也未发生维权和索赔等问题。

根据调查结果，仅有4.44%企业使用过上海市知识产权多元化纠纷解决机制解决问题，有73.33%没有使用过，还有22.22%对此不了解。在使用过的企业中，有51.11%满意，认为成效显著，有42.22%认为一般，纠纷解决效率和力度有待提高，还有 6.67% 对此不满意，认为对解决知识产权纠纷效果甚微。综上所述，奉贤区知识产权多元化纠纷解决机制应得到进一步完善，以此来辅助保护知识产权。

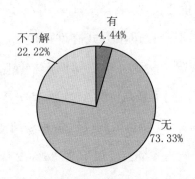

图 9-3-2 企业使用上海市知识产权多元化纠纷解决机制情况

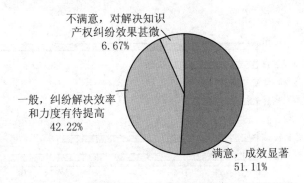

图 9-3-3 对上海市知识产权多元化纠纷解决机制的评价

二、信用修复

本次调查中"信用修复"的题项包括：因轻微的不规范经营行为被纳入失信范围，对企业经营造成严重影响的遭遇调查，企业生产活动中受到最多的处罚以及企业对通过奉贤区"一网通办""信用中国（上海）"或"国家企业信用信息公示系统（上海）"任一渠道办理信用修复手续的了解程度三项指标。知道通过上述三个渠道办理修复手续的企业越多则表示奉贤区政府越高效，信用修复越便捷，表明奉贤区已经拥有良好的营商环境，对企业的吸引力越大。

调查结果显示，仅有 1.49% 的样本企业曾遭遇过因轻微的不规范经营行为被纳入失信范围而对企业经营造成严重影响。从企业生产活动中受到最多的处罚这一问题来看，样本企业受到最多的行政处罚是交通违法（68.18%），其次是环保失信（13.64%）。

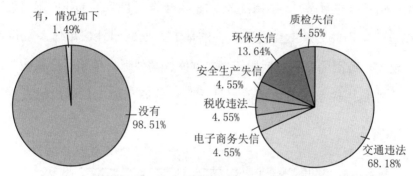

图 9-3-4 企业因被纳入失信造成影响调查以及受到最多的行政处罚

根据企业对通过奉贤区"一网通办""信用中国（上海）"或"国家企业信用信息公示系统（上海）"任一渠道办理信用修复手续的了解程度来看，有 62.70% 的样本企业知道通过用上述任一渠道可以办理企业修复手续，但有 38.81% 的样本企业只是知道，但未进行过修复，37.31% 的样本企业表示不知道有该渠道。由此可见，奉贤区政府应加大信用可修复理念，增加宣传力度，持续优化公共信用修复"一件事"办理便捷度，进一步缩减办事材料和办结时限。依法依规推动相关部门及时解除失信限制措施，推动市场化信用服务机构同步更新信用修复结果。

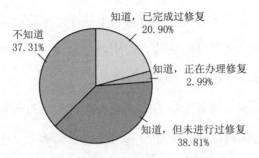

图 9-3-5　企业对办理信用修复手续的主要渠道了解情况

就企业信用体系建设的环节中还需要改善的地方而言。样本企业认为信用信息共享环节，信用信息公示平台建设（47.76%）和信用信息收集渠道（38.81%）是主要需要改善的地方。根据国外信用体系建设经验，建立全范围的完备的信用信息数据库，高效运作信用中介机构，在改善企业信用体系建设方面看，是奉贤区营商环境应当做出的进一步改进。

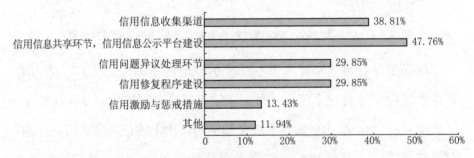

图 9-3-6　信用体系建设的环节中改善方向

从企业失信的信用修复条件来看，有 59.70% 的样本企业认为应当采用"信用积分制"，43.28% 的样本企业应根据企业失信行为严重程度设定可修复门槛和主动消除失信行为及社会不良影响。可见，在未来奉贤区政府采用"信用积分制"或是依企业失信行为严重程度设定可修复门槛等方法，能优化奉贤区的营商环境。

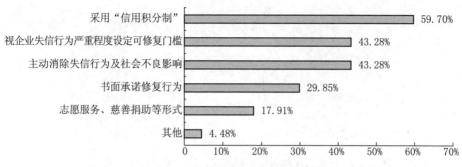

图9-3-7　企业失信的信用修复条件

三、市场法治

本次调查中"市场法治"的题项包括：企业三年内提起的诉讼情况、涉法渠道的畅通情况、对奉贤区小额诉讼优化的感受、解决商业纠纷的时间、解决商业纠纷的成本（占债务）、最为看重的法治环境以及法律保护感受度、企业诉讼实务在线办理的评价等指标。企业对奉贤区小额诉讼优化感受越明显，企业诉讼事务在线办理评价满意度越高则表示政府改进措施越有意义，企业越能高效地通过法律途径维护自身权益。解决商业纠纷的时间越短，解决商业纠纷的成本越低，则越有利于企业在奉贤区的长期发展，表明奉贤区有优良的可持续发展的营商环境。

据调查显示，有74.63%的样本企业在三年内没有提起过诉讼，表明样本企业及其合作方关系较好，很少出现法律纠纷，同时也表明奉贤区的法治环境良好。从诉讼方面的相关问题来看，有47.06%的样本企业表示当前企业涉法渠道顺畅，17.65%的样本企业表示比较顺畅。

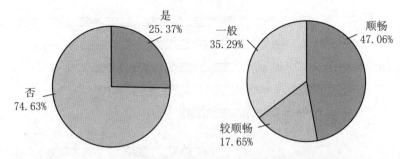

图 9-3-8　企业三年内诉讼提起情况、涉法渠道的畅通情况调查

同时，有 47.06% 的样本企业表示已经明显感受到上海小额诉讼优化为快办、好办、低成本办、流程简化、收费降低。在企业在线办理诉讼实务的方面，样本企业的满意度也是相当高的。有 52.94% 的样本企业对在线办理诉讼事务满意，较为满意的样本企业有 11.76%，由此可见，奉贤区小额诉讼的优化有助于营商环境整体向好。

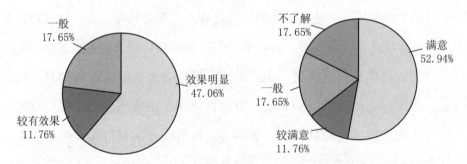

图 9-3-9　上海小额诉讼优化感受度、对企业诉讼事务在线办理满意度

调查数据显示，41.18% 的样本企业从提起诉讼到实际付款期间的时间（包括提交和服务案件的时间、审判和获得判决的时间、执行判决的时间）不到 150 天，41.18% 的样本企业需要 150—300 天时间。国际上执行合同时间的最优参照为新加坡创造的 120 天，在缩短争端解决时间上对标国际最优水平还有相当空间需要提升。

52.94%的样本企业在司法程序解决争端所需的会计成本（包括律师费用、庭审费用、执行费用）占索赔额5%以内，5.88%的样本企业会计成本占索赔额6%—10%。国际上司法程序解决争端所需的金钱成本的最优参照为不丹创造的0.1%，对标国际最优水平，奉贤区在降低执行合同成本上还有相当大的空间需要提升。

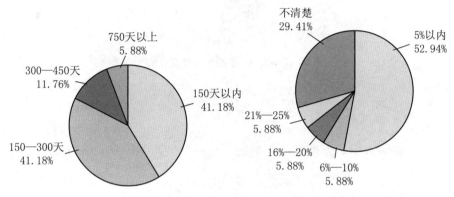

图 9-3-10　执行合同时间、成本

根据调查结果，样本企业在法治环境各类因素中，最为看重的是立法公开、判决执法力度与法律监管机制公正，均占比52.94%。

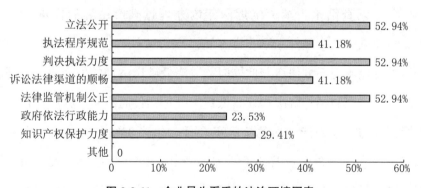

图 9-3-11　企业最为看重的法治环境因素

值得重视的是，根据调查，47.06%的样本企业认为当企业财产权、经营权等权益受到侵害时，能全部得到有效的法律保护，35.29%的样本企业认为多数能得到。

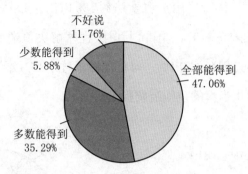

图 9-3-12　法律保护感受度评价

四、办理破产

本次调查中"办理破产"的题项包括：破产案件立案的方便性、破产专项基金的落实情况，破产裁定后的信用修复工作满意度和破产裁定后企业退出市场（如工商、税务注销等）的方便性四个维度。破产案件立案越方便，破产专项基金的落实情况越完全，对破产裁定后的信用修复工作越满意表示奉贤区政府越高效，破产企业退出市场越容易。

根据调查结果，奉贤区近两年内办理过破产结算的样本企业有27.27%，认为破产案件立案非常方便，27.27%认为较为方便，仅9.09%的样本企业认为不方便。与此同时，以降低破产案件的处理成本，提高破产案件审理的国外解决快速、低成本处理案件简易破产程序同样值得奉贤区学习。在破产专项基金落实方面，有33.33%的样本企业专项基金完全落实，42.86%的样本企业基本落实，14.29%部分落实。由此可见，绝大部分样本企业的破产专项基金都能落实，这表示奉贤区政府的办事效率高效，企业在破产后专项基金能够基本解决，表明奉贤区营商环境良好，企业破产清算能够得到妥善处理。

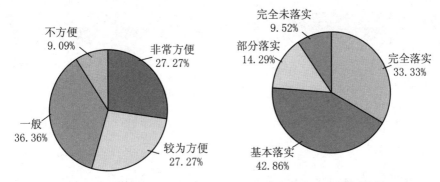

图 9-3-13　破产案件立案的方便性评价、破产专项基金的落实情况

就破产裁定后的信用修复工作进行满意度这一问题来看，非常满意的样本企业占 30%，较为满意、一般的样本企业占比均为 35%，相较于全国其他地区具有相对优势。从破产裁定后企业退出市场（如工商、税务注销等）的方便性评价来看，30% 的样本破产企业认为退出市场非常方便，有 5% 的样本企业认为非常不方便。说明当前奉贤区破产裁定体系仍需进一步完善，这有助于破产企业更顺利地退出市场。

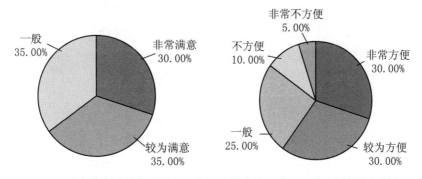

图 9-3-14　破产裁定后的信用修复工作进行满意度评价、退出市场的方便性评价

第三部分　典型案例篇

第十章 "一网通办"改革案例

第一节 浦东新区改革案例

浦东新区依托一网通办,以简化登记流程为核心,打出登记制度创新组合拳,让市场主体更有获得感,具体改革案例和成效如下:

一、改革举措

1. 聚焦放宽市场准入的核心要素,打出登记制度创新"组合拳"

一是名称登记实行申报承诺制。申请人以自主申报、事先承诺的方式办理名称登记。运用现代信息技术,实时导出比对结果,显著提高名称申报成功率。二是市场主体自主确定经营范围,仅需登记主营项目、许可项目、涉及负面清单的项目。法规同时明确"市场主体超越登记的经营范围开展非许可类经营活动的,登记机关不予处罚"。解除了市场主体适用新政策的后顾之忧。三是深化住所登记改革。拓展"一照多址"覆盖范围。法规对2018年自贸区试点"一照多址"备案改革进行固化,打通浦东新区、自贸试验区、临港新片区三个登记机关的备案通道,破解了市场主体在浦东新区全域发展的空间瓶颈。四是创设住所托管机制,符合住所托管要求的市场主体,可以将指定的场所登记为住所。

2. 聚焦简化登记流程的便利举措，奏响服务便捷高效"主基调"

一是创设自主公示制度。推进市场主体部分备案事项改为自主公示。市场主体可以通过"一网通办"平台自主向社会公示董事、监事、高级管理人员；市场主体登记联络员；外商投资企业法律文件送达接受人，登记机关不再予以审查备案。二是减免自决性材料收取。法规明确，在股东登记确认环节不再收取转让协议，除登记法定代表人外，不再收取股东会决议、董事会决议等各类企业自治过程性材料，由市场主体自行留存备查。三是全程网办提升便利水平。随着"互联网＋政务服务"深入推进，市场主体通过"一网通办"平台即可实现全程线上办理登记、全程网上实现自主公示，切实实现减跑动，企业获得感明显提升。

3. 聚焦事中事后监管领域，坚持以"管"促"放"

法规结合"放"的具体情形，创设"以托管机制为抓手、以信息公示为手段、以信用监管为核心"的信用分级分类监管制度。自主公示制度、减免自决性材料收取，不等于市场主体可以不经法定程序变更。法规对市场主体未按要求进行自主公示、留存文件，对托管服务机构未履行有关义务，市场主体提交虚假材料或者采取其他欺诈手段取得市场主体登记的情形，设定相应处罚措施，督促市场主体完善内部自治、强化主体责任，依法开展经营管理。

二、工作成效

1. 创新登记确认体系，为市场主体放权赋能

通过一系列创新举措，充分尊重市场主体意思自治，有效减少对市场主体自主经营的行政干预，降低制度性交易成本，有利于形成规范统一的形式审查模式，提升登记效率。

2. 强化信用分级分类监管，引领市场主体更好发展壮大

通过加强监管惩戒维护登记安全，同时培育市场主体的合规责任与社会责任，营造规则公平、预期稳定、公开透明的良好市场秩序，为下一步的改革和市场主体的发展壮大提供有力支撑。

3. 创新登记便利举措，让市场主体更有获得感

从减材料、减环节、减跑动等方面着手的各项优化服务举措，有利于从根本上降低市场准入门槛，提升登记便利化水平，进一步提高市场主体感受度。

第二节　嘉定区改革案例

嘉定区依托一网通办，以"快闪办""自助办""视讯办""陪同办"为核心，打造"小嘉帮办"服务品牌，具体改革案例和成效如下：

一、改革举措

1. 满足个性需求，主题服务多元化

在企业服务全程代办等传统项目的基础上，结合政务大厅疫情防控需要，快速推出"快闪办""自助办""视讯办""陪同办"等主题服务，最大程度分流办事人群、缩短办理时间，缓解办事人员因不符合防控要求无法进门、排队等候等带来的焦虑情绪。

一是推出快闪办。针对特种设备作业人员资格证的领取、道路运输车辆年度审验年审标志的领取等简易事项，引导办事企业通过"入门即办、办完即走"快速通道，即刻完成办理，非常便捷省力。二是引导自助办。为缓解政务大厅人流大的矛盾，在线上导办专区陆续推出申领离

线码、社保单业务、不动产登记查询等"高频事项"。以查询无房证明及个人房产资料为例，在帮办员协助下，借助不动产自助查档机，直接完成查询打印，完全不占用窗口资源。三是搭建视讯办。新冠疫情以来，为无法进入场所或办事群体，在政务大厅入口处开设"视讯联动专区"，联动区行政服务中心六个专区，由部门帮办专员实时提供在线响应，把不可以变成可能。四是做好陪同办。针对老年人等较难清晰表述办理需求的特殊群体，安排"专属小嘉"全程陪同代办帮办，搭建安全可靠的沟通桥梁，减少多头跑、四处问，把无序变得有序。

2. 做强阵地支撑，优化帮办服务

一是打造硬核服务环境。在政务大厅主入口，打造"视讯联办"专区，设置 4 个视讯专席，让"面对面"体验更舒适；推出"自助导办"专区，集中摆放了政务大厅 4 台高频自助终端设备；改造"快速办理"专区，添置 3 套共享电脑并提供扫描、打印等配套服务；开设"办不成事"反映窗口，畅通问题反馈渠道。二是研究规范服务模式。基于服务项目化、项目清单化的服务模式，结合实战案例，梳理帮办代办事项所涉及政策文件，汇总事项清单、办理流程和服务指南，总结不同群体的帮办代办需求，积累不同事项的多部门协同服务经验，着手编制《"小嘉帮办"服务手册》，有力保障服务专业性和精准度。三是提升团队服务能级。定期开展小嘉帮办员专题培训，坚持以案促学，举办"懿小嘉系列课堂"专题培训。

3. 创新发展路径，激发品牌活力

一是探索标准化发展路径。以政务服务标准体系为基础，将首问责任制、限时办结制、一次性告知等制度要求，与帮办服务相融合。通过标准的研制、宣传和执行，进一步明确服务要求、压实工作责任，逐步形成可复制可推广的标准化工作模式。二是拓展家门口服务阵地。依托15 分钟政务服务圈，持续拓展延伸服务触角，将"视讯办"视讯响应服务平台接入"我嘉·邻里中心"政务服务站，为周边企业群众就近咨询和办事，提供在线引导服务。三是发挥多样化站点功能。将政务大厅"小嘉帮办"服务站打造成为政府部门零距离服务企业群众的重要渠道，共同助力帮办服务项目优化提升，现已率先成为 2022 年嘉定区新录用公务员岗位实践基地。

图 10-2-1　嘉定区行政服务中心政务大厅

图片来源：微信公众号"上海发展改革"。

二、工作成效

1. 助推用户体验政务服务"嘉温度"

一是实现简单高频事项"即办即走"。针对申请人线上申请"特种设备安全管理"和"作业人员证"等现场打印证照类高频事项，办事企业基本可在 3 分钟内完成打印，相较于"必须线下提交材料，完成审核才可打印"的旧模式，真正做到了"即办即走"。二是实现不进入场所

"面对面办成事"。依托视讯服务专区，线上联动政务大厅各专区"首席业务代表"，线下提供场内外跑腿递送服务，最大程度帮助因防疫要求无法进入大厅、未提前预约又不想排队等候、未带齐材料又想寻求专业咨询服务等人群办成事。

2. 搭建部门联系企业群众"嘉纽带"

一是线上线下一口受理"办不成事"。线上推出"办不成事"反映热线、线下开设了"办不成事"反映窗口，为市民解答办事过程中可能遇到的"找不到""不会办""办不成"情况。积极会同专区多部门联手问诊复杂疑难，在"一个窗口"共同践行"兜底办"服务承诺。二是快速响应企业群众服务评价。主动引导企业群众评价帮办服务，推进政务大厅"好差评"100%覆盖，通过完整高效的评价、反馈、整改、监督全过程闭环式工作机制，实现1分钟内接收反应，5分钟内集结出勤，15分钟内到达处置，48小时内答复完毕的快速反应机制。

3. 打造优质服务阵地培育"嘉人才"

一是走近窗口了解群众需求。以推动将帮办站点打造成为新录用公务员实践基地为起点，吸引更多职能部门主动跨前、换位体验，从满足企业群众实际需求出发，用真心真情践行群众路线，提供帮办服务。二是聚焦痛点提高服务能力。结合部门职能和所辖事权，思考优化办事流程，聚焦企业需求和办事难点堵点，创新服务做法，优化服务模式，助力培育想干事、能干事、干成事的"嘉人才"。

第三节　宝山区改革案例

宝山区依托"一网通办""以代企办""企无忧"为核心，提出了

"首席代办专员"制度，具体改革案例和成效如下：

一、改革举措

"首席代办专员"制度，旨在加快全区重大、重点项目推进。通过在全区范围内选取区域内重点企业，为各街镇园区党政一把手原则上各匹配所属区域的 5 家重点企业，每家单位共计 10 家重点企业。经梳理，有两个镇共计三位"一把手"分别负责了 6 家企业。13 个街镇园区党政一把手共计 26 位"首席代办员"，经点对点匹配，总计负责企业 133 家，形成《宝山区优化营商环境首席代办员第一批重点项目服务清单》。

把全区各街镇园区党政"一把手"作为重点项目推进第一责任人，实行"首席代办专员"制度，带头做好企业沟通协调，协调解决重点项目推进中的瓶颈制约，在减时间、减环节、减跑动上做文章，在主动服务、全面服务、全程服务上挖深度，努力让企业在发展的各个阶段都能感受到宝山营商服务的热度。

二、工作成效

一是"首席代办专员"制度的推出，是在代办专员的基础上，通过"首席代办专员"+"一线代办专员"的模式，进一步构建帮代办服务网络，将营商环境服务工作将向深度拓展，逐步实现全区企业代办服务全覆盖。二是宝山区注重服务理念与服务水平的提升，定期组织业务培训，不断提高代办人员的业务水平。同时在新冠疫情期间，不断优化改善代办服务的形式和方式，结合大调研大走访工作，加强对企业的诉求了解，做到贴心服务。

第十一章 税务改革实践

第一节 静安区改革案例

静安区依托税务改革，以智能退税一键式"双动"创新提效能，具体改革案例和成效如下：

一、改革举措

一键审批的背后，是以信息安全为前提，实现内外平台数据交互融合。作为全国首个打通纳税人电子税务局端和税务内部系统两个平台的城市，上海突破了原有电局作为受理端口的单一功能，通过数据赋能拓展电局应用，在纳税人端实现退税申请"一键"启动，电局系统智能审核。对于审核通过的纳税人，实现退税流程"即点即审、即审即毕"，审核流程全程自动，审批结果当场可见，对于其余流程则转人工进一步审核。同时电局数据即时反写至税务内部系统，由税务部门及时发起后续流程，人机协作加快退税到账。

一键审批的背后，是创新"动态信用＋动态风险"运用场景，开展差异化管理。创新打造"四位一体"筛查模式，通过税务总局"双动体系"、通用监控指标、自选监控指标、后续管理指标进行四轮扫描。利用双动体系，实现高、中信用低风险纳税人初步筛查；通过通用指标，剔除高风险事项；增加自选指标，加强财务、申报数据关联筛查；设置后续指标，筛选高频高靶向性事项，提前防范风险。

一键审批的背后，是运用"数据＋规则"驱动，不断跑出退税加速度。按照"白名单式管理、联动化运行"的思路，推动退税审核工作由"流程驱动"向"'数据＋规则'驱动"升级，实现退抵税费高效化。

二、工作成效

白名单式管理，"退税找人"精准推送。经前四步筛选通过的纳税人信息，系统自动生成一张"白名单"，变以往的"人找退税"为"退税找人"，通过电子税务局向白名单中的纳税人推送退税提示信息。纳税人登录电局后，快速链接到退抵税费申请界面，对系统预填退税金额、退抵税费方式、银行账号等信息进行确认，选择"同意"即自动生成退税申请书，点击"确认"即发起退税申请。联动化管理，退税按下快进键。退税受理部门、审核部门、征管部门、收规部门和法制部门积极联动，共同助力打通审核环节，对申请文书形式、纳税人承诺表述、征管风险信息提示、内外网互联安全等方面合力规范和管理，优化退税审核流程，确保税费优惠政策直达快享。

第二节　闵行区改革案例

闵行区依托税务改革，数据赋能、问办结合、精诚共治，实现"智"优体验，"指"享服务，具体改革案例和成效如下：

一、改革举措

1. 数据赋能，探索个性化服务

成立数据分析团，运用云计算、大数据、人工智能等技术手段，在实际工作中，运用云计算、大数据、人工智能等技术手段，将规模大、类型多、价值高、颗粒度细的海量税收数据嵌入业务流程，在政策宣传、事项办理中为纳税人缴费人精准画像、主动推送、分类管理。成立税收宣讲团，协同区融媒体，开设"直播间""云课堂"，制作"云端说税"短视频，以"政策＋业务"精准讲解，实现各类税费优惠政策及创新服务举措靶向定位，提高宣讲政策的精准度。

2. 问办协同，探索智慧化办税

推动纳税服务咨询模式转型升级，将征纳互动功能融入"全电"发票业务各办理页面，构建"送问办询评一体化"的税费服务新模式，实现事前有精准推送、服务提醒、智能引导；事中有智能辅导、操作指导、实时会话、远程互动；事后有服务评价、运营监控。

3. 精诚合作，探索社会化共治

强化区域协作，在虹桥前湾、大零号湾和紫竹高新区等处开设社会共治点和闵闵工作室服务站。利用智慧自助办税终端，纳税人可与税务人员实时连线进行"面对面"咨询、"点对点"辅导。在全市税务系统首设"办不成事"反映窗口，搭建跨部门沟通、跨流程协商机制，以问题为导向，由点及面来优化服务流程，实现从解释问题到解决问题再到解忧排难。依托"政会银企"合作机制，推动各项税费优惠政策直达快享，推进"银税互动"等创新服务举措落地见效。

二、工作成效

1. 办税缴费便捷舒心

2022 年前三季度，网上纳税申报率超 99%，超过 92% 的发票通过专业配送免费送达，进一步降低企业办税成本。受理容缺办理 30 余笔、"免填单"约 1.2 万笔和"先收后办"400 多笔，纳税人进厅办理人数减少 15% 以上，平均等候时长压缩超 5%，非接触办税初显成效。

2. 宣传辅导精准贴心

组织 19 场次组合式税费支持政策"云课堂"，累积观看人数达 22.5 万余人次；制作 23 期"云端说税"短视频，并根据每日热点，在区融媒体宣传热点政策；整理并发布 16 期"一周速递热点问答"，及时响应纳税人在疫情特殊期间碰到的各类问题。

3. 需求相应畅通顺心

12366 咨询热线人工接听电话近 18 万个，接通率超 98%，新冠疫情期间，以"现场＋居家转接"方式共计完成 5.6 万个接听量，接通率 99% 以上，来电智能咨询率近 30%。建立热线联动机制，共处理各类工单 4700 余条，其中新冠疫情期间受理 630 余件，均在 2 个工作日内办结，及时响应纳税人缴费人关切。针对纳税人疫情期间发票领用需求，开辟发票领用应急点，共计 663 户现场领取发票共计 45 万份，发售电子发票共计 2197 户 113 万份，全力保障企业正常用票。智能匹配，成功帮助区内企业对接上下游，实现合同金额超 3000 万元。

4. 社会协作联通齐心

推进 5 个社会共治点和服务站功能迭代升级，解决办税缴费"最后一公里"问题。开展"春雨润苗"专项行动，积极引导企业利用"银税互动"平台线上融资，2022 年上半年共计 500 余户小微企业以"信"换"贷"超 3 亿元。深耕"办不成事"反映窗口，有效解决问题 90 余件，建立 13 项工作机制。

第十二章　法治服务改革案例

第一节　徐汇区改革案例

徐汇区依托法制服务改革，强化法治"硬功夫"，打造营商"软环境"，具体改革案例和成效如下：

一、改革举措

1. 打造园区法律服务体系，建立企业风险预警机制

建立企业法律顾问制度，引导律师等法律专业工作者积极服务区域中小企业，开展不同层次的专题培训、法律沙龙、午间法律诊所，为企业开展法律咨询服务。建立"掌上调解"平台项目，通过智慧调解平台小程序，作为接入端口，在各个园区、楼宇内设置调解二维码，方便企业和员工通过扫码申请调解，打通园区调解服务的最后一公里。

2. 推动法律保障资源下沉，打好法治营商环境组合拳

园区所属区虹梅街道联合区司法局、人社局、总工会共同设立"徐汇区漕河泾开发区联合调解中心"，以企业和员工的需求为导向，提供纠纷调解、法律咨询、法律援助等服务。联合调解中心专门创设"退休法官调解工作室"，邀请具有丰富调解经验和过硬专业知识的老法官加入，有力提升了调解专业能力和公信力，调解成功率超过80%。

3. 汇聚多方资源力量，促进区域社会协同治理

除体制内的司法资源外，虹梅街道以多元开放的格局，汇聚各方力量资源，邀请26家辖区单位共同成立园区"法治共建委员会"，形成园区法律服务的良好生态。大型企业在法律问题方面经验相对成熟，通过法治共建委员会的平台，中小企业在遇到重大法律问题时，迅速地获得各方力量的支援。

二、工作成效

良法善治，是市场经济的内在要求，也是对市场主体最好的保障。面对园区企业日益增长的新期待、新需求，徐汇区积极发挥法治的引领、规范和保障作用，以法律服务助推企业发展，以法治护航优质营商环境，助力企业铲除阻碍其健康发展的土壤，实现了"法律服务触手可及、矛盾纠纷分层过滤、法治化营商环境明显提升"的治理成效。

通过法律服务"组合拳"，虹梅街道调解案件增长率从2019年的128%下降到2021年的68%，2021年成功调解数量近1800件，为企业间接避免损失近20亿元。2022年6月复工复产后组织的"法治护航、助企纾困"法治服务线上专场，为企业解答常态化疫情形势下运营当中遇到的热点问题，以法治化营商环境服务经济社会高质量发展大局。

第二节　奉贤区改革案例

奉贤区依托法治服务改革，通过全流程在线办案助力高效审判，高质量化解企业多元纠纷，具体改革案例和成效如下：

一、改革举措

1. 全面审查企业危机，高质量化解企业风险

通过线上办结财产保全解封措施，保障疫情期间地产集团公司员工工资的顺利发放，支撑了房地产项目保交付、稳民生。

2. 全流程网上办案模式助力高效审判

根据《人民法院在线调解规则》，当事人可以通过语音、文字、视频等形式自主表达意愿，提出纠纷解决方案。在实践过程中，法官运用线上开庭以及庭审改革技术，诉讼当事人利用自动生成的会议码登录指定系统，法官、人民陪审员通过登录云间法官端以及云端合议庭，通过音质转换和图像识别等统一进行数字化表达与传输，使得质证、调解过程全留痕可追溯。

二、工作成效

通过互联网传输、区块链电子存证技术、人工智能验证功能将原本局限于线下的纸质材料递送程序、裁判文书校对过程、庭审活动等司法场景拓展至"线上＋线下"双空间，力克疫情封控所带来的限制与不利，充分践行了四级法院职能定位改革试点以来将矛盾纠纷化解在基层的审判职责，努力让改革更加惠及中小微企业，切实保障商事主体的合法权益。

第三节　金山区改革案例

金山区立足优化法治化营商环境，以企业需求为导向，打造了"三

团一平台"服务体系，具体改革案例和成效如下：

一、改革举措

1. 开展问卷调查，问需于企业，夯实法治化营商环境基石

金山区坚持需求导向，发挥直面企业的优势，深入一线，连续两年开展法治化营商环境企业满意度问卷调查，收集有效样本1300余个，形成每年度《法治化营商环境企业满意度调查报告》。

在此基础上，金山区重点开展了法治化营商环境指标体系研究，立足问卷调查中企业反映的难点、堵点和痛点问题，围绕企业全生命周期管理，明确企业开办阶段、企业存续阶段、企业退出阶段等三个阶段与企业发展息息相关的优化法治化营商环境核心指标，系统化指导推动法治化营商环境工作。

2. 强化资源整合，构建"三团一平台"，着力优化法治化营商环境

在扎实的调研基础上，有效整合区政法各单位和主要涉企行政执法部门力量，形成金山区《开展组团式联系服务企业优化法治化营商环境的实施意见》，探索"三团一平台"组团式联系服务企业的新模式。线下打造三个法治服务团，即法治咨询服务团、法治宣讲服务团、法治体检服务团。

3. 推出"两个一批"，实现"三团一平台"与企业精准对接

为有效推动优化法治化营商环境工作落细落地，金山区充分结合区级和镇、园区两个扇面，同步推出"两个一批"工作举措：在区级层面推出一批重点服务项目，确定一批区级法治化营商环境联系点企业；在每个镇、高新区、碳谷绿湾产业园各推出一个重点服务项目，确定一批镇级法治化营商环境联系点。

二、工作成效

金山区通过"三团一平台"的服务载体，嵌入"三个一"的服务机制，开创了组团式联系服务企业的新模式。

法治宣讲、法治咨询和法治体检三个服务团，有效整合了区政法各单位和重点执法部门的资源，以"点单式"的按需选择让服务变得更加精准高效；"法护金企"微信小程序，开拓了一条企业和部门的交流新路径，把服务的主动权交给了企业，真正做到了"无事不扰、有求必应"。

第四节　松江区改革案例

松江区依托法治服务改革，通过"益"企助企"律政联商助企"法律服务团，持续为企业发展"支招"，具体改革案例和成效如下：

一、改革举措

为进一步优化法治化营商环境，助力经济恢复和发展，松江区司法局整合法律服务资源，依托法律服务联合会，成立"律政联商助企"法律服务团，"益"企助企。

法律服务团吸纳了专职律师、公职律师、公司律师、公证员等法律专业资源，分成刑事、劳动争议、公司法、知识产权、税法、涉外6个专业小组。自2022年成立以来，持续为产业集群、商会所属企业提供精准化、精细化、专业化的法律服务。

二、工作成效

1."问答＋索引","一份指引"助力复工复产

法律服务团队编制《企业复工复产法律指引》，对涉及企业复工复产的法律法规和政策文件分劳动用工、合同履行、税收优惠、金融支持和公证服务 5 大专业领域进行汇编整理，采取"一问一答"和"政策索引"并行的模式，为企业正确理解和适用有关法律政策，精准稳妥推进复工复产提供法律专业保障。

2."把脉＋开方","法治体检"防范法律风险

法律服务团队通过微信平台对企业进行法治需求调研，为制定服务企业方案提供方向和目标。优化法治体检内容，建立"一企一档"，根据企业需求形成 6 个领域 2.0 版本《法治体检项目表》，为企业精准"搭脉问诊"，帮助企业查找制度漏洞和法律风险，最终形成法律意见，切实解决企业发展中遇到的法律问题，持续提升企业的风险控制能力。

3."线上＋线下","定向说法"传播法治声音

利用微信公众号、融媒体等多媒体平台，法律服务团队以"助力企业复工复产"等主题录制普法小视频、撰写普法推文、参与《法在身边》线上直播、参与《律师说法》栏目等形式，多角度、多形式开展"线上说法"，广泛回应企业关切。

4. 面向产业集群、商会提供法治课程"菜单式"供给和"订单式"服务

精准对接企业动态需求，形成符合区域特点和企业需求的讲座 60余场。参加"益企·暖云间"2022 年中小企业服务月活动等，针对企业负责人、企业管理人员、企业员工等不同群体，开展法治讲座。

5. "组团 + 分工"，"专业力量"助推纠纷化解

在建立"法律服务进产业集群"工作机制和"百所联百会"联系合作机制的基础上，法律服务团队根据专业领域指派律师参与产业集群、商会涉疫涉企矛盾纠纷化解，深入重点企业应对员工诉求、正面引导依法维权，利用专业知识助力依法防疫。在某街道试点成立商会人民调解委员会，将法律服务团队律师纳入调解员队伍，为企业常态化提供调解服务，进一步提升矛盾化解成功率。

第十三章　复工复产改革案例

虹口区推出"企航北外滩"特色服务品牌，着力构建"政企交流、企企对接"的新型服务平台，具体改革案例和成效如下：

第一节　虹口区改革案例

一、改革举措

1. 跨前一步、提前谋划

以区领导四套班子领导同志、各相关部门为主体，以"立即启动、直面问题、注重时效、多种方式"为原则，对重点企业、潜力企业、中小微企业以及楼宇（园区）进行走访。

2. 完善机制，注重效率

制定了"一套解决问题机制"，对企业提出的具体问题，能够解决的问题应当第一时间予以解决，做到"日清日结"。对一时无法解决的问题，由区领导不定期召开专班会议，推进多部门共同协调落实，做到件件有回应，事事有落实。

3. 组团上门，贴心服务

区四套班子领导率先垂范，带头走访区内企业，各产业部门、分中心、国企形成联合服务网络，上下齐心、无缝衔接，主动送服务上门、送政策上门。

4. 直面问题，多措并举

为有效解决企业各类问题诉求，开通"虹口区企业问题诉求线上办理系统"，着力为中小微企业纾难解困。同时针对企业的共性问题，推出"企航北外滩——助企纾困、全力以'复'"线上系列专题活动。

5. 加大宣传，增强信心

制作了"一本工作手册"，明确领导检查走访企业疫情防控落实情况的重点内容。宣传市区两级相关助企纾困扶持政策和我区各类惠企政策和服务措施。着重推介"虹口区重点企业回家三年行动计划"，提振企业发展信心，夯实经济发展基础，促进产业不断集聚。

二、工作成效

一是针对多家企业特别关心的税务、社保、助企政策等问题，联合区税务局、人社局、发展改革委、国资委等部门推出"企航北外滩——助企纾困、全力以'复'"系列服务专场活动，包括，"虹口区抗疫情助企业促发展实施办法线上解读专场""虹口区援企稳岗就业人社专场线上交流会"等。

二是针对重点企业提出的多项问题，联合各部门开展上门服务，如上海家化在走访过程中提出电子发票、稳岗补贴、企业发展等多个方面诉求。区投促办、税务局、人社局、商务委等多个部门第一时间组成服务团队，上门为企业指导解决。

三是针对企业需求，为企业提供载体保障，启动"引导重点企业"回家三年行动计划，推出"人才、就医、子女教育、政策服务、一对一帮办"等八大服务举措。为企业提供从楼宇推荐、场地选址、回搬手续再到日常经营的"全过程周期服务"。

第二节　崇明区改革案例

崇明区开展多项"政企面对面、服务心贴心"活动，通过实施更多有温度的举措，用心用情用力解决好企业的急难愁盼问题，具体改革案例和成效如下：

一、改革举措

1. 深化政企协商机制，当好"解忧协调员"

制定《关于建立健全崇明区民营企业家协商沟通机制的实施意见》，建立完善民营企业家恳谈会、走访调研、常态化座谈、教育培训和定期通报等五项长效机制。成立民营经济发展联席会议，制定联席会议议事规则。

2. 巩固"政会银企"四方合作机制，当好"金融服务员"

积极贯彻落实市委、市政府工作部署，深化落实"政会银企"四方合作机制，举行政策性融资担保市区联动战略合作协议签约仪式，与12家银行、金融机构合作，举办"以普惠金融，助民企发展"系列沙龙活动，全区参与合作的基层商会、协会数量达24个，推动各项金融惠企政策落地落实，夯实服务基础，创新服务模式，更好助力民营企业抗击疫情、复工复产。

3. 建立"亲清直通车"制度，做好"信息联络员"

创新建立"亲清直通车"信息直报工作制度，拓宽建言信息收集渠道。该制度建立以来，收集问题66条，已办结26条，转交相关部门办理 40 条。开展崇明区"红色助企直通车"经济恢复重振系列政策宣讲会，针对新冠疫情期间就业补贴、房土两税减免、企业所得税优惠等惠企政策进行详细解读，切实打通政策入企的"最后一公里"。

二、工作成效

1. 政企沟通更加高效

2021 年至今，区级层面共组织召开民营企业家恳谈会 10 次，先后邀请区政府及相关职能部门负责同志出席会议，加强政府与企业沟通联系，听取企业对政府及各部门意见建议，帮助企业分析经济形势，了解招商引资相关政策，协调解决企业在经营过程中遇到的问题 60 余项，向政府部门反馈意见建议 73 条，为民营企业及时纾困解忧。

2. 助企稳企更加有力

截至目前，市担保中心平台为崇明企业贷款 662 笔，贷款金额 20.47 亿元。2022 年新冠疫情期间，为加大金融纾困力度，为企业"输血供氧"，崇明区联合在崇银行线上举行支持企业复工复产金融政策宣讲会 9 期，解读相关金融政策，并建立"一商会一专员"金融服务工作机制，精准对接商会，提升融资服务精准度。

第三节　黄浦区改革案例

黄浦区人社局通过向有志于创业的青年学子提供优质服务保障，又积极搭建平台挖掘创新创业资源，双管齐下营造良好的创业生态圈，具体改革案例和成效如下：

一、改革举措

1. 优化创业服务，创新推出"四色创卡"

"四色创卡"是黄浦区人力资源和社会保障局通过走访区内 14 家创业孵化示范基地，最大限度盘活场地资源、集聚扶持服务，推出的针对青年大学生创业群体的集成政策礼包，包括低成本场地工位、高便利融资渠道、一站式项目落地等优质孵化服务，从而降低大学生创业门槛，引导有创业意愿和创业能力的青年学子来到黄浦区创业，其覆盖范围也延伸至长三角地区内的重点创业人群。

"四色创卡"分为红、橙、绿、蓝四类。红色"创卡"面向"黄浦区户籍在校或毕业两年内的大学生创业者"；橙色"创卡"面向"本市院校在读或毕业两年内的大学生创业者"和由黄浦区街道推荐的创业者，红卡和橙卡原则上都可享受使用最长 6 个月的低成本固定工位福

图 13-3-1 黄浦区推出的"四色创卡"

图片来源：微信公众号"上海发展改革"。

利，被评估为高成长性创业项目后，可再延长最多6个月。绿色"创卡"覆盖范围最广，只要在区人社部门主办或联办的长三角创新创业项目评选中获奖，创业者们就可以提出申请，获得此卡之后，无论创业在何处，都可在指定的创业孵化示范基地累计享受最多30天的免费移动工位，还能免费参加基地的各类创业主题活动。蓝色"创卡"面向其他准备在黄浦区创业的创业者及其团队，通过扫描卡面二维码，了解各创业示范基地的场地信息、孵化功能和孵化特色等。

2. 挖掘潜力资源，"燃创梦想"助力高质量创业

为促进更高质量的就业创业，加大创业人才的集聚力度，近年来，区人社部门紧紧围绕"双创"，打造"燃创梦想"区域创业赛事品牌，每年举办高规格创业赛事，巩固创新创业成果。2021—2022年，在沪苏共融、加快推进长三角一体化发展的良好基础上，举办"同心助力，共创未来"长三角创业创新大赛。

二、工作成效

"四色创卡"的推出，为优秀青年才俊创业和团队初成长"撑了腰"，也为黄浦区营造最优创业生态环境提供了有力支撑。截至2022年9月，黄浦区共发放23张创卡，其中红卡1张，橙卡10张，绿卡12张。1个红卡和5个橙卡项目已进入黄浦区创业孵化基地享受免费工位及孵化服务，另有5个项目待入孵。通过创业孵化基地以及创业部门的孵化服务，现有3个团队项目落地。

"燃创梦想"始终坚持"以赛引创、以赛助创、以赛引岗"，通过"燃创梦想"这一资源汇聚、信息发布的平台，整合创业孵化示范基地、老字号公共实训基地、创业见习基地、招商平台、银行、投融资机

构以及高校等各方资源，集众智、聚众力，携手孵化创业项目落地黄浦区，助力受新冠疫情影响的小微企业复工复产，实现更高质量的创业和就业。

第四节　长宁区改革案例

长宁区法院聚焦重点领域和关键环节，聚焦当前市场主体面对疫情影响和复工复产迫切需要解决的"急难愁盼"问题，具体改革案例和成效如下：

一、改革举措

1. 诉讼服务再进一步

一是开展诉讼指导行动。组织专门团队办理涉疫案件，强化对市场主体参与诉讼的依法公平指导。整理诉讼指引，针对涉疫案件办理规范等进行重点提示和指导。二是开展线上诉讼行动。组建在线办案技术支持"零时响应群"，落实全流程网上办案技术配套与综合服务保障。制发全流程网上办案云端应用手册，破除市场主体参与诉讼的渠道障碍。三是开展要素诉讼行动。探索商事纠纷要素式立案、要素式诉讼、要素式文书，进一步满足商事主体多元高效便捷的司法需求。

2. 审判质效再进一步

一是开展调解优先行动。对涉疫案件实行"调解优先、能调则调"，降低企业参与诉讼的时间成本和经济成本。建立涉疫纠纷高速调处绿色通道，负责处理涉疫案件的集中立案和诉前调解。推动涉疫案件诉前调解程序与审判程序的高效无缝衔接。二是开展产权保护行动。充分重视疫情背景下市场主体的产权保护，妥善审理相关案件，鼓励市场有序竞争。加大对涉疫知识产权侵权行为的惩治力度，促进创新发展。三是开展善意执行行动。出台《服务发展保障民生执行工作指引》，强化公正执行、善意执行理念。举办涉疫涉民生执行案款集中发放活动，打击拖欠劳动报酬、拖延执行、规避执行等恶意行为。四是开展质效提升行动。针对营商环境评估内容，强化审判管理，提升食品质效，切实让市场主体感受到司法服务的公正和便捷。

3. 审判延伸再进一步

一是开展专题调研行动。对辖区重点企业及困境企业开展针对性调研走访，准确把握企业复工复产和发展过程中遇到的法律问题和司法关切。加强涉疫案件识别，实行院、庭两级专项列表管理，抓实涉疫案件研判，及时解决相关法律适用疑难问题。二是开展案例指引行动。充分发挥专业法官会议、审委会等平台职能作用，重点提炼防疫常态化背景下符合法治原则、遵循市场规律、有助企业脱困的裁判规则和典型案例。举办典型案例发布会，指引市场主体有效化解矛盾纠纷，恢复正常经营。三是开展诉源治理行动。制发网络消费司法审判白皮书、发布互联网空间行为规范、司法诊断报告等，帮助防范和化解法律风险。在微信公众号推出专栏，围绕企业复工复产关注的债务偿还、企业融资、劳动用工等实务法律问题，为社会提供价值导向，为市场明规则、稳预期。

二、工作成效

通过发布诉讼指引和典型案例，为诉讼主体提供指导，并通过微信等平台公布，为市场主体提供指引。通过"零时响应群"，为市场主体解决在线诉讼问题40余个。通过深化完善限制消费宽限期等工作机制，为困难企业纾困解难提供窗口期。通过涉疫纠纷高速调处绿色通道，依法稳妥化解涉疫纠纷8件。长宁法院将继续推动十项行动落实，从诉讼服务、审判质效、审判延伸等方面为市场主体营造良好的法治化营商环境。

第五节　杨浦区改革案例

杨浦区以"精细、精准、精心"的服务举措，全力打造"就业创业更安心、人才引育更暖心、企业发展更舒心"的营商环境，具体改革案例和成效如下：

一、改革举措

1. 精细施策，提升市场主体安心感

一是超前筹谋，需求早摸清。新一轮疫情暴发后，市区先后出台"加快经济恢复和重振50条、30条"等举措，直指保市场主体、保就业，杨浦区聚焦政策落实落细，全力以赴帮助企业渡过难关，千方百计稳住就业岗位。4月，杨浦区在全市率先对近600家中小微企业约7万名职工开展线上企业用工情况问卷调查，形成中小微企业生产经营和用工现状调查报告；6月，复工复产后立即启动企业就业人才服务需求专题调研，对区内企业进行"问诊式"走访调研和"地毯式"政策问需，为精准施策打下扎实基础。

二是多维推送，政策早宣传。多渠道宣讲解读各项政策，畅通政策咨询服务和办理渠道，举办惠企政策线上专题讲座35场次，吸引2500

余家次企业参与。制作发放《人社惠企服务卡》，广泛宣传就业人才服务领域各项助企纾困政策，组织开展区创业指导专家志愿团在线坐诊服务，分别成立文创、科创、融资等 7 个线上指导服务组，以"云坐诊"形式，为创业者提供针对性辅导，让政策最快直达企业。

三是优化流程，红利早落地。为推动助企纾困政策"早见效、多见效、见实效"，切实减轻企业负担，结合市场主体需求调研，迅速制定汇编《困难行业企业稳就业补贴实施细则》《创业担保贷款展期贴息申请实施细则》等 9 项助企纾困政策实施细则和配套问答，优化审核流程，缩短审核期限，加快补贴核拨速度。

2. 精准引育，传递人才成长暖心感

一是定制服务，护航高校毕业生就业。面向杨浦高校，发布《应届生求职指引公开信》，全方位推介人社公共就业服务。主动应对疫情对传统就业服务的不利影响，借助 B 站、微信抖音等新媒体平台，举办互联网行业直播带岗专场和高校毕业生秋季直播带岗专场活动，远程锁定优秀人才。结合不同高校的特点和需求，提供特色就业服务。

二是揭榜挂帅，加速高水平人才培育。发布《关于新时代杨浦打造"人才秀带"建设高水平人才高地的实施意见》，创新青年人才引育模式，启动"在线新经济未来人才实验室"建设，以"揭榜挂帅"方式挖掘优秀人才，通过政府搭平台、企业设问题、人才提方案、共同来孵化，推进创新成果和创新人才的落地转化应用。

三是延伸触手，吸引海外留学生回流。依托国际人才服务平台，协同海外高校推进"云实习"项目，向海外留学生广泛推介杨浦企业，并开设"AI 人才特训营"，近 50 位算法、数据分析、计算机等领域人才进入企业进行暑期实训。推出"留学青年 Call Back"系列之"看杨浦看大厂"叠纸游戏专场活动，在抖音、微信视频号及 BOSS 直聘 APP 等平台多渠道播出。

3. 精心服务，营造企业发展舒心感

一是有力保障，培育健康新经济生态。区内在线新经济产业加速发展，美团、B 站、字节跳动等一批头部企业相继落户杨浦。为促进新业态健康发展，杨浦区着力加强新就业形态劳动者就业服务和权益保障，将新就业形态劳动者和新就业形态岗位供求纳入公共就业服务范围，推进新就业形态从业人员职业伤害保障试点工作，推动美团、达达纳入上海首批职业伤害保障试点企业范围（全市共 7 家），助力在线新经济企业规范、可持续发展。

二是持续涵养，打造一流创业生态。推出"杨浦创业地图"，整合辖区内创业园区、办公楼宇和便民服务点等市场主体关注的信息，持续丰富园区楼宇个性化首页功能，打造一体化"企业版链家"招商平台，缓解园区楼宇与企业信息不对称问题，助力企业在合适的地方扎根入驻。连续六年举办"创业之星"大赛，作为上海规模最大、覆盖面最广的双创赛事，已从 5600 多个优秀创业项目中评选出 681 位"创业之星"，发掘出优刻得、魔方公寓等一批独角兽和准独角兽企业。

三是多元融合，构建开放创新生态。发布"meta job"元宇宙招聘大厅，组织来自大创智、大创谷的 100 余家科技企业，举办线上实时互动招聘大会，复旦大学、上海交通大学、华东理工大学、上海财经大学等 60 余所高校参与其中。依托博士后创新基地，持续推动区域产学研一体化进程，聚焦人工智能、计算机、大数据等重点产业领域，征集了 83 家企业 92 个博士后项目，推进高校供给侧与企业需求侧精准对接，充分发挥人才创新能力，激发杨浦创新活力。

二、工作成效

一是人才加速集聚，海内外人才引进数量实现倍增，留学生落户数量稳居全市前列，681 位"创业之星"中 34 位成长为上海市海外高层次人才，10 位成长为国家级海外高层次人才。

二是企业健康成长，目前，区内拥有 1104 家高新技术企业、16 家国家级专精特新"小巨人"，滚动培育了 237 家市级"专精特新"企业，均位列中心城区第一。

三是产业加速发展，美团、B 站、小红书等在线新经济头部企业扎根杨浦，引领区域产业发展。杨浦区将持续优化就业创业服务，厚植人才成长沃土，汇聚全球智慧资源、创新要素，打造更有温度、有速度、有态度的营商环境。

第四部分　政策建议篇

第十四章　政策建议

第一节　提升市场主体的获得感

一是细化分类，一类一策。鉴于各类企业群体面临的营商环境痛点不同，分类施策将更有效地提升市场主体的获得感，应考虑以行业分类、以发展阶段分类、以内外资企业分类等。针对初创型创新类企业应重点关注知识产权保护，充分发挥上海知识产权法院作用，建立针对初创型企业的知识产权快速维权新机制。

二是顶层设计，着力解决成长性中小企业融资难问题。可以组建政策性中小银行，主要作用是对需要扶持的中小企业发放免息、贴息、低息贷款，对技术革新、新产品开发和创建新企业等提供贴息和资助。

三是加强宣传，更清晰地展示营商环境政策与制度。将《上海市优化营商环境条例》学习纳入政府部门党委中心组学习范围，提升优化营商环境的服务意识。同时创新性采用抖音、微视频、微信小程序等新媒体开展宣传工作，全面提高《上海市优化营商环境条例》普及率。

四是大力提升涉企政策"知晓度"。采取"线上线下、点面结合"多种形式开展宣传活动，创新性采用抖音、微视频、微信小程序等新媒体开展宣传工作，全面提高涉企政策普及率和知晓度。通过企业云网站、学习培训会、座谈会、现场宣传讲解等方式开展涉企政策的宣传和解读工作，扩大政策知晓度，使好政策真正惠及广大企业，让企业听得懂，能运用。

第二节　推进政府业务流程优化

一是再造"一网通办"业务流程，确保从"能办"向"好办"转变。贯彻"以人民为中心"的发展理念，构建实质性的参与机制。精准施策提升网办率，利用大数据技术、人工智能技术和用户电子证照服务技术等，主动归结，甚至研判企业和居民办事诉求和办事难点，有针对性改善"一网通办"的质量，持续提升居民办事的便利度、体验度和满意度。推进综合窗口服务实现标准化，建议在总结各区综合窗口服务的经验的基础上，推进综合窗口服务标准化建设，把经验转化为标准和固化为工作指南，实现综合窗口服务由"凭经验办"变为"凭标准办"和"依指南办"。兼顾窗口的综合性和专业性，建议鼓励各区根据实际情况，借助大数据分析来科学确定无差别受理窗口和分领域综合窗口的数量比例。在"家门口"上下功夫。丰富和完善上海三级联动政务服务体系，不断提升自助服务，进一步加大改革力度，从企业和群众视角的"一件事"出发，系统重构业务流程，进一步明确办事标准，压减办事期限，实现"一件事、一次办"。

二是完善相关法律法规，为"一网通办"改革保驾护航。随着"一网通办"工作的进一步推进，还需要不断完善地方立法。建议市级层面不断完善立法，如通过修改完善《上海市社会信用条例》，将未按时补交法定材料的行为列为失信行为。加大综合窗口法律法规授权，建议通过部门依法委托或授权的方式，在"两集中"（推动部门行政审批事项向一个科室集中、部门审批科室向区行政服务中心办事大厅集中）的基础上再增加"行政审批权力向窗口集中"，在窗口实现"收件＋受理＋审批"功能。

三是进一步加强顶层设计，着力优化体制机制。建议从市区两个层面推进体制机制创新。在市级层面，可借鉴学习山东经验，研究在市级层面建立政务服务中心；在区级层面，建议推广浦东经验，设立行政审批局，强化区级行政审批服务机构的工作力量配备。建议建立"一网通办"联席交流机制。由市政府办公厅牵头，各区定期就"一网通办"中的一些好的做法进行交流，共同推动解决"一网通办"工作中所遇到的各种问题。构建政企互动机制，发挥工商联和行业协会的沟通平台作用，充分征求市场主体的意见，在推进整个"一网通办"工作的全过程中加强政企互动。建议着力"办""管"结合，"两张网"相互赋能。

四是着力推进数据共享与高质量开放，让数据应用更高效。加快推进市区两级大数据资源平台建设。不断提升数据汇聚的质量和效率，增强市级大数据平台对区级大数据平台的赋能水平与能级，进一步强化数据安全保障，通过市级制度化推动公共数据整合共享，为区级"一网通办"进一步推进创造良好条件。切实推进信息资源共享。提升信息数据归集质量、大力推进数据高水平公开。

第三节　加强法治化营商环境建设

一是建立多元化的纠纷解决机制。建立诉讼、调解、仲裁有效衔接的多元化国际纠纷解决机制。可以成立国际商事专家委员会，制定工作规则和法庭程序指引。依托"上海法院一站式多元解纷平台"，建立调解、仲裁、行政复议、诉讼相衔接的多元化纠纷解决方式。着重在纠纷多发领域开展源头预防和前端治理，司法机关、政府部门和社会组织加强协作配合，鼓励支持社会力量参与纠纷解决。积极推进区非诉讼争议解决中心建设，开展"一口式"受理、分流、反馈矛盾纠纷调处。

二是规范和发展并重，创新监管理念、监管制度和方式。加强事前事中事后全链条全领域监管。探索以"场景应用"为抓手，创新实施场景化综合监管。运用风险、信用、科技等各类监管方式，全面推行"双随机、一公开"监管，重点推进以信用为基础的分级分类监管。在知识产权领域试点工作基础上，逐步推广知识产权信用标准体系，更好地发挥行业协会在信用信息归集、失信管理、严格自律等方面的引领作用，加强知识产权全链条保护。

三是规范制度建设，整合法治系统。系统整合相关的法律、法规和规章制度建设，对现行法律和行政法规进行全面审查，清理不符合市场经济发展的相关法律规范和监管规则，建立更加开放、透明、规范的外资准入、监管和服务框架，在金融、贸易等领域要形成全覆盖的监管模式，建立与系统集成制度创新对应的政府监管机构，确保制度型开放的有效运行。此外，要推动内外衔接的标准质量法律制度和监管体系建设，促进内外贸法律法规、监管体制、经营资质、质量标准、检验检疫、认证认可等相衔接，推进同线同标同质。

第四节 持续推进人才引进计划

一是建设人才信息库，增强人才吸引力。发挥人才吸引人才的政策，通过持续推进全球高层次科技人才信息平台建设，利用大数据手段建设全球科技人才数据库，做好全球、城市、区域、机构等多层次多维度全景、趋势、预测等人才数据分析，利用好人才平台深度挖掘全球科技、产业、金融和人文科学领域高层次人才，为政府、高校、科研院所和科技企业在人才引进、人才评估、专家评审、科技合作等方面提供数据支撑服务。

二是持续推进科研合作平台，建设创新人才培育基地。建设"国际一流科研机构信息平台"，实时跟踪了解与上海重点发展领域相契合的一流科研机构的科研动向、合作动态、专家人才现状、成果产出等，为引进国际一流科研机构、推动国际科研合作提供数据支撑。加速引进一批国际一流科研机构在沪设立分支机构，加快与国内机构的合作进程，扩大国际合作，建立不同层次不同形式的国际合作平台。

三是提升创新人才待遇，增强美好生活品质对人才的吸引力。上海可以提供多样化的住宅供应与住房保障政策，对不同层次的人才提供一定的购房与住房补助，提供配套生活条件。培养学术人才，完善人才评价和治理体系。以浦东新区打造国际人才发展引领区为抓手，推进人才队伍建设。

第五节　持续深化科技创新赋能

一是不断完善科技创新体制机制。以浦东新区打造社会主义现代化建设引领区为契机，大力破除影响科技创新的深层次体制机制障碍。一方面，着力建设与国际科技创新中心相适应的管理架构与科研组织体系。另一方面，通过发展科技中介服务机构、强化知识产权保护、完善收益分配机制等手段推进科技成果转化机制改革，促进科技成果的市场化、产业化应用，解决好科技与经济"两张皮"问题。加大企业培育力度，进一步简化优化办事流程。

二是优化技术合同登记服务。在全市各区符合条件的企业中推行技术咨询、技术服务合同登记告知承诺制，增设技术合同登记服务点，便利技术交易主体开展技术合同认定登记。简化企业标准和团体标准自我声明公开办理。将企业标准和团体标准自我声明公开办理纳入"一网通办"平台，实行告知承诺制，进一步简化优化办事流程。在平台上显示监督检查结果，使标准成为企业对市场的"硬承诺"。

三是助推上海独角兽企业，培育后起强势科技创新企业。运用好"双自"优势，通过打造国际研发机构聚集区，吸引顶尖科技企业落户上海，利用好制度优势协助外资企业和创业公司办理在企业经营过程中所需的章程认证、注册、税务、年金及社会保险、入境管理等手续，合理布局聚集区产业链创新链，促进区域内产业合理布局。引进一批全球顶尖风险投资机构，通过天使投资税收减免计划鼓励国际天使投资基金对优质创业项目的支持，助推上海独角兽企业的孵化和成长，培育一批后起强势科技创新企业。

第六节　发挥长三角区域共享功能

一是顶层设计构建统一的长三角营商环境制度。加强政策协调，形成统一的长三角区域营商环境制度，在长三角一体化示范区内先行先试，为全国推广创造经验。成立长三角一体化营商环境建设小组，探索以跨省（域）办成"一件事"为目标的跨省（域）通办服务。推动审批许可事项清单合一，证照资质互认，面向长三角企业和群众的所有办事事项统一设立方式、数据格式、证明材料、办理流程、服务标准。在上海、南京圈、苏锡常圈、宁波圈、杭州圈、合肥圈"一核五圈"和"长三角一体化示范区"范围内，结合长三角区域实际，研究制定、分工承担相关的指标体系和评价标准。率先试点以企业开办、施工许可、财产登记、信贷获取、投资者保护、税收征管等为重点的市场环境指标体系。重点关注产业政策指标的协同性。建议联合制作、发布推送区域内重点产业、行业、企业发展所需的各类政务商务信息，编印《长三角区域产业政策一本通》等。

二是加快信用长三角建设，实现综合监管和智慧监管。合力推进示范区信用平台建设。建立青浦、吴江、嘉善三地共享的信用信息数据库，推动形成统一的企业信用档案和红黑名单，探索建立示范区联合激励惩戒机制，研究信用嵌入环境保护等重点领域的具体实施方案。持续推进重点领域跨区域联合惩戒。推动形成区域统一的严重失信企业名单，落地实施授信融资限制、停止享受税收优惠等一批联合惩戒措施，形成可复制可推广的跨区域信用奖惩模式。

三是打造长三角区域协同创新共同体。发挥上海的中心辐射作用，发展各城市特色主导产业，形成优势产业集群，深化协同创新效应为人才价值实现提供良好产业集群环境。产业链与创新链深度融合，积极推进长三角科技资源共享服务平台建设，加快长三角机构、人才、重点实验室等创新要素的系统化有效组织，发挥平台优势推动长三角城市群的创新资源集聚与发展，形成区域创新要素共享长效机制，为人才发展提供更广阔的发展空间和更多可利用资源。

附录 1　调查问卷

上海营商环境问卷调查

您好!

非常感谢您抽出宝贵时间填写我们的调查问卷。此次问卷调查目的是对上海营商环境满意程度进行调研,为进一步完善相关政策提供决策参考依据。根据随机抽选结果,贵企业被选为调查企业,请根据实际情况和自身判断,协助填写问卷。

本调查问卷采用无记名方式,我们将严格遵照有关法律法规对问卷所有数据予以保密且仅用于统计分析。感谢您的支持!

企业名称:＿＿＿＿＿＿＿＿＿＿(选填)

联 系 人:＿＿＿＿＿＿＿＿＿＿(选填)

联系电话:＿＿＿＿＿＿＿＿＿＿(选填)

所属行业协会:＿＿＿＿＿＿＿＿(选填)

上海营商环境研究中心

上海市人大常委会非驻会委员工作室

2022 年 8 月

第一部分　企业基本信息

序号	问　题	选　项
1	企业性质	A. 国有企业 B. 集体企业 C. 民营企业 D. 外资企业（外商独资、中外合资、中外合营）E. 其他（请注明）___
2	企业所属行业	A. 农林牧渔业 B. 采矿业 C. 制造业 D. 电力、热力、燃气及水生产和供应业 E. 建筑业 F. 批发和零售业 G. 交通运输、仓储和邮政业 H. 住宿和餐饮业 I. 信息传输、软件和信息技术服务业 J. 金融业 K. 房地产业 L. 租赁和商务服务业 M. 科学研究和技术服务业 N. 水利、环境和公共设施管理业 O. 居民服务、修理和其他服务业 P. 文化、体育和娱乐业 Q. 其他（请注明）___
3	企业成立时间	A. 1 年以下 B. 1～5 年 C. 6～10 年 D. 11～15 年 E. 15 年以上
4	企业产业特征	A. 劳动密集型 B. 资源密集型 C. 资本密集型 D. 知识技术密集型
5	企业规模	A. 大型企业 B. 中型企业 C. 小型企业 D. 微型企业
6	企业所处阶段	A. 创业期 B. 成长期 C. 快速扩张期 D. 稳定发展期 E. 转型期
7	企业年产值（元人民币）	A. 50 万以下 B. 50～500 万 C. 501～1000 万 D. 1001～5000 万 E. 5001 万～1 亿 F. 1 亿～10 亿 G. 10 亿以上
8	企业员工人数	A. 10 人以下 B. 10～50 人 C. 51～100 人 D. 101～500 人 E. 501～1000 人 F. 1001～5000 人 G. 5000 人以上
9	企业注册地	A. 黄浦区 B. 徐汇区 C. 长宁区 D. 静安区 E. 普陀区 F. 虹口区 G. 杨浦区 H. 闵行区 I. 宝山区 J. 嘉定区 K. 金山区 L. 松江区 M. 青浦区 N. 奉贤区 O. 崇明区 P. 浦东新区
10	企业经营地	A. 黄浦区 B. 徐汇区 C. 长宁区 D. 静安区 E. 普陀区 F. 虹口区 G. 杨浦区 H. 闵行区 I. 宝山区 J. 嘉定区 K. 金山区 L. 松江区 M. 青浦区 N. 奉贤区 O. 崇明区 P. 浦东新区

第二部分　上海市营商环境总体评价

序号	营商环境总体评价	非常满意	比较满意	一般	不太满意	非常不满意
1	您对上海市营商环境的总体评价	□	□	□	□	□
2	您对上海市投资贸易环境的评价	□	□	□	□	□
3	您对上海市政府服务环境的评价	□	□	□	□	□
4	您对上海市市场法制环境的评价	□	□	□	□	□
5	您对上海市人才创新环境的评价	□	□	□	□	□
6	您对上海市开办企业便利度的评价	□	□	□	□	□
7	您对上海市行政审批流程便利度的评价	□	□	□	□	□
8	您对在上海市纳税便利度的评价	□	□	□	□	□
9	您对在上海市信贷融资便利度的评价	□	□	□	□	□
10	您对在上海市获取电水气热通信便利度的评价	□	□	□	□	□
11	您对在上海市办理施工许可便利度的评价	□	□	□	□	□
12	您对在上海市开展跨境贸易便利度的评价	□	□	□	□	□
13	您对上海市对企业知识产权保护的评价	□	□	□	□	□
14	您对上海市统筹疫情防控和企业生产经营的评价	□	□	□	□	□
15	您对上海市助企纾困措施与惠企政策的评价	□	□	□	□	□

第三部分 上海市营商环境不同维度评价

一、疫情后纾困利企

序号	问　题	选　项
1	本轮疫情对您所在的企业生产经营的影响？	A. 影响严重，导致企业经营面临严重困难，可能倒闭 B. 影响很大，导致企业经营暂时停顿 C. 影响较大，导致企业经营出现部分困难，经营勉强维持 D. 影响较小，企业经营出现一些困难，但经营总体保持稳定 E. 没有明显影响
2	疫情导致您所在的企业目前面临的主要困难？（多选）	A. 无法正常生产经营 B. 市场订单减少 C. 生产经营成本高企 D. 应收账款回款难 E. 融资难度加大 F. 企业因无法按时履行交易合同需支付违约金 G. 其他（请注明）＿＿
3	您所在的企业对上海市纾困助企政策是否熟悉？	A. 非常熟悉 B. 比较熟悉 C. 不熟悉 D. 没有了解的渠道
4	疫情背景下，您所在的企业享受到哪类惠企政策？	A. 减税免税政策 B. 房租减免政策 C. 防疫补贴政策 D. 减免、缓缴社保政策 E. 减免 / 缓缴费用政策 F. 财政补贴政策 G. 优化服务政策 H. 金融支持政策
5	针对疫情影响，您所在的企业希望政府采取哪些措施帮助企业？（可多选）	A. 加强疫情精准防控 B. 加强对企业疫情防控指导 C. 保障物流畅通 D. 阶段性减免社保费 E. 提供稳岗补贴 F. 帮助企业招工 G. 减免或提供房租、水电费等补贴 H. 对现有贷款展期 I. 提供贷款贴息 J. 对受疫情影响无法如期履行交易合同给予帮助 K. 其他（请注明）＿＿

二、企业准入

序号	问　题	选　项
1	您是否知晓上海市"一窗通"开办企业网上申报平台？	A. 知晓 B. 不知晓
2	当时办理开办企业手续的方式是？	A. 线上办理（跳转至21题）B. 线下办理 C. 其他（跳转至21题）＿＿

（续表）

序号	问题	选项
3	选择线下办理的原因是?（可多选）	A. 不清楚线上办理政策 B. 线上操作较为复杂难懂 C. 线下办理感觉更为可靠 D. 线下办理可以获取工作人员帮助 E. 其他_____
4	当时开办企业所需要办理的手续?	A. 3 个以内 B. 4～6 个 C. 7～9 个 D. 10～12 个 E. 13 个以上
5	当时办理企业开办手续（自提交申请后至领取营业执照）所花费的时间?	A. 5 天以内 B. 6～10 天 C. 11～15 天 D. 16～20 天 E. 21～25 天 F. 26 天以上
6	企业开办过程中，所有事项是否可在政务中心集中办理?	A. 是 B. 否
7	当时办理企业开办手续是否收费?	A. 是 B. 否
8	企业开办过程中是否免费提供复印、邮寄、帮办代办等服务?	A. 是 B. 否
9	当时企业开办全流程是否便利?	A. 便利 B. 较便利 C. 一般 D. 烦琐 E. 不好说
10	您对上海市企业开办流程及服务是否满意?	A. 满意 B. 较满意 C. 一般 D. 不满意 E. 不好说

三、办理施工许可（具有建造资质企业填写）

序号	问题	选项
1	您所在的企业在房屋建筑开工前所有手续办理程序?	A. 5 个以内 B. 6～10 个 C. 11～15 个 D. 16～20 个 E. 21 个以上
2	您所在的企业办理房屋建筑开工前所有手续办理时间?	A. 50 天以内 B. 51～100 天 C. 101～150 天 D. 151～200 天 E. 201～250 天 F. 251 天以上
3	您所在的企业办理土地许可的便捷程度如何?	A. 便捷 B. 较便捷 C. 一般 D. 烦琐 E. 不好说
4	您所在的企业办理环境影响评价的便捷程度如何?	A. 便捷 B. 较便捷 C. 一般 D. 烦琐 E. 不好说

序号	问　　题	选　　项
5	您所在的企业办理规划许可的便捷程度如何？	A. 便捷 B. 较便捷 C. 一般 D. 烦琐 E. 不好说
6	您所在的企业办理建设许可的便捷程度如何？	A. 便捷 B. 较便捷 C. 一般 D. 烦琐 E. 不好说
7	您所在的企业办理消防许可的便捷程度如何？	A. 便捷 B. 较便捷 C. 一般 D. 烦琐 E. 不好说
8	您所在的企业办理行业资格准入的便捷程度如何？	A. 便捷 B. 较便捷 C. 一般 D. 烦琐 E. 不好说

四、公共服务连接

序号	问　　题	选　　项
1	您所在的企业办理接入电网手续时间	A. 30 天以内 B. 31～60 天 C. 61～90 天 D. 91～120 天 E. 121～150 天 F. 150 天以上
2	请您对供电单位办事效率和服务态度进行评价	A. 满意 B. 较满意 C. 一般 D. 不满意 E. 不好说
3	请您对目前上海市为企业提供"四早"免申即办主动服务进行评价	A. 满意 B. 较满意 C. 一般 D. 不满意 E. 不了解
4	您所在的企业运营中的环保抽查频次	A. 每月 1 次及以上 B. 每季 1～2 次 C. 每年 1～3 次 D. 2～3 年 1 次 E. 3 年以上 1 次
5	环保成本占您所在的企业总成本比例（%）	A. 5 以下 B. 6～10 C. 11～15 D. 16～20 E. 21 以上
6	您所在的企业获得用水的时间	A. 3 天以内 B. 3～7 天 C. 8～15 天 D. 16～30 天 E. 30 天以上
7	请您对供水单位办事效率和服务态度进行评价	A. 满意 B. 较满意 C. 一般 D. 不满意 E. 不好说
8	您对上海市供排水、电力、燃气、互联网市政接入联合报装的服务优化满意度	A. 满意 B. 较满意 C. 一般 D. 不满意 E. 不了解
9	您认为相较于北京、深圳而言，上海获得商业租赁（物业租金等商务成本）的成本高低	A. 比北京、深圳高 B. 比北京、深圳低 C. 不清楚

五、登记财产（有该部分业务的企业填写）

序号	问　　题	选　　项	代码
1	您所在的企业办理财产转移登记所需程序？	A. 5 个以内 B. 6～10 个 C. 11～15 个 D. 16～20 个 E. 21 个以上	
2	您所在的企业办理财产转移登记所需时间？	A. 10 天以内 B. 11～20 天 C. 21～30 天 D. 31～40 天 E. 41～50 天 F. 51 天以上	
3	您所在的企业办理财产转移登记所需费用（占财产价值比 %）	＿＿＿＿＿（%）	

六、国际贸易（请报关、货代、船代、码头企业、进出口、服务贸易企业填写）

序号	问　　题	选　　项
1	您所在的企业在跨境贸易中已有采用的便利化措施？（可多选）	A. 两步申报 B. 两段准入 C. 电子报关委托 D. 免办 CCC 认证"先声明后验证" E. 提前申报 F. 检验检疫证书签发电子化 G. 船边直提 H. 抵港直装 I. 原产地证书自助打印 J. 关税保证保险 K. 分层查验 L. 不到场查验 M. 其他＿＿＿＿
1.1	如无采用上述措施，原因是？（可多选）	A. 不清楚有便利化措施 B. 无法及时做好单证或其他进出口前期准备 C. 业务委托给代理公司做，由其决定是否采用 D. 通关效率已经很高，不必要采用便利化措施 E. 其他＿＿＿＿
2	相对于其他城市而言，上海跨境贸易产生的费用高低？（包括但不限于 THC 费、文件费、换单费、改船费、舱单更改费等）	A. 比其他城市高 B. 比其他城市低 C. 不清楚
3	您认为，哪几个环节对跨境贸易通关效率影响最大？	A. 单证资料准备 B. 报关 C. 舱单输入／申报 D. 查验 E. 码头作业 F. 物流／拖车 G. 其他＿＿＿＿

（续表）

序号	问　　题	选　　项
4	在跨境贸易中，您最常使用的港口是？	A. 外高桥 B. 吴淞码头 C. 洋山深水港 D. 其他＿＿＿＿
5	该港口在近 2 年（2020—2022）在以下几方面有改善？	A. 通关速度 B. 码头操作效率 C. 收费更加透明 D. 信息化与无纸化水平 E. 没有改善 F. 其他＿＿＿＿
6	请您对中国（上海）国际贸易单一窗口的功能设置和操作使用进行评价？	A. 满意 B. 较满意 C. 一般 D. 不满意 E. 不好说
7	您认为中国（上海）国际贸易单一窗口存在哪些问题？	A. 网站卡顿不稳 B. 需要多次重复提交材料 C. 重复填报内容较多 D. 功能不完善 E. 不够智能化 F. 缺乏清晰的操作指引 G. 以上均无 H. 其他＿＿＿＿
8	您认为本地跨境贸易服务在以下哪些方面还需要改善？（可多选）	A. 保障物流 B. 简化流程，加快通关查验效率 C. 协助保障原材料供应 D. 提高出口退税效率 E. 优化商品检验模式和转关货物管理 F. 公开通关流程和物流作业时限 G. 提升口岸查验区域作业效率 H. 规范和降低口岸查验服务性收费 I. 在各口岸现场、国际贸易"单一窗口"等公示收费项 J. 其他＿＿＿＿

七、纳税

序号	问　　题	选　　项
1	近一年内（2021 年 7 月—2022 年 7 月）您所在的企业纳税次数？	A. 3 次以内 B. 4～6 次 C. 7～9 次 D. 10～12 次 E. 13 次以上
2	近一年内（2021 年 7 月—2022 年 7 月）您所在的企业纳税所需时间？	A. 50 小时以内 B. 51～100 小时 C. 101～150 小时 D. 151～200 小时 E. 201 小时以上
3	您所在的企业缴纳的法定税费占企业税前利润的比例是？（%）	A. 10 以下 B. 10～20 C. 21～30 D. 31～40 E. 41～50 F. 50 以上

（续表）

序号	问　　题	选　　项
4	近年您所在的企业是否享受过如下税收优惠政策？（可多选）	A. 增值税留抵税额退税政策 B. 阶段性免征增值税 C. 小微企业所得税优惠政策 D. 企业研发费用加计扣除政策 E. 股权激励和技术入股个人所得税政策 E. 企业设备器具税前扣除 F. "大众创业、万众创新" 税费优惠政策 G. 支持和促进重点群体就业的税收政策 H. 小微企业 "六税两费" 减免政策 [资源税、城市维护建设税、房产税、城镇土地使用税、印花税（不含证券交易印花税）、耕地占用税和教育费附加、地方教育附加] I. 其他（请注明）＿＿＿＿　J. 未享受过以上税收优惠政策
4.1	若未享受，原因是什么？	A. 不符合条件 B. 因手续烦杂放弃 C. 不了解政策 D. 其他（请注明）＿＿＿
5	您希望通过以下哪些渠道获取税收优惠政策信息？（可多选）	A. 税务网站 B. 微信公众号 C. 微博 D. 电子税务局 E. 手机 APP F. 手机短信 G. 办税服务厅 H. 12366 热线 I. 宣传手册 J. 新闻媒体 K. 其他＿＿＿＿
6	请您对上海市推行的线上税（费）种综合申报进行评价，包括操作便捷、流程优化、运行稳定等。	A. 满意 B. 较满意 C. 一般 D. 不满意 E. 不好说
7	请您对本区的税收宣传及培训辅导工作进行评价，包括开展及时、满足办税需要、渠道多样、解读清晰等。	A. 满意 B. 较满意 C. 一般 D. 不满意 E. 不好说
8	您所在企业办税服务厅处理办理涉税事项时，是否遇到下面的情况？	A. 办税服务厅无导税人员 B. 以下班时间快到为由，拒绝办理涉税业务 C. 当您要求税务机关进行预约办税时，税务机关不受理 D. 在办理涉税业务时，未告知办理涉税事项需要多长时限取件 E. 在办税服务大厅办理业务时遇到问题后，无值班领导前来问询 F. 未履行一次性告知制度，让您在同一涉税事项上来回跑了两次以上 G. 在您办理涉税事项时，税务工作人员相互推诿 H. 以上情况都未发生

八、金融服务

序号	问　　题	选　　项
1	疫情对您所在的企业经营资金方面的影响?（可多选）	A. 企业营业收入减少，流动资金紧张 B. 企业无法及时偿还贷款等债务，资金压力加大 C. 企业面临被抽贷、断贷风险 D. 企业短期融资能力下降 E. 企业融资需求减少 F. 其他（请注明）_____
2	您所在的企业享受到助企纾困金融支持政策有哪些?（可多选）	A. 贷款展期 B. 无缝续贷 C. 无还本续贷 D. 延长还款期限 E. 降低贷款利率 F. 减免担保费 G. 免息低息贷款政策 H. 纾困专项贷款普惠型小微企业贷款投放 I. 其他_____
3	2022 年您所在的企业融资成本有何变化?	A. 大幅上升（30% 以上）　 B. 中幅上升（15%～30%）C. 小幅上升（15% 以下）D. 没有变化 E. 有所下降
4	请您评价今年以来上海市各银行全面推进减费让利惠企效果。	A. 效果明显 B. 较有效果 C. 一般 D. 没有效果 E. 不了解
5	您所在的企业办结不动产抵押登记所需时间?	A. 半个工作日以内 B. 1 个工作日 C. 2 个工作日 D. 2 个工作日以上
6	您所在的企业能够提供的担保方式?（可多选）	A. 住房、商用房抵押 B. 厂房、土地抵押 C. 机器设备或交通工具抵押 D. 担保公司担保 E. 知识产权质押 F. 企业股权质押 G. 不能提供任何担保 H. 其他（请注明）_____
7	您认为当前企业信贷中存在的主要问题?（可多选）	A. 手续烦琐 B. 审批时间过长 C. 担保、抵押要求过严 D. 服务产品不多 E. 政策不透明 F. 利率过高 G. 其他（请注明）_____
8	您认为当前企业在融资过程中遇到的主要问题?（可多选）	A. 政府在信用担保体系和风险补偿机制方面存在不足 B. 资金供需双方的沟通不畅 C. 缺少信用评级等中介服务的有力支持 D. 银行信贷人员激励约束机制不合理，无开展业务动力 E. 金融品种创新不足，融资渠道单一 F. 银行、担保、保险、风险投资等多方合作机制不健全 G. 金融知识及融资信息缺乏 H. 其他（请注明）_____
9	您认为数字化赋能普惠金融对于缓解银政企信息不对称、提高中小微企业融资便利度和可获得性方面将取得怎样成效?	A. 效果明显 B. 较有效果 C. 一般 D. 没有效果 E. 不了解

九、知识产权服务

序号	问　　题	选　　项
1	您所在的企业对自己的知识产权有哪些运用方式？（可多选）	A. 许可使用 B. 质押融资 C. 交易转让 D. 专利池（专利联盟）构建 E. 申报知识产权保险 F. 自行实施 G. 没有涉及知识产权的业务（选跳下一模块）
2	您所在的企业在近年（2020—2022）是否发生过知识产权纠纷？	A. 是 B. 否（跳转至第 3 个问题）
2.1	若是，发生过哪种纠纷问题？	A. 专利纠纷 B. 商标纠纷 C. 著作权纠纷 D. 商业秘密纠纷 E. 没有发生过纠纷 F. 其他（请注明）_____
2.2	采取的维权方式是什么？	A. 自行协商和解 B. 行业协会或调解机构调解 C. 向政府部门（知识产权局、海关）提出行政举报 D. 诉讼 E. 仲裁 F. 其他（请注明）_____
2.3	您所在的企业是否有效处理知识产权纠纷获得赔偿或者避免损失？	A. 获得赔偿 B. 避免损失 C. 未能有效处理
2.4	若没有进行维权，原因是？（可多选）	A. 风险防控和维权费用太高 B. 证据收集困难 C. 维权时间过长 D. 信息不对称，无法及时掌握涉外知识产权最新动态 E. 缺乏知识产权布局和预警机制 F. 缺乏专业人才 G. 缺少指引帮助，寻求知识产权保护的救济渠道不畅通 H. 缺乏有效投诉渠道 I. 其他（请注明）_____
3	您所在的企业在生产经营中更希望获得哪些知识产权相关指导？	A. 知识产权咨询服务 B. 公共检索平台使用 C. 知识产权申请 D. 国内知识产权维权援助 E. 海外知识产权维权援助 F. 知识产权融资服务 G. 知识产权管理制度及合同范本 H. 知识产权培训活动 I. 其他（请注明）_____
4	您所在的企业生产经营中更希望获得哪些知识产权相关信息服务？	A. 法律法规调整情况 B. 最新政策信息 C. 相关资质认定 D. 知识产权审查授权情况 E. 知识产权纠纷 F. 行政处罚公示 G. 知识产权交易信息 H. 管理和公共服务部门联系方式查询 I. 市场化服务机构查询 J. 其他（请注明）_____

（续表）

序号	问题	选项
5	您所在的企业使用过上海市知识产权多元化纠纷解决机制解决问题吗？	A. 有 B. 无 C. 完全不了解
6	若有，请您对上海市知识产权多元化纠纷解决机制进行评价。	A. 满意，成效显著 B. 一般，纠纷解决效率和力度有待提高 C. 不满意，对解决知识产权纠纷效果甚微

十、信用修复

序号	问题	选项
1	您所在的企业是否有过以下遭遇：轻微的不规范经营行为被纳入失信范围，从而对企业经营造成严重影响？	A. 没有 B. 有，情况如下（请注明）_____
2	您所在的企业在生产经营活动中，受到最多的行政处罚是哪一类？（选填）	A. 交通违法 B. 电子商务失信 C. 海关失信 D. 税收违法 E. 失信被执行人 F. 拖欠农民工工资 G. 安全生产失信 H. 食品安全失信 I. 环保失信 J. 质检失信 K. 其他_____
3	您是否知道企业可以通过上海市"一网通办""信用中国（上海）"或"国家企业信用信息公示系统（上海）"任一渠道办理信用修复手续？	A. 知道，已完成过修复 B. 知道，正在办理修复 C. 知道，但未进行过修复 D. 不知道
4	您认为上海市下列哪一企业信用体系建设的环节中还需要改善？（可多选）	A. 信用信息收集渠道 B. 信用信息共享环节，信用信息公示平台建设 C. 信用问题异议处理环节 D. 信用修复程序建设 E. 信用激励与惩戒措施 F. 其他（请注明）_____
5	你认为企业失信的信用修复条件应包括哪些？	A. 采用"信用积分制" B. 视企业失信行为严重程度设定可修复门槛 C. 主动消除失信行为及社会不良影响 D. 书面承诺修复行为 E. 志愿服务、慈善捐助等形式 F. 其他（请注明）_____

十一、市场法治

序号	问　　题	选　　项
1	您所在的企业三年内是否提起过诉讼？	A. 是 B. 否（选跳下一模块）
2	您所在的企业涉法渠道是否畅通？	A. 顺畅 B. 较顺畅 C. 一般 D. 不顺畅 E. 不好说
3	您是否感受到上海小额诉讼优化为快办、好办、低成本办、流程简化、收费降低？	A. 效果明显 B. 较有效果 C. 一般 D. 没有效果 E. 不了解
4	请您对企业诉讼事务在线办理进行评价？	A. 满意 B. 较满意 C. 一般 D. 不满意 E. 不了解
5	您所在的企业从提起诉讼到实际付款期间的时间（包括提交和服务案件的时间、审判和获得判决的时间、执行判决的时间）？	A. 150 天以内 B. 150～300 天 C. 300～450 天 D. 450～600 天 E. 600～750 天 F. 750 天以上
6	您所在的企业在司法程序解决争端所需的会计成本（包括律师费用、庭审费用、执行费用）占索赔额百分比	A. 5% 以内 B. 6%～10% C. 11%～15% D. 16%～20% E. 21%～25% F. 26% 以上
7	在法治环境的各类因素中，您最看重的是（可多选）	A. 立法公开 B. 执法程序规范 C. 判决执法力度 D. 诉讼法律渠道的顺畅 E. 法律监管机制公正 F. 政府依法行政能力 G. 知识产权保护力度 H. 其他（请注明）_____
8	您所在的企业的财产权、经营权等权益受到侵害时，能否得到有效的法律保护	A. 全部能得到 B. 多数能得到 C. 少数能得到 D. 不能 E. 不好说

十二、办理破产（近 2 年内办理过破产结算的企业填写）

序号	问　　题	选　　项
1	请您对破产案件立案的方便性进行评价	A. 非常方便 B. 较为方便 C. 一般 D. 不方便 E. 非常不方便

（续表）

序号	问　　题	选　　项
2	请您对破产专项基金的落实情况进行评价	A. 完全落实 B. 基本落实 C. 部分落实 D. 基本未落实 E. 完全未落实
3	请您对破产裁定后的信用修复工作进行满意度评价	A. 非常满意 B. 较为满意 C. 一般 D. 较不满意 E. 非常不满意
4	请您对破产裁定后您的企业退出市场（如工商、税务注销等）的方便性进行评价	A. 非常方便 B. 较为方便 C. 一般 D. 不方便 E. 非常不方便

十三、政府服务

序号	问　　题	选　　项
1	请您对上海市"一窗通"网上服务平台提供的互联网在线申办、在线签署、在线领照以及企业登记等政务服务进行评价	A. 满意 B. 较满意 C. 一般 D. 不满意 E. 不了解
2	请您对上海市建设项目"中介服务超市"运营使用现状进行评价	A. 满意 B. 较满意 C. 一般 D. 不满意 E. 不了解
3	请您对目前工程项目等招投标项目全流程电子化进行评价	A. 满意 B. 较满意 C. 一般 D. 不满意 E. 不了解
4	请您对上海市"一网通办"数字政务平台进行评价	
4.1	上海"一网通办"平台政务服务事项的办结时效	□满意 □较满意 □一般 □不满意 □不了解
4.2	上海"一网通办"平台的政务服务事项的覆盖度	□满意 □较满意 □一般 □不满意 □不了解
4.3	上海"一网通办"平台的政务服务事项的办理流程标准	□满意 □较满意 □一般 □不满意 □不了解
4.4	上海"一网通办"平台的渠道入口、操作界面	□满意 □较满意 □一般 □不满意 □不了解
4.5	上海"一网通办"平台办理政务服务事项的总体满意度	□满意 □较满意 □一般 □不满意 □不了解

（续表）

序号	问　　题	选　　项
5	您对近年来"送政策进楼宇、进园区、进企业"等营商服务的感受度	A. 效果明显 B. 较有效果 C. 一般 D. 没有效果 E. 不了解
6	您是否能感受到政府主动发现、高效回应企业诉求的企业服务工作机制？	A. 效果明显 B. 较有效果 C. 一般 D. 没有效果 E. 不了解
7	请您对政府部门办事效率和服务态度进行评价	A. 满意 B. 较满意 C. 一般 D. 不满意 E. 不好说
8	请您对政府部门办事流程规范性进行评价	A. 规范 B. 较规范 C. 一般 D. 不规范 E. 不好说
9	请您对政府部门信息公开进行评价	A. 好 B. 较好 C. 一般 D. 不好 E. 不好说

十四、您所在的企业在投资、建设、经营、发展、办理有关手续或事项过程中，遇到的主要困难是什么？有什么解决措施或建议？

附录 2 相关政策文件梳理

一、优化营商环境的顶层设计政策

1. 2022 年 6 月 2 日《上海市 2022 年优化营商环境重点事项》

2022 年年底前，上海主要聚焦 10 个优化营商环境重点事项，以提升市场主体感受度，激发市场主体信心和活力。10 个事项分别为：企业登记便捷、税费缴纳灵活、融资服务升级、信用监管提升、公用服务优化、项目审批提效、跨境贸易便利、科创培育赋能、纠纷化解高效、营商服务贴心。

2. 2022 年 3 月 28 日《上海市全力抗疫情助企业促发展的若干政策措施》

该措施主要坚持统筹疫情防控和经济社会发展，因时因势因情施策，调整和优化防控策略，综合实施退税减税、降费让利、房租减免、财政补贴、金融支持、援企稳岗等助企纾困政策，全力支持相关行业和企业克服困难、恢复发展，持续优化营商环境，努力用最小的代价实现最大的防控效果，努力减少疫情对经济社会发展的影响。

3. 2022 年 2 月 22 日《2022 年上海市深化"放管服"改革工作要点》

该工作要点抓住营商环境创新试点契机，以整体性思维加快转变政府职能，推进城市数字化转型，促进营商环境迈向更好水平，更大激发市场活力和社会创造力，为推动经济社会高质量发展提供强劲动力。主要包括：全链条精简优化审批手续、全过程促进公正高效监管、全周期提升政务服务能级、全领域打造一流营商环境、全方位支持区域创新发展。

4. 2021 年 12 月 27 日《上海市营商环境创新试点实施方案》

该方案主要聚焦重点领域和关键环节，持续开展营商环境攻坚突破，形成一批可复制推广的经验做法，推动完善营商环境制度体系，成为全国服务政府的表率、效能政府的表率、法治政府的表率，亲清政商关系迈上新台阶，为全国营商环境建设作出重要示范。

5. 2021 年 12 月 13 日《上海法治政府建设规划（2021—2025 年）》

主要目标为：到 2025 年，政府行为全面纳入法治轨道，职责明确、依法行政的政府治理体系日益健全，行政执法体制机制基本完善，行政执法质量和效能大幅提升，突发事件应对能力显著提高，数字法治政府建设取得显著成效，各级法治政府建设协调并进，上海法治政府建设在全国实现率先突破，让法治名片更加闪亮，为到 2035 年基本建成具有世界影响力的社会主义法治城市奠定坚实基础。

6. 2021 年 10 月 24 日《上海市全面推进城市数字化转型"十四五"规划》

其主要目标是到 2025 年，上海全面推进城市数字化转型取得显著成效，对标打造国内一流、国际领先的数字化标杆城市，基本构建起以底座、中枢、平台"孪生互通"的城市数基，经济、生活、治理数字化"三位一体"的城市，政府、市场、社会"多元共治"的城市数治为主要内容的城市数字化总体架构，初步实现生产生活全局转变，数据要素全域赋能，理念规则全面重塑的城市数字化转型局面，国际数字之都建设形成基本框架，为 2035 年建成具有世界影响力的国际数字之都奠定坚实基础。

二、开展"证照分离"的政策

1. 2021 年 11 月 1 日《关于推进"证照分离"改革全覆盖工作的实施意见》

该实施意见关于全面实施"证照分离"改革举措主要包括：民办职业培训学校设立、分立、合并、变更及终止审批；经营性中外合作职业技能培训机构设立、分立、合并、变更、终止审批；人力资源服务许可；劳务派遣经营许可；以技能为主的国外职业资格证书及发证机构资格审核和注册。

2. 2021 年 9 月 13 日《上海市统计局涉企行政许可事项"证照分离"改革实施方案》

该方案主要涉及建立行政许可事项清单和涉外统计调查机构资格认定行政许可事项改革举措两个方面，其中建立行政许可事项清单包括将"涉外统计调查机构资格认定"纳入清单管理，逐项列明事项名称、设定依据、审批层级和部门、改革方式、具体改革举措、加强事中事后监管措施等。涉外统计调查机构资格认定行政许可事项改革举措包括一些优化审批流程。

三、推进"一网统管""一网通办"的政策

1. 2022 年 6 月 17 日《2022 年市商务委"一网通办"改革工作要点》

该工作要点主要包括：不断优化业务流程，提升政务服务水平；坚持场景应用驱动，拓展公共服务领域；坚持线上线下深度融合，优化服

务模式；坚持智慧化应用创新，夯实基础支撑能力；落实保障措施，全面提升工作水平等重点工作任务。

2. 2022 年 5 月 24 日《上海市人民代表大会常务委员会关于进一步促进和保障城市运行"一网统管"建设的决定》

该决定通过推进"一网统管"建设，以"一屏观天下、一网管全城"为目标，坚持科技之智与规则之治、人民之力相结合，构建系统完善的城市运行管理服务体系，实现数字化呈现、智能化管理、智慧化预防，聚焦高效处置一件事，做到早发现、早预警、早研判、早处置，不断提升城市治理效能。

3. 2022 年 1 月 5 日《2022 年上海市全面深化"一网通办"改革工作要点》

该工作要点主要强调：要坚持业务和技术双轮驱动、线上和线下协同发力、效率和普惠统筹兼顾、发展和安全相辅相成，以用户视角全面提升线上线下服务体验，加快形成"一网通办"全方位服务体系，实现更便捷、更高效、更精准。推进三个一批创新服务：重点打造一批"免申即享"服务（27 项）、一批高效办成"一件事"（9 个）、一批公共服务标杆场景应用（10 项）。

四、推进税费改革的政策

1. 2022 年 5 月 20 日《国家税务总局上海市税务局关于进一步开展全面数字化的电子发票试点工作的公告》

为推进全面数字化的电子发票试点工作，国家税务总局决定自 2022 年 5 月 23 日起，在上海地区上线升级版电子发票服务平台，并在部分纳税人中进一步开展全电发票试点。全电发票的优点包括领票流程更简化、开票用票更便捷、入账归档一体化等优点。

2. 2022 年 3 月 28 日《上海市全力抗疫情助企业促发展的若干政策措施》

该政策措施主要包括：支持打赢疫情防控阻击战、减轻各类企业负担、加大金融支持力度、做好援企稳岗工作、支持困难行业恢复发展、保持全市生产生活平稳有序。并因时因势因情施策，调整和优化防控策略，综合实施退税减税、降费让利、房租减免、财政补贴、金融支持、援企稳岗等助企纾困政策，全力支持相关行业和企业克服困难、恢复发展，持续优化营商环境。

3. 2022 年 3 月 4 日《上海市税务规范性文件制定管理办法》

该管理办法的制定是为了规范本市税务规范性文件制定和管理工作，落实税收法定原则，优化税务执法方式，促进税务机关依法行政，保障税务行政相对人的合法权益，为深化营商环境提供了制度保障。

4. 2022 年 3 月 2 日《关于本市开展 2022 年"我为纳税人缴费人办实事暨便民办税春风行动"的实施意见》

该实施意见结合上海实际，主要包括：诉求响应更及时、智慧办理更便捷、分类服务更精细、执法监管更公正、税收共治更聚力等在内的 5 大类 20 项 80 条便民办税缴费措施，有利于加快推动智慧税务建设，大力推进精确执法、精细服务、精准监管、精诚共治，持续优化税收营商环境。

5. 2021 年 12 月 31 日《关于优化本市企业纳税缴费"一件事"做好"五险一金"缴费工资合并申报有关工作的通知》

主要内容包括："优化企业缴费工资申报流程，实现合并申报、数据互认"和"完善企业缴费工资申报系统，最大化便利企业税费申报"。其中，每年 4—6 月，企业可登录上海"一网通办"，点击"税费综合申报"栏目，按规定进行社会保险费（包括养老、医疗、失业、工伤、生育）和住房公积金缴费工资申报，实现"五险一金"缴费工资合并申报、数据互认。企业进行"五险一金"缴费工资申报，系统可自动获取企业基本信息，智能预填申报表数据，逐步实现企业从"填表"到"补表"、"补表"到"核表"的转变。

6. 2021 年 11 月 30 日《关于开展全面数字化的电子发票试点工作的公告》

为落实中办、国办印发的《关于进一步深化税收征管改革的意见》要求，全面推进税收征管数字化升级和智能化改造，降低征纳成本，经国家税务总局同意，决定在上海市开展全面数字化的电子发票（以下称"全电发票"）试点工作。依托全国统一的电子发票服务平台，24 小时在线免费为纳税人提供全电发票开具、交付、查验等服务，实现发票全领域、全环节、全要素电子化。

7. 2021 年 8 月 6 日《上海市进一步深化税收征管改革实施方案》

该方案主要包括六个方面的主要任务：全面推进税收征管数字化升级和智能化改造；进一步优化税务执法方式；推行优质高效智能税费服务；精准有效实施税务监管；深化拓展税收共治格局；强化税务组织保障。

五、深化跨境贸易的改革政策

1. 2022 年 10 月 28 日《上海市鼓励跨国公司设立地区总部的规定》

该规定制定的目的为加快发展更高能级的总部经济，进一步鼓励更多跨国公司在上海设立总部企业，实施"总部增能行动"，并加快推动《关于促进"五型经济"发展的若干意见》（沪委办发〔2022〕6 号）落地见效，实现更深层次、更宽领域、更大力度开放。此规定适用于在本市范围内设立的地区总部、总部型机构及事业部总部。

2. 2022 年 10 月 17 日《本市推动外贸保稳提质的实施意见》

该实施意见主要包括：保障外贸企业稳定经营、加大国际贸易金融服务支持力度、推进外贸进出口结构优化、支持外贸新业态新模式发展、加强外贸企业服务保障等内容。

3. 2021 年 12 月 29 日《上海口岸 2022 年深化跨境贸易营商环境改革若干措施》

该措施主要包括：深化改革创新，进一步优化通关全链条全流程；清理规范收费，进一步降低进出口环节费用；综合施策，进一步提升口岸服务能力；高效利企便民，进一步改善跨境贸易整体服务环境等四个方面共计 29 条内容，为进一步深化跨境贸易便利化改革，优化跨境贸易营商环境，持续提升进出口企业获得感提供支持。

4. 2021 年 11 月 15 日《上海市跨境电子商务示范园区认定和管理办法》

制定该办法的目的在于为加快本市跨境电子商务产业规模化、集群化、规范化发展，进一步优化跨境电子商务产业布局，突出重点区域产业集聚效应，提升跨境电子商务发展能效，助力本市外贸数字化转型和高质量发展。

5. 2021 年 9 月 18 日《关于本市加快发展外贸新业态新模式的实施意见》

该实施意见坚持创新引领，将创新驱动作为贸易新旧动能接续转换的关键动力，培育贸易竞争新优势，提升贸易发展软实力，外贸对全市经济发展的贡献度进一步增强。贸易新业态新模式发展的政策支撑更加有力。积极探索制度型开放路径，推动外贸数字化转型。

6. 2021年7月31日《虹桥国际开放枢纽中央商务区"十四五"规划》

其发展目标主要为：到2025年，基本建成虹桥国际开放枢纽核心承载区。在高能级主体集聚、现代产业经济集群初显、带动区域经济高质量发展的引领力增强、核心功能显著提升的基础上，中央商务区和国际贸易中心新平台功能框架和制度体系全面确立，综合交通枢纽管理水平显著提升，服务长三角和联通国际的作用进一步发挥。

7. 2021年7月22日《中国（上海）自由贸易试验区临港新片区发展"十四五"规划》

主要任务包括：全力推动全方位高水平开放；增强创新策源和国际创新协同能力；打造世界级先进制造业集群；发展配置全球高端要素资源的现代服务业；打造体现人民城市建设理念的现代化新城样板间；提升城市治理能力现代化水平等。

六、实施金融与信贷改革政策

1. 2022年4月20日《关于坚持人民至上做好金融支持抗疫和复工复产工作的通知》

其主要内容为：坚持人民至上，全心为民助企；加强金融纾困解难，做好稳民保企；加强产业链协同，支持惠民强企；强化保险保障，做到安民护企；改进激励约束政策，夯实保民助企基础；多方协同发力，优化利民惠企环境等六方面共计15条内容。

2. 2021年9月18日《关于在上海开展信托财产查询试点的意见》

该意见要求上海市各相关金融机构在发生不动产、未上市公司股权交易，接受不动产抵押、未上市公司股权质押时，应当查询相关财产是否已为信托财产，并在查询前获得财产所有人授权同意，且严格管理和运用查询结果。此举旨在进一步维护资产交易安全，保护交易第三人的合法权益，持续优化上海营商环境，不断丰富上海国际金融中心制度与功能建设的内涵。

3. 2021 年 7 月 28 日《上海国际金融中心建设"十四五"规划》

主要任务措施包括：完善金融服务体系，增强对科技创新和实体经济的服务能力；深化金融改革创新，完善金融市场体系、产品体系、机构体系、基础设施体系；扩大金融高水平开放，强化全球资源配置功能；加快金融数字化转型，提升金融科技全球竞争力；发展绿色金融，推动绿色低碳可持续发展；创新人才发展体制机制，厚积国际金融人才高地新势能；构建与金融开放创新相适应的风险管理体系，有效防范化解金融风险；优化金融营商环境，营造更加良好的金融生态。

4. 2022 年 3 月 30 日《2022 年上海信贷政策指引》

各金融机构要积极担负起金融服务的社会责任，切实加强对抗疫医疗物资、居民生活物资生产供应企业和相关物流运输企业资金需求的保障力度。要对受疫情持续影响面临较大困难的行业领域，加大金融支持，综合运用无缝续贷、随借随还贷款、信用贷款、供应链金融等多种服务方式，实施线上办理、免申即享等便利化措施，有效缓解相关市场主体的融资困难。金融机构不得盲目限贷、抽贷、断贷、压贷，确保产业链供应链稳定运行。

七、稳就业、促民生的保障政策

1. 2022 年 6 月 1 日《关于给予本市相关用人单位就业补贴应对疫情稳岗保就业的通知》

该通知工作要求：各区人力资源社会保障局应根据本通知要求制定

补贴操作办法并会同区行业主管部门做好申请审核工作；各区财政局应做好资金保障并确保补贴资金及时发放；市就业促进中心应做好业务指导和经办管理工作。各部门要加强协调配合，实现各环节有效对接，提高工作效率，确保政策落到实处、发挥实效。

2. 2022年2月23日《关于开展2022年春风行动的通知》

该通知主要内容包括：支持重点企业用工、引导有序返岗务工、实施领金人员"六个一"基本服务举措、提供细分化求职服务、组织专场招聘活动、强化服务培训维权等六个方面的主要内容。

3. 2022年1月4日《关于维护新就业形态劳动者劳动保障权益的实施意见》

该意见主要包括：明确劳动者权益保障责任、补齐劳动者权益保障短板、优化劳动者权益保障服务、完善劳动者权益保障工作机制等四方面涉及的十九条内容。

4. 2021年11月1日《关于深化企业员工就业参保登记改革工作的通知》

该通知的工作目标为：深化业务流程革命性再造，进一步优化企业员工就业参保登记，推动就业登记、社保登记线上线下深度融合，实现"线上一网办、线下融合办"，持续打造"上海人社"政务服务品牌。工作任务是：统一经办、统一印章、统一平台、统一宣传等。

5. 2021年10月20日《关于进一步做好灵活就业人员就业创业工作有关事项的通知》

该通知主要涉及加大灵活就业扶持力度、拓宽灵活就业发展渠道、优化灵活就业管理机制等三方面的内容。

6. 2021 年 9 月 22 日《关于支持多渠道灵活就业的实施意见》

该意见把支持灵活就业作为稳就业和保居民就业的重要举措，坚持市场引领与政府引导并重、放开搞活与规范有序并举，顺势而为、补齐短板，清理取消对灵活就业的不合理限制，强化政策服务供给，创造更多灵活就业机会，激发劳动者创业活力和创新潜能，鼓励自谋职业、自主创业，全力以赴稳定就业大局。

7. 2021 年 7 月 2 日《上海市就业和社会保障"十四五"规划》

重点任务包括：推动实现更高质量的充分就业、完善更加公平更可持续的多层次社会保障体系、构建和谐稳定的劳动关系、提升就业和社会保障基本公共服务能力和水平等四方面共计 18 条的具体任务。

八、推进包容普惠创新政策

1. 2022 年 9 月 24 日《上海打造未来产业创新高地发展壮大未来产业集群行动方案》

该行动方案发展目标为：到 2030 年，在未来健康、未来智能、未来能源、未来空间、未来材料等领域涌现一批具有世界影响力的硬核成果、创新企业和领军人才，未来产业产值达到 5000 亿元左右。到 2035 年，形成若干领跑全球的未来产业集群。

2. 2022 年 1 月 29 日《上海市促进养老托育服务高质量发展实施方案》

该方案提出，深化形成居家社区机构相协调，医养康养相结合的养老服务体系和构建政府主导、家庭为主、多方参与，教养医相结合的托育服务体系，同时，"一老一小"整体推进机制更加健全。明确促进养老服务结构优化功能提升、扩大托育服务有效供给、增加养老托育多层次多样化服务、加强养老托育人才队伍建设、提升监管服务效能等五方面 22 项重点任务。

3. 2021 年 9 月 2 日《上海市社会主义国际文化大都市建设"十四五"规划》

该规划提出"到 2025 年，城市文化创造力、传播力、影响力持续提升，市民文化参与感、获得感、幸福感不断增强，传承优秀传统文化、吸收世界文化精华、彰显都市文化精彩、发展社会主义先进文化的城市文化特质更加凸显，加快建设成为更加开放包容、更富创新活力、更显人文关怀、更具时代魅力、更有世界影响力的社会主义国际文化大都市"的总体目标。此外，围绕总体目标，从文化品牌标识度、城市精神品格、文化生活、文化竞争力、文化交流中心地位等五方面提出细化分项目标。

4. 2021 年 8 月 21 日《关于深入践行人民城市重要理念建设更高水平公交都市示范城市的三年行动方案（2021—2023 年）》

主要任务包括：加强规划引领，完善规划体系；完善路网结构功能，支撑公共交通优先发展；加快轨交网络布局，提升覆盖水平与客流效益；完善新城公共交通系统，加大建设投入；推进公共交通基础设施建设，提高吸引力；提升公共交通服务品质，提升出行满意度；在双碳目标愿景下，加速公共交通能源结构调整；改善慢行和无障碍出行环境，倡导绿色出行；强化安全管理，增强行业安全运营保障能力；提高综合治理能力，促进公共交通行业可持续发展；加快新型基础设施建设与城市交通数字化转型等十一方面的内容。

九、加强市场监管政策

1. 2022 年 5 月 8 日《2022 年上海市社会信用体系建设工作要点》

按照市委市政府的工作部署，认真贯彻稳字当头、稳中求进的总基调，以加强信用信息归集为基础，以拓展信用应用为主线，以守住信用领域安全为底线，以服务国家战略、服务政府治理、服务市场主体、服务群众办事为主要目标，进一步健全社会信用制度，提升信用服务能级，创新信用应用场景和产品，加强社会诚信宣传引导，为全市推动经济高质量发展和提升城市软实力提供有力支撑。

2. 2022 年 3 月 21 日《上海法治市场监管建设实施方案（2021—2025 年）》

该方案的主要目标：到 2025 年，职责明确、依法履职、智能高效的市场监管体系日益健全，市场监管法律制度更加完善，市场监管行政执法更加高效，市场监管法治监督更加强化，市场监管法治保障更加有力，市场监管法治建设推进机制更加顺畅，法治市场监管建设各项工作再上新台阶，为到 2035 年基本建成法治国家、法治政府、法治社会贡献市场监管力量和智慧。

3. 2022 年 1 月 12 日《上海市市场监督管理局关于发展壮大市场主体的若干措施》

该措施主要涉及：着力深化市场主体准入准营改革；着力畅通市场主体变更退出渠道；着力提供高质量便捷化政务服务；着力实施高水平服务型市场监管；保障发展壮大市场主体措施落实等方面的措施。

参考文献

1. 蔡元臻、郑少华：《上海知识产权保护体系完善升级研究》，载《科学发展》2022 年第 11 期。

2. 程文瑾、代志颖、高小婷、黎奕君、李静雯：《优化营商环境下上海融资路径研究——基于新加坡和上海的经验借鉴》，载《全国流通经济》2021 年第 30 期。

3. 丁贤：《法治助力人工智能"上海高地"建设》，载《上海人大月刊》2022 年第 10 期。

4. 丁元泽：《上海建设全球资产管理中心战略研究》，载《科学发展》2021 年第 12 期。

5. 范家宝、刘俊娜、王晓灵：《上海优化民营企业营商环境研究》，载《新东方》2022 年第 2 期。

6. 范涛：《上海自贸试验区新片区建设全球领先的跨国技术合作聚集区研究》，载《科技和产业》2022 年第 6 期。

7. 金阳：《上海奉贤区民营经济营商环境优化思考》，载《合作经济与科技》2021 年第 21 期。

8. 李含伟、孟陈莉：《上海推动生活数字化的路径与举措》，载《科学发展》2022 年第 12 期。

9. 李培欢、容志：《上海城市开发区产城融合与社会治理创新》，载

《科学发展》2022 年第 12 期。

10. 李友梅、黄晓春：《上海城市数字化治理现状及推进思路》，载《科学发展》2022 年第 12 期。

11. 刘勇华、龙婧婧：《我国营商环境地方立法检视与优化——基于营商环境地方立法中"市场环境"章的内容比较》，载《行政与法》2022 年第 12 期。

12. 罗培新：《世界银行营商环境评估方法的规则与实践》，载《上海交通大学学报（哲学社会科学版）》2021 年第 6 期。

13. 潘辉：《上海自贸区国际转口贸易功能提升研究》，载《国际商务研究》2022 年第 2 期。

14. 彭羽、沈玉良：《上海国际贸易中心新一轮发展战略研究》，载《科学发展》2022 年第 12 期。

15. 上海：《简化政府采购供应商资格审查》，载《中国政府采购》2022 年第 9 期。

16. 沈波：《上海全面推进城市数字化转型的总体思路与发展路径》，载《科学发展》2022 年第 9 期。

17. 谭新雨：《新形势下上海进一步完善海外人才引进政策研究》，载《科学发展》2022 年第 8 期。

18. 汪曾涛：《新时期上海发挥投资对稳增长的关键作用研究》，载《科学发展》2022 年第 12 期。

19. 汪传江：《上海吸引全球专业服务机构的问题与对策》，载《科学发展》2022 年第 11 期。

20. 王小平：《城市发展潜力、营商环境优化与商贸流通业效率提升关系——基于北上广深一线城市样本的分析》，载《商业经济研究》

2022 年第 22 期。

21. 吴弘、许国梁：《营造上海金融法治试验区的思考》，载《上海经济》2021 年第 5 期。

22. 熊竞、吴金鹏、刘旭：《上海加快打造数字政府提升政府治理能力的战略构想与保障机制》，载《科学发展》2022 年第 9 期。

23. 严军、高骞、黄佳金：《上海服务全国统一大市场建设的路径研究》，载《科学发展》2022 年第 7 期。

24. 于晓宇、王家宝、薛奕曦、娄祝坤、王斌：《上海加大高新技术企业培育力度研究》，载《科学发展》2022 年第 11 期。

25. 袁志刚：《上海国际金融中心新一轮发展战略再定位》，载《科学发展》2022 年第 11 期。

26. 赵宏、翟大伟：《规范海运口岸收费　优化营商环境——上海港海运口岸收费情况调研报告》，载《价格理论与实践》2021 年第 1 期。

27. 祝树金、张凤霖、王梓瑄：《营商环境质量如何影响制造业服务化？——来自微观企业层面的证据》，载《宏观质量研究》2021 年第 5 期。

图书在版编目（CIP）数据

上海营商环境蓝皮书. 2021－2022年/李世平主编
. —上海：上海人民出版社，2023
ISBN 978－7－208－18178－6

Ⅰ. ①上… Ⅱ. ①李… Ⅲ. ①投资环境-研究报告-
上海-2021－2022 Ⅳ. ①F127.51

中国国家版本馆 CIP 数据核字(2023)第 034792 号

责任编辑 冯 静
封面设计 一本好书

上海营商环境蓝皮书(2021－2022年)
李世平 主编

出 版 上海人民出版社
　　　　（201101 上海市闵行区号景路 159 弄 C 座）
发 行 上海人民出版社发行中心
印 刷 苏州工业园区美柯乐制版印务有限责任公司
开 本 720×1000 1/16
印 张 22.75
插 页 2
字 数 265,000
版 次 2023年4月第1版
印 次 2023年4月第1次印刷
ISBN 978－7－208－18178－6/F·2799
定 价 109.00元